U0359725

盖世汽车
Gasgoo

读懂新汽车

INTELLIGENT COCKPIT

智能座舱

技术演变与产业格局

TECHNOLOGICAL EVOLUTION AND INDUSTRIAL PATTERN

组　编　盖世汽车

主　编　周晓莺

参　编　张雪涛　熊　薇　宋　姣
梅旭康　林品慧　张志文

技术顾问

张　岚　大众汽车（中国）投资有限公司
副总裁、集团销售市场负责人

王　玮　大众汽车（中国）投资有限公司
集团销售市场高级经理

机械工业出版社
CHINA MACHINE PRESS

本书共设计策划了五大板块内容。第一章从智能座舱的定义切入，并对相关功能进行了分类与概念界定，同时从产业全局角度出发，回顾和分析了近年来智能座舱产业的发展历程，梳理了相关驱动因素，以开启“座舱智能化之旅”。第二章聚焦智能座舱的各子系统，对产业链上下游的细分领域如车载显示系统、感知/交互系统、车载声学系统、其他系统以及底层系统的创新技术、产品应用以及发展趋势进行了介绍，在本章各节的“典型案例”中，我们在全球范围选取了若干家整车厂及重点智能座舱企业进行展示，以期总结成功经验，赋能产业发展。第三章对智能座舱的市场格局进行深度分析，同时系统介绍了市场主要企业及其发展特征。第四章聚焦设计、技术、数据与信息安全以及商业模式四大层面，探讨座舱交互系统和操作界面的设计难题、技术发展的更高算力需要、数据安全的“攻”“防”挑战，以及新型商业模式等多项热点课题。第五章着重探讨了科技为未来汽车带来的影响与机遇，包括元宇宙、生成式AI、通用人工智能等跨界技术对座舱智能化发展带来的影响及可行性方案；此外，本章还将探讨当下与未来的产业生态趋势。

本书从产业研究角度，对我国乃至全球的智能座舱产业发展情况进行了全面系统的梳理和分析，在为广大读者了解智能座舱产业发展提供渠道的同时，又从技术演变及产业格局角度展望座舱产业未来，分析挑战并提出建议，为相关企业未来发展战略布局及规划提供重要参考。

本书适用于智能网联产业管理部门、研究机构、车企及智能座舱供应链上下游企业、高校师生、社会公众等了解中国乃至全球智能座舱产业发展的最新动态，意在为相关部门和行业协会出台智能网联产业规范与标准提供参考，为企业制定战略规划提供依据。

图书在版编目（CIP）数据

智能座舱 ： 技术演变与产业格局 / 盖世汽车组编 ；
周晓莺主编. -- 北京 ： 机械工业出版社，2024. 8.
(读懂新汽车). -- ISBN 978-7-111-76253-9

Ⅰ. U463.83

中国国家版本馆CIP数据核字第2024DJ9016号

机械工业出版社（北京市百万庄大街22号　邮政编码100037）
策划编辑：何士娟　　　　责任编辑：何士娟　丁　锋
责任校对：曹若菲　牟丽英　　封面设计：张　静
责任印制：常天培
北京宝隆世纪印刷有限公司印刷
2024年9月第1版第1次印刷
169mm×239mm・14.5印张・2插页・203千字
标准书号：ISBN 978-7-111-76253-9
定价：99.80元

电话服务　　　　　　　网络服务
客服电话：010-88361066　　机　工　官　网：www.cmpbook.com
010-88379833　　机　工　官　博：weibo.com/cmp1952
010-68326294　　金　书　网：www.golden-book.com

机工教育服务网：www.cmpedu.com

序

《智能座舱：技术演变与产业格局》一书即将出版，我对此书十分期待，本书将成为中国汽车人学习沉淀乃至中国汽车智能化发展进步的有益助力。特提笔至此简记感想，是以为序。

当下，世界正在经历百年未有之大变局，拥有一百多年历史的汽车产业也在全面重构，在技术革命、能源革命和智能革命的驱动下，进入深度调整期。面对产业转型的重要战略机遇，中国汽车产业已经找到了自己的节奏，中国正逐步迈向汽车强国之列。

尤其 2021 年至今，中国汽车产业在自主突围、出海和新能源汽车“三驾马车”的拉动下，表现令人惊艳：第一，中国自主品牌已经占据中国汽车市场半壁江山，2023 年市场份额突破了 50%；第二，中国汽车出口增势迅猛，2023 年更是超过了日本成为世界第一大汽车出口国；第三，中国新能源汽车普及速度远超想象，在 2023 年整体渗透率超过了 30%。这背后，是几代中国汽车人的努力，更是中国汽车企业成长的结果。

我们看到，在这次产业重构的过程中，中国汽车人不仅醒得早，而且干得很扎实。在智能网联汽车领域，从智能汽车到智慧交通再到智慧城市，全国已经出现了大量智能化的试验区，中国在物联网（IoT）、车路云一体化等方面更是处于国际领先地位。

在这一进程中，智能座舱作为汽车智能化的组成部分，其重要性不言而喻。智能座舱集成了先进的信息技术、人工智能技术，并融合了多模态的人机交互、多媒体娱乐等多种功能。发展智能座舱的必要性不仅体现在提升驾驶体验上，更在于其对汽车产业的深远影响。智能座舱技术的推广和应用，将促进汽车产业的转型升级，推动汽车从传统的交通工具向智能移动空间转变。同时，智能座舱技术的发展也将带动相关产业链的发展，包括半导体、互联网、大数据等多个领域，形成更加完整的产业生态。

在此背景下，《智能座舱：技术演变与产业格局》一书“应运而生”。收到书稿，我也是先睹为快，书中对于汽车座舱智能化发展的论述鞭辟入里，不仅对盖世汽车研究院此前发布的相关产业报告进行了精心修订与润色，使之更具可读性、逻辑更加清晰；还对近两年盖世汽车组织、主办的座舱智能化发展相关论坛中的专家观点、企业案例、创新产品等进行了摘选与编排。另外，本书还添加了诸多精彩的数据图表与产业脉络图，帮助读者快速获取核心内容。

本书蕴含着盖世汽车周晓莺女士对助力中国汽车产业发展的热忱，囊括了盖世汽车团队对智能座舱观点的精华。特别是书中对于技术创新和产业变革的一些前瞻性观点，十分具有借鉴意义。书中所述，涵盖了智能座舱产业发展政策引导、市场格局、技术现状及趋势挑战等各个方面的内容。因此，本书也可以视作座舱智能化发展多年的积累沉淀与解惑之作。无论是行业组织、研究机构、各类企业，还是致力于智能化发展的汽车人才都将“开卷有益”，从本书中汲取“智慧”与“养分”。

中国汽车工程学会名誉理事长

中国汽车人才研究会名誉理事长

2024 年 3 月

前　言

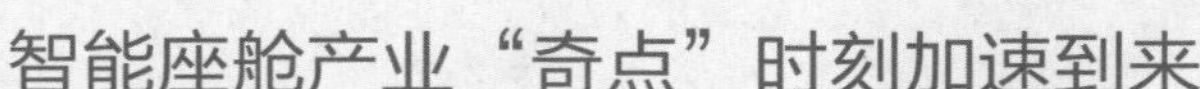

智能座舱产业“奇点”时刻加速到来

在新一轮科技革命的驱动下，汽车行业正经历从机械化到电动化再到智能化的深刻变革。在这场变革中，智能座舱作为汽车智能化转型的重要组成部分，扮演着至关重要的角色。

得益于智能座舱和其他相关技术的蓬勃发展，汽车从最初的代步工具，逐渐演变成了一个集出行、休闲、娱乐、办公、社交等多种功能于一体的数字空间，对应汽车使用的场景和价值也打开了新的想象。

可以说，智能座舱的出现，不仅是汽车产业技术创新的重要体现，更是汽车与生活、汽车与科技、汽车与人文的完美结合。它不仅深刻地改变了我们的出行方式，更带来了一种更加人性化、个性化的生活方式，为我们的生活注入了新的活力和激情。

调查数据显示，近九成的国内用户在购车时会考虑智能座舱配置，超六成用户对座舱内的功能有付费意愿。由于市场需求强劲，智能座舱在国内的整体渗透率已经超过 50%。

随着智能座舱在终端市场渗透率快速提升，其单车价值也在逐年攀升。据盖世汽车研究院分析，在智能汽车时代，座舱的单车价值有望达到传统座舱的 3~5 倍，其中芯片、域控、仪表、中控等座舱硬件将占据 70% 左右的比例。预计到 2030 年，智能座舱整体市场规模将达到 2000 亿元。

在智能座舱蓬勃发展的同时，智能座舱产业也面临着诸多挑战。一方面，由于技术的不断发展和市场竞争加剧，当前各大车企在智能座舱方面的功能配置和设计风格越来越趋同，如何打造差异化的座舱应用和体验，是一个持续的共性课题；另一方面，随着智能座舱功能不断增加，应用场景越来越复杂，如何实现技术创新与用户需求的高效匹配，并保证系统的稳定性和安全性，也是亟待解决的问题。

挑战的另一面也意味着更大的机遇。我们期待着，未来智能座舱能在科技、设计、生产等各个领域持续创新，实现更多的突破；智能座舱能够与更多技术深度融合，打造出更加完美的智能出行生态系统。我们更期待着，更多的企业能够加入智能座舱领域，为智能出行的未来发展注入更多的活力和动力。

相信接下来的几年，是智能座舱产业蓬勃发展的宝贵窗口期，会有更多的企业参与进来，让更多的好技术上车，让更多的场景机会得以发掘，让更多的用户能享受科技之美。期待和大家一起，共同建设和见证智能座舱产业发展的新篇章！

周晓莺

盖世汽车 CEO，资讯总编

目录

01

第一章 智能座舱定义与发展历程

在政策、市场、技术等多重因素驱动下，智能座舱正迈入快速发展的新阶段。这不仅为汽车行业带来了新的发展机遇，也为广大汽车消费者带来了更丰富、更智能、更愉悦的出行体验。本章将对汽车的智能座舱进行概念界定，并系统梳理智能座舱的发展历程与驱动因素，以开启“座舱智能化之旅”。

第一节 智能座舱基本概念

一、智能座舱定义

目前，对于智能座舱尚未形成标准化的定义，业内主要有两种不同的定义方法。

其一，将智能座舱定义为智能服务系统。从终端消费者需求及应用场景出发，智能座舱能主动洞察和理解用户需求，又能满足用户需求。在这一阶段的智能座舱发展形态中，乘客不仅无须担忧驾驶和出行，还能在智能座舱中获得舒服的体验。

其二，将智能座舱定义为智能移动空间。在这种具有未来感的定义下，汽车将彻底告别只作为出行工具的角色，目标是实现座舱与人、车、路的智能交互。相比现在的驾驶座舱，这种形态的智能座舱将更加智能化和人性化，业内将其看作是汽车和空间组合而成的一个全新的产品品类。

在本书中，智能座舱主要是指搭载先进的软硬件系统，具备人机交互、网联服务和场景拓展三大能力，为驾乘人员提供安全、智能、高效、愉悦等综合体验的移动空间。智能座舱可以分为 L0~L5 五个层级，目前正处于 L2 部分认知阶段，具备在舱内外部分场景下的座舱主动感知、座舱部分主动执行的能力，普遍实现可持续升级的云服务能力。

二、智能座舱功能分类

在汽车智能化的发展趋势下，汽车智能座舱的功能丰富度和渗透率正逐年提升。

不同品牌和车型的座舱功能名称有所区别，且相同功能下子功能覆盖范围均有所不同，这使得企业和机构在进行市场分析、竞品对标、用户研究、测试评价等过程中，由于没有统一的名称和分类标准，导致被分析对象的功能范围和维度有一定差异，而且消费者在进行车型配置选择时同样需要在统一维度下进行参考和比较。

通过构建汽车智能座舱功能分类指南，汽车生产企业和智能座舱供应企业在产品研发时可以参考、套用该体系，实现在同一维度下对汽车智能座舱功能进行比较，便于清晰掌握行业发展动态，洞察汽车智能座舱应用方向。对消费者而言，分类指南能够为其在比较产品时提供标准和尺度，从而让消费者在选择产品和服务时有据可依。在此背景下，中国汽车工程学会和大众汽车（中国）投资有限公司联合发布了《汽车智能座舱功能分类指南（2023年）》（以下简称《分类指南（2023年）》），提供智能座舱功能分类框架，助力行业的规范发展。

本书将以《分类指南（2023年）》为依据，对涉及座舱功能的部分进行分类梳理和对比。《分类指南（2023年）》按照全面覆盖、科学分类、方便扩展、利于执行的分类原则，将汽车智能座舱功能分为四个层级：一级功能分类为人–机–环的座舱主要组成要素，包括安全类、交互类、部件类、服务类和互联类等5类功能；二级功能共18项；三级功能共85项，各层级之间具有从属关系。

1. 安全类功能

安全类功能指与驾乘人员的人身安全、信息安全、防盗安全等安全保护相关的功能。根据技术方向分为环境感知、状态感知、身份识别、信息网络安全等四项二级功能。二、三级功能分类和四级功能案例见表1–1。

（1）环境感知

通过对外部环境的感知，为用户提供座舱外的环境信息，如车辆在静态或动态下，实时同步或记录车外环境信息，提供更广、更清楚的视野，并可以结合车辆部件或互联设备提供更多进阶功能，如对于潜在威胁给予提示和预警等。

（2） 状态感知

用于监测座舱内驾乘人员等的生理和行为状态，主要目的是对驾乘人员异常的生理和行为状态给予警告，减少或避免人为的事故与安全隐患。

（3） 身份识别

用于识别驾乘人员的身份，识别身份的方式不限于生物识别、口令验证、数字钥匙等，从而实现解锁车辆，提供个性化服务等。

（4） 信息网络安全

用于保护系统中采集、加工、存储、传输的数据不被恶意或偶然的原因泄露、更改、破坏等，保证服务不被中断且可正常运行。

表 1-1 安全类功能分类

二级	三级	三级说明	四级功能案例
环境感知	行车记录仪	记录行车环境的影像与声音等信息	视频的录制和查看、标记事件、鸣笛保存等
	驻车安全监测	感知车辆驻车状态下，来自外部的威胁，并触发报警和行车记录仪等	入侵 / 碰撞报警、视频回放、远程等
	车内后视镜	通过车内的实时显示装置获取更广阔的环境信息，光学后视镜和间接视野装置均包含在内	流媒体后视镜、自动防眩目等
	车外后视镜	通过车外的实时显示装置获取更广阔的环境信息，光学后视镜和间接视野装置均包含在内	电子后视镜视野调节、外后视镜位置记忆、自动防眩目等
	夜视系统	提升夜间或弱光线的行车环境可视效果，帮助获取更清晰成像的系统	红外照明、危险警告等
	抬头显示	通过光学器件将图像投射到风窗玻璃上或者风窗玻璃上的光电显示装置上，在玻璃前方形成影像。在驾驶人驾驶视野前方即可获取车速、导航、ADAS、故障报警等信息	AR-HUD、C-HUD、W-HUD 等
状态感知	驾驶人监测	使用传感器和监控设备来检测驾驶人的生理状态和行为迹象，主要为减少疲劳驾驶、分心驾驶、危险行为导致的事故	注意力监测、动作识别、健康与情感监测等

（续）

二级	三级	三级说明	四级功能案例
状态感知	乘员监测	用于监测和识别车内乘员的生理状态和行为	动作识别、健康与情感监测等
	后排监测	用于监测和确保车辆后排座位上的乘客的行为和状态，如儿童或宠物被遗忘在车辆内，或者后排乘客在驾驶过程中采取不安全行为等	活体生命监测等
身份识别	智能钥匙	用于解锁、锁定或启动车辆，而无须插入传统机械钥匙	NFC 钥匙、UWB 钥匙、手机蓝牙钥匙等
	面部识别	通过分析驾乘人员的面部特征来识别其身份，提供个性化服务	人脸识别登录、个性化设置等
	声纹识别	通过检测和比对驾乘人员的声音特征来验证其身份，提供个性化服务	通过声纹登录账号、进行个性化设置等
	其他身份识别	除以上功能外的其他身份识别方式	指纹识别、虹膜识别等生理特征识别
信息网络安全	隐私与权限	用于保护车辆收集的数据（驾驶行为、位置信息、车内活动、乘客信息等）隐私和权限，以防被不正当使用或受潜在的安全威胁	匿名化数据、强密码和认证、安全更新和漏洞修复、数据加密等

2. 交互类功能

“交互类”功能指驾乘人员在用车全场景中使用的交互模态。功能根据技术方向分为图形界面交互、触觉交互、语音交互、手势交互、声音交互、灯光交互以及其他交互等七项二级功能。二、三级功能分类和四级功能案例见表 1–2。

（1） 图形界面交互

用户通过可视化图形元素与座舱系统进行互动和操作，使驾驶人和乘客能够访问车辆功能、获取信息、调整设置、获得娱乐服务等。

（2） 触觉交互

用户通过接触物理或虚拟的界面元素（如按钮、图标、菜单、滑动条等）来执行各种任务、访问不同功能、获取触觉反馈等，实现与汽车座舱系统的交互。

（3） 语音交互

通过声音识别和语音合成技术，将驾乘人员的语音指令转化为座舱可执行的命令，实现与汽车座舱系统的交互。

（4） 手势交互

通过传感器捕捉、识别和解释用户的手势动作，驾乘人员无须物理接触或触摸屏幕，就能够实现与汽车座舱系统的交互。

（5） 声音交互

通过声音信号获取信息、状态、警示或指令，与舱内舱外进行互动。

（6） 灯光交互

通过车辆的照明系统和灯光设备，以多种灯光效果与驾驶人、乘客以及周围道路用户进行信息传递、情感表达、安全提醒等。

（7） 其他交互

驾乘人员在舱内外除了上述模态以外，基于其他模态进行的交互方式。

表 1-2　交互类功能分类

二级	三级	三级说明	四级功能案例
图形界面交互	车控	车辆控制相关功能的界面	车控交互小部件等
	信息娱乐	获取或管理信息、进行娱乐活动等功能的界面	音视频播放、游戏、日程管理、天气、消息中心等
	应用控制	控制和设置应用程序的访问权限、显示设置等	应用商店、控制面板、应用设置、多任务交互体验等
	通信与互联	通信与互联相关的交互界面	通话界面、状态栏中的通信与互联状态显示等
	NEV	新能源信息相关的交互界面	电池信息、能量流显示、续驶里程显示、能耗显示、里程显示等
	ADAS	高级驾驶辅助功能相关交互界面中的图形元素	模型显示、可视化视角切换、行车信息等
	自定义	对于界面或显示效果进行自定义设置	屏幕亮度设置、桌面主题、壁纸、皮肤、屏保、背景、多种语言支持等
	功能层及逻辑树	功能交互层级、页面跳转和布局等交互设计相关内容	界面布局、交互逻辑等

（续）

二级	三级	三级说明	四级功能案例
图形界面交互	其他 UI 设计	除上述图形界面交互外的其他图形交互设计	自动亮度、动画及视觉效果、音效可视化等
触觉交互	屏幕	所有可进行触控交互的屏幕及其进阶功能，如屏幕形态上具有自由度、交互上可实现联动等	中控屏、仪表屏、副驾屏、后排屏、其他屏幕、进阶功能等
	物理按键	传统机械式按键，包括按压式、旋转式、滚动式等形态	方控按键、空调按键等
	智能表面	用户通过温度、湿度、硬度、振动、切向力等所有和触觉感知相关的反馈接收信息、了解当前状态	动态装饰环境光表面、振动反馈等
	输入法	用户在车辆内使用触控屏幕或其他触控设备来输入文字、命令或搜索查询等信息	虚拟键盘、手写输入、预测文本输入等
语音交互	语音控制	允许驾驶人和乘客使用语音指令来控制车辆的功能范围	语音搜索、语音控制导航、语音车控、语音打开多媒体资源等
	语音识别	将用户的口头语言转化为文本或命令的功能，包括可识别语种、唤醒方式、可识别指令类型等	方言识别、中英文混合识别、oneshot 识别等
	声源定位	支持声源定位的音区，以及相关设置	四音区声源定位、声源抑制等
	语音设置	对语音助手、语音交互的设置	语音形象设置、自定义语音唤醒词、语音音量和语速调整、语音控制范围设置等
	功能进阶	除基础功能以外的更多进阶语音交互，包括识别、理解、预测意图等，使语音交互过程更加自然和智能	闲聊、连续对话、可见即可说、语义拒识、随时打断、儿童陪伴等
手势交互	手势控制	通过手势动作来控制座舱功能，包括与手势控制相结合的多模交互	手势接打电话、手势调整音量、手势传感器开关设置等
声音交互	提示音	通过声音标志传递信息或情感、给予反馈等	接管预警、关闭雷达预警等
	车外喇叭	向外部环境传播声音信号的音响设备	低速提示音、娱乐外放音等

（续）

二级	三级	三级说明	四级功能案例
灯光交互	灯光	对于车外灯的智能化设置	自适应照明、前照灯延时关闭等
	灯舞	车辆灯光系统在特定情景下结合音乐展示各种动态、色彩或图案，以增加车辆的娱乐和趣味性	灯光秀预定、音乐选择等
	灯语	通过车辆的灯光系统传达信息、表达意图、与其他车辆和行人进行交流的方式	充电呼吸灯、自动驾驶状态指示灯、可编程投影前照灯等
其他交互	其他交互	除了上述模态以外，基于其他模态进行的交互方式	基于嗅觉、味觉的交互

3. 部件类功能

部件类功能指舱内外可控制、可调节的实体功能部件。功能根据技术方向分为车身部件和驾舱内部件两项二级功能。二、三级功能分类和四级功能案例见表 1–3。

（1）车身部件

用于调节车身相关部件的功能，一般通过车身域控制器实现。

（2）驾舱内部件

用于调节驾舱内声光环境的功能，一般通过座舱域控制器实现。

表 1–3　部件类功能分类

二级	三级	三级说明	四级功能案例
车身部件	座椅	除基本的座椅调节功能外，还包括与智能化技术相结合的座椅功能	座椅调节、座椅记忆、座椅加热、座椅通风、座椅按摩、儿童座椅、安全带和安全气囊设置、特色功能、其他配件等
	空调	除基本的空调调节功能外，还包括与智能化技术相结合的空调功能	温度调节、风力风向调节、后排空调调节、除霜除雾调节
	门 / 盖	控制或设置车辆的门 / 盖	行李舱控制、前后门控制、自动门控制、充电盖控制、行李舱记忆等
	车窗	控制或设置车窗	门窗控制、天窗控制等
	车锁	控制车锁或设置解闭锁逻辑	解闭锁控制、儿童锁设置等

（续）

二级	三级	三级说明	四级功能案例
车身部件	方向盘	进行方向盘相关设置	方向盘位置记忆功能、转向力度调节等
	刮水器	控制或设置刮水器，包括智能化技术相结合的刮水器功能	自动感应刮水器、刮水器加热等
驾舱内部件	照明	汽车内部照明系统，主要目的是提升可见度或营造氛围	阅读灯、氛围灯、迎宾灯等
	音响	车载音响系统，包括音效控制与设置相关功能	音量调节、音效模式、分区音响、其他音响配件等

4. 服务类功能

服务类功能指座舱为驾乘人员提供的软件服务。功能根据技术方向分为车载应用生态服务、场景模式、云端服务等三项二级功能。二、三级功能分类和四级功能案例见表 1–4。

（1） 车载应用生态服务

在座舱内提供的一系列多样化的应用程序和服务，包括在线应用和离线应用，自带应用和第三方应用。

（2） 场景模式

车辆内部系统根据当前的驾驶环境、车辆状态、乘客需求等场景因素，提供个性化，甚至自动化的服务和功能。

（3） 云端服务

利用云服务器对用户数据、车辆数据等进行交换、处理和存储，以提供更多在线服务和功能。

表 1–4 服务类功能分类

二级	三级	三级说明	四级功能案例
车载应用生态服务	音频	座舱内提供的在线 / 离线音乐平台和外接互联设备的音频资源播放服务，以及相关设置等	音频连接、音频设置、音频应用等
	视频	座舱内提供的在线 / 离线视频平台和外接互联设备的视频资源播放服务，以及相关设置等	视频中心、视频连接、视频设置、视频应用等

（续）

二级	三级	三级说明	四级功能案例
车载应用生态服务	导航	不同驾驶模式下（人工驾驶、自动驾驶、熟路驾驶），结合不同的视觉效果和语音提示方式，帮助驾驶人规划路线、导航、查询兴趣点信息、提供实时定位、交通和地图等信息，以及进行相关设置等	地图服务、地址管理、高精地图、路线规划、能量规划、导航功能设置
	充电管理	管理车辆的电池充电和能源利用，进行相关设置	电池管理、能量预测和管理、充电计划等
	信息	集成在座舱内的信息、资讯、帮助类应用	日历、时钟、日期、日程管理、用户手册、网页浏览、天气、通知中心 / 消息中心（消息类型、消息列表等）、里程统计、存储空间等
	车载微信	集成在座舱内的车载微信应用	语音电话、收发信息、发送定位和目的地等
	游戏	集成在座舱内的游戏	触屏、手势、手柄、方向盘、XR 等多种交互形式的多款游戏
	KTV	集成在座舱内的 KTV 应用	音效调节、多人模式等
	儿童专区	为儿童提供的娱乐资源	儿童友好界面、儿童电台、儿童游戏等
	维修保养	帮助车主管理和维护车辆的功能	车辆健康状况查询、故障查询、远程诊断等
	支付	集成在座舱内的支付应用	加油支付、停车支付、过路费支付、在线购物支付等
	应用商店	为用户提供下载、安装和更新座舱内应用程序的平台	应用安装、应用分类、应用更新、问题反馈等
	小程序	集成在座舱内的小程序相关功能	小程序管理
	其他娱乐	除上述娱乐以外的其他娱乐应用	相册、画板、自定义问答社区、沉浸式体感健身等
	其他应用生态服务	除上述应用以外的其他应用生态服务	—
场景模式	宠物模式	宠物独自逗留于车内的场景，同时激活多个功能，保证其舒适度、预防安全隐患	空调恒温、开启外循环等

（续）

二级	三级	三级说明	四级功能案例
场景模式	儿童教育	儿童作为乘客的场景，同时激活多个功能，提供相关教育和娱乐资源、预防安全隐患	设定最高限速、设定最高音量、儿歌和故事资源等
	工作学习	工作学习场景下，同时激活多个功能，提供相关应用，保证该场景下舒适度和工具使用便利度	座椅自动调节、车载办公学习软件等
	驾驶模式	允许驾驶人根据不同的驾驶情境和个人偏好选择不同的驾驶设置和模式，调节动力、悬架、方向盘等	运动模式、标准模式、经济模式、雪地模式、自定义模式等模式选项
	睡眠模式	在车内睡眠或小憩的场景，同时激活多个功能，提供在车内休息和放松的环境	调节座椅、空调恒温、定时唤醒等
	迎宾模式	驾驶人和乘客即将进出车辆时，制造便利进出的、具有仪式感的环境	座椅和方向盘自动调节、迎宾照明和更多个性化服务
	自定义模式	允许驾驶人根据个人偏好和需求来调整座舱的多个设置，实现一键启动	座椅和驾驶位置设置、舱内环境设置、音响和媒体设置等
	其他场景模式	其他可选的场景模式，以及主动场景化服务。主动场景化服务通过自动感知和识别当前状态，理解场景，预测意图，主动提供或推荐多个服务和设定	场景音乐主动推荐、自动省电模式等
云端服务	OTA	通过云端向车辆中的电子控制单元或车载系统提供远程更新和升级	FOTA、SOTA、查看 OTA 信息、OTA 设置等
	X-Call	通过云端联系服务平台，提供帮助	紧急呼叫、道路救援、联系客服等
	账号 / 个性化	设置并管理不同账号类别，不同账号下进行个性化设置、区分权益，多平台间实现账号互通等	账号管理、账号设置、查询账号信息等

5. 互联类功能

互联类功能指座舱与其他设备或系统可互联互通的功能。功能根据技术方向分为 V2X 和手机车机互联两项二级功能。二、三级功能分类和四级功能案例见表 1–5。

（1） V2X

通过无线通信技术，使车辆能够与其他车辆（V2V）、道路基础设施

（V2I）、行人（V2P）、云端服务器（V2C）以及其他物联网设备（V2N）进行双向交流和数据共享的功能，该部分仅包括与座舱相关、用户可感知的V2X功能。

（2） 手机车机互联

允许驾驶人和乘客将他们的智能手机通过蓝牙、USB、Wi-Fi或特定应用程序等与车载信息娱乐系统相连接，以实现各种交互和共享功能。

表 1-5 互联类功能分类

二级	三级	三级说明	四级功能案例
V2X	远程控制	车主或授权用户通过手机应用或其他终端来远程控制车辆的功能	远程解闭锁、远程寻车、远程开空调等
	远程充电	远程充电允许车主通过智能手机应用程序或其他终端来远程控制车辆的充电过程	远程充电控制、设置定时充电等
	车载 Wi-Fi	提供 Wi-Fi 热点，热点连接设置等	车载 Wi-Fi 热点开关、车载 Wi-Fi 设置等
	组队	组队出行功能及相关设置	组队出行导航、组队车辆管理等
	智能家居	通过车辆控制家庭安防、家庭环境、家庭多媒体系统、家电等；在家庭设备中远程控制车辆或远程查看车辆信息、车辆环境信息等不属于该范畴，属于远程控制	远程控制扫地机器人、空调等智能家电
	可拓展设备	通过连接其他设备来扩展座舱功能和体验	智能手表、传声器等
	其他 V2X	除以上 V2X 功能以外的其他万物互联功能	电子标识牌、应急车辆提醒等
手机车机互联	投屏	将手机连接到座舱后，将手机中的系统与车内仪表、中控屏等融合，把手机的服务应用延伸到座舱端。不仅包括简单的手机镜像功能，也包括融合度较好的互联系统，可实现高度适配和无缝结合	CarPlay、HiCar 等
	车载蓝牙	通过蓝牙配对，连接终端设备至座舱。可同步电话、通讯录、音乐等至车机端	蓝牙电话、蓝牙音乐
	无线充电	无线充电功能以及相关提醒功能	前排无线充电、充电状态显示、无线充电异物提醒
	其他手机车机互联	除以上手机车机互联功能以外的其他互联功能	遗留提醒等

第二节 智能座舱发展历程与驱动因素

自 1885 年全球第一辆汽车诞生以来，汽车座舱的发展大致经历了“机械座舱”“电子座舱”“智能座舱”三个阶段，目前正朝着“智能移动空间”阶段持续演进。

随着汽车“新四化”程度的不断深入，新能源乘用车销量持续增长，用户对座舱智能化体验的市场关注度不断提高。

本节将重点梳理座舱的发展历程和各个阶段的典型特征，同时聚焦座舱智能化发展的驱动因素，溯源智能座舱的发展脉络，展望座舱发展的未来趋势。

一、汽车座舱发展阶段划分

汽车座舱由传统驾驶舱向智能化、数字化方向发展，总体上可分为四个阶段（图 1–1）。

阶段一：机械座舱

阶段二：电子座舱

阶段三：智能座舱

阶段四：智能移动空间

图 1–1　汽车座舱发展阶段

第一阶段是 2000 年以前的“机械座舱”。此时，座舱的主要特征表现为无集成化、无显示屏、功能单一，处于指针仪表和按键开关的阶段，娱乐方面仅有收音机。

第二阶段是 2000 年—2015 年的“电子座舱”。该阶段电子信息系统初步整合，组成了“电子座舱域”，并形成系统分层。座舱呈现出低集成化特点，有单一显示屏和娱乐导航，液晶仪表、HUD、T-BOX 等处于起步阶段。

第三阶段是 2015 年至今的“智能座舱”。“智能座舱”又可以分为“智能助理”和“人机共驾”两个阶段。“智能助理”可实现高级辅助驾驶功能，利用各类传感器，通过感知环境、收集数据、处理数据增强车辆能力。“人机共驾”阶段得益于语音控制和手势控制等技术的进一步突破，以及车内软硬件一体化聚合，可以实现更精细化的车辆感知、更精准地提供场景服务，实现机器自主、半自主决策，座舱高度集成化。

第四阶段就是未来的“智能移动空间”。“智能移动空间”将弱化驾驶人的角色，以乘客为中心，提供 AI 场景化服务及沉浸式体验。人、车、环境深度融合，座舱结构布局可以根据场景需要进行变化，围绕个性化用户乘坐体验打造“智能移动空间”。

智能座舱是在传统汽车座舱的基础上不断进化而来的，具有更智能、更舒适、更能够洞察和满足用户需求的特征。整体来看，当前智能座舱正处于“智能助理”向“人机共驾”发展的阶段，未来将成为集办公、娱乐、休闲等功能为一体的智能移动空间，不断满足用户对座舱智能化、便捷化、网联化的需求。

二、智能座舱发展驱动因素

智能座舱绝不是将智能化技术简单拼凑在一起，而是从用户的实际需求出发、从实际的应用场景出发来设计各个功能，以此达到各种功能的相互融合，从而更好地提升用户使用的舒适度和便捷性。智能座舱发展至今，体现了汽车产业对新技术的拥抱姿态，体现了国家政策对产业升级的支持力度，也体现出消费者和企业对新技术和新产品的积极态度。

事物的发展都符合“对立统一”的规律。因此，也正是在政策导向的支持下，在持续不断的技术迭代下，在消费市场的需求促进下，智能座舱才能取得如今的成绩，并将在政策、技术和市场的驱动下，不断向着产业发展的成熟区前进。

1. 政策导向

智能汽车的发展离不开国家相关政策的支持和指导。根据我国国民经济“八五”计划~“十四五”规划，国家对汽车整车制造的支持政策经历了从“加强基础机械、基础件、基础工艺等薄弱环节，提高基础零部件专业化生产程度”到“增强汽车工业自主创新能力”再到“加快关键核心技术创新应用”的变化，如图 1–2 所示。

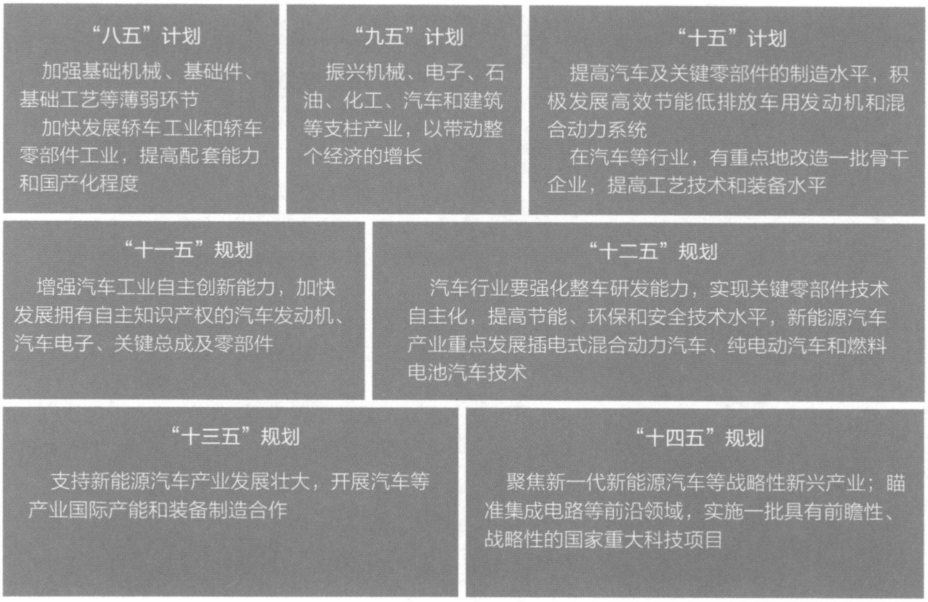

“八五”计划

加强基础机械、基础件、基础工艺等薄弱环节

加快发展轿车工业和轿车零部件工业，提高配套能力和国产化程度

“九五”计划

振兴机械、电子、石油、化工、汽车和建筑等支柱产业，以带动整个经济的增长

“十五”计划

提高汽车及关键零部件的制造水平，积极发展高效节能低排放车用发动机和混合动力系统

在汽车等行业，有重点地改造一批骨干企业，提高工艺技术和装备水平

“十一五”规划

增强汽车工业自主创新能力，加快发展拥有自主知识产权的汽车发动机、汽车电子、关键总成及零部件

“十二五”规划

汽车行业要强化整车研发能力，实现关键零部件技术自主化，提高节能、环保和安全技术水平，新能源汽车产业重点发展插电式混合动力汽车、纯电动汽车和燃料电池汽车技术

“十三五”规划

支持新能源汽车产业发展壮大，开展汽车等产业国际产能和装备制造合作

“十四五”规划

聚焦新一代新能源汽车等战略性新兴产业；瞄准集成电路等前沿领域，实施一批具有前瞻性、战略性的国家重大科技项目

图 1–2　智能汽车顶层政策指导

2020 年，国家发展和改革委员会等十一部门联合印发《智能汽车创新发展战略》。其中明确提出：“到 2025 年，中国标准智能汽车的技术创新、产业生态、基础设施、法规标准、产品监管和网络安全体系基本形成。实现有条件自动驾驶的智能汽车达到规模化生产，实现高度自动驾驶的智能汽车在特定环境下市场化应用。展望 2035 到 2050 年，中国标准智能汽车体系全面建成、更加完善。安全、高效、绿色、文明的智能汽车强国愿景逐步实现，智能汽车充分满足人民日益增长的美好生活需要。”

为实现“汽车强国”的战略目标，国家相关部门出台多部关于新能源汽车、智联网汽车的扶持、培育和鼓励政策，释放出支持加快智能汽车发展步伐的强烈信号。如《中国制造 2025》《新能源汽车产业发展规划》《智能汽车创新发展战略》等，具体见表 1–6。

表 1-6　截至 2023 年 7 月国家层面出台的智能座舱相关支持政策（近四年）

发布时间	发布部门	政策名称	智能座舱产业相关内容概述
2020 年 2 月	国家发展改革委等十一部委	《智能汽车创新发展战略》	建立健全中央和地方各级财政投入保障制度，鼓励采用多元化市场融资方式拓宽融资渠道，促进交通、通信、网络等机构共同构建先进完备的智能汽车基础设施体系建设；制定智能汽车软硬件升级更新、售后服务、质量担保、金融保险等领域管理规定，积极推进智能汽车商业化应用
2020 年 3 月	工信部	《关于推动 5G 加快发展的通知》	促进“5G+ 车联网”协同发展。推动将车联网纳入国家新型信息基础设施建设工程，促进 LTE-V2X 规模部署。建设国家级车联网先导区，丰富应用场景，探索完善商业模式
2020 年 4 月	工信部	《2020 年智能网联汽车标准化工作要点》	加快完善智能网联汽车标准体系建设，建立智能网联汽车标准制定及实施评估机制
2020 年 4 月	工信部、公安部、国家标准化管理委员会	《国家车联网产业标准体系建设指南（车辆智能管理）》	保障车联网智能网联汽车运行安全为核心，提出了构建包括智能网联汽车登记管理、身份认证与安全、道路运行管理、车路协同管控与服务等方面标准
2020 年 8 月	国务院	《新时期促进集成电路产业和软件产业高质量发展的若干政策》	进一步创新体制机制，鼓励集成电路产业和软件产业发展，大力培育集成电路领域和软件领域企业
2020 年 10 月	国务院办公厅	《新能源汽车产业发展规划（2021—2035 年）》	鼓励新能源汽车、能源、交通、信息通信等领域企业跨界协同，围绕多元化生产与多样化应用需求，通过开放合作和利益共享，打造涵盖解决方案、研发生产、使用保障、运营服务等产业链关键环节的生态主导型企业
2021 年 4 月	国家发展改革委等	《汽车零部件再制造规范管理暂行办法》	规范汽车零部件再制造行为和市场秩序，保障再制造产品质量，推动再制造产业规范化发展

（续）

发布时间	发布部门	政策名称	智能座舱产业相关内容概述
2021 年 7 月	工信部	《关于加强智能网联汽车生产企业及产品准入管理的意见》	加强智能网联汽车生产企业及产品准入管理，明确汽车数据安全、网络安全、在线升级等管理要求，指导企业加强能力建设，严把产品质量安全关，切实维护公民生命、财产安全和公共安全
2021 年 7 月	国家互联网信息办公室、国家发展改革委、工信部、公安部、交通运输部	《汽车数据安全管理若干规定（试行）》	在汽车数据安全管理领域出台有针对性的规章制度，明确汽车数据处理者的责任和义务，规范汽车数据处理活动；同时，聚焦汽车领域个人信息和重要数据的安全风险，就若干重点问题作出规定
2022 年 1 月	工信部、国家标准化管理委员会	《国家智能制造标准体系建设指南（2021 版）》	围绕智能赋能技术在新能源汽车、传统燃油汽车涂装、焊装、总装等工艺过程中的应用，制定基于数字孪生的汽车产品研发设计、试验验证、产线制造及集成等规范标准
2022 年 1 月	交通运输部、科学技术部	《交通领域科技创新中长期发展规划纲要（2021—2035 年）》	推动新能源汽车和智能网联汽车研发，突破高效安全纯电驱动、燃料电池与整车设计、车载智能感知与控制等关键技术及设备
2022 年 3 月	工信部	《2022 年汽车标准化工作要点》	开展汽车软件在线升级管理试点，组织信息安全管理系统等标准试行验证，完成软件升级、整车信息安全和自动驾驶数据记录系统等强制性国家标准的审查与报批。分阶段完成智能网联汽车操作系统系列标准制定，开展符合我国交通特征的测试设备等标准研制工作。开展汽车企业芯片需求及汽车芯片产业技术能力调研，联合集成电路、半导体器件等关联行业研究发布汽车芯片标准体系。推进 MCU 控制芯片、感知芯片、通信芯片、存储芯片、安全芯片、计算芯片和新能源汽车专用芯片等标准研究和立项
2022 年 4 月	交通运输部、科学技术部	《“十四五”交通领域科技创新规划》	从基础设施、交通装备、运输服务三个要素维度和智慧、安全、绿色三个价值维度，布局了六大领域 18 个重点研发方向

（续）

发布时间	发布部门	政策名称	智能座舱产业相关内容概述
2022年11月	市场监管总局等	《进一步提高产品、工程和服务质量行动方案（2022—2025年）》	加强系统融合、时间同步、仿真计量测试技术研究，提升智能网联汽车的环境感知、决策和安全性能
2023年3月	自然资源部	《智能汽车基础地图标准体系建设指南（2023年版）》	加强智能汽车基础地图标准规范的顶层设计，全面推动智能汽车基础地图标准体系制定与产业健康有序发展
2023年6月	工信部等五部门	《制造业可靠性提升实施意见》	汽车行业，重点聚焦线控转向、线控制动、自动换挡、电子油门、悬架系统等线控底盘系统，高精度摄像头、激光雷达、基础计算平台、操作系统等自动驾驶系统，车载信息娱乐、车内监控、车机显示屏等智能座舱系统，车载联网终端、通信模块等网联关键部件，以及核心控制、电源驱动、IGBT、大算力计算、高容量存储、信息通信、功率模拟、高精度传感器等车规级汽车芯片，通过多层推进、多方协同，深入推进相关产品可靠性水平持续提升
2023年7月	工信部、国家标准委	《国家车联网产业标准体系建设指南（智能网联汽车）（2023版）》	2025年系统形成能够支撑组合驾驶辅助和自动驾驶通用功能的智能网联汽车标准体系；2030年全面形成能够支撑实现单车智能和网联赋能协同发展的智能网联汽车标准体系

地方政府积极响应国家政策号召，各省份根据地方发展的需要，分别制定符合地方汽车产业发展的政策指引和支持方案（表1–7）。例如上海市提出到2025年，初步建成国内领先的智能网联汽车创新发展体系，产业规模力争达到5000亿元，具备组合驾驶辅助功能（L2级）和有条件自动驾驶功能（L3级）汽车占新车生产比例超过70%。重庆市提出到2025年，全市自动驾驶和车联网创新能力进一步提升，建成全国领先的智能网联生态。广东省表明要做大做强智能车联网服务等产业和智能汽车运营平台，争取将符合条件的新能源智能汽车优先列入国家推广应用推荐目录。

表 1-7 截至 2023 年 7 月各地方政府关于智能网联汽车发展的代表政策（近三年）

发布省份	发布时间	政策名称	政策要点
四川	2020 年 9 月	《四川省支持新能源与智能汽车产业发展若干政策措施》	新能源与智能汽车产业相关国际知名企业、国内整车 10 强企业、关键零部件（电池、电机、电控、车用传感器、车载芯片等）10 强企业，以及其他符合条件的企业，在川投资建设的新能源与智能汽车领域重大项目，纳入省重点项目管理。对位列国际前沿、创新研发和核心技术有重大突破的国内外头部企业，在川投资建设新能源与智能汽车重大研发、制造、检验检测项目及机构，按照“一事一议”原则给予重点支持
山东	2021 年 7 月	《山东省“十四五”战略性新兴产业发展规划》	聚焦纯电动汽车、燃料电池汽车、智能汽车，兼顾插电式混合动力汽车，重点攻克整车平台正向研发、轻量化、整车安全和智能网联汽车感知、决策、控制系统等关键技术，加快提升整车检测及诊断能力和智能制造水平，打造关键零部件、智能汽车协同发展的产业基地
贵州	2021 年 10 月	《贵州省新能源汽车产业“十四五”发展规划》	到 2025 年，贵州新能源汽车产业规模总量要实现跨越式提升，形成以纯电动汽车为主体、氢燃料电池和智能网联汽车为支撑、多领域跨界融合的新能源汽车产业新格局，初步建成全国重要的新能源汽车整车及特色零部件配套基地
浙江	2021 年 11 月	《关于车联网（智能网联汽车）直连通信无线电频率使用有关事项的通知》	支持道路基础设施数字化改造升级，通过多场景、大范围的应用，集聚车联网相关企业，助力车联网产业生态培育和优化，赋能区域车联网产业发展
云南	2021 年 12 月	《云南省新能源汽车产业发展规划（2021—2025 年）》	到 2025 年，新能源汽车产业创新体系更加完善，新能源汽车及关键核心零部件技术整体上达到行业先进水平，产业发展质量稳步提升；围绕智能电动汽车，争取引进基础数据与软件相关产业，推进新能源汽车相关的研发设计、销售服务、检测认证以及智能路网改造有序建设，汽车产业链更加丰富
甘肃	2021 年 12 月	《甘肃省智能网联汽车道路测试与示范应用管理实施细则（试行）》	联合成立由省交通运输厅主要领导任组长，省工信厅和省公安厅负责领导任副组长的联席工作小组，并在省交通运输厅设办公室，具体负责我省智能网联汽车道路测试与示范应用的统一实施、监督和管理。联席工作小组将在我省行政区域范围内选择具备支撑自动驾驶及网联功能的若干典型路段、区域，用于智能网联汽车道路测试或示范应用，测试道路分为城市道路、普通公路和高速公路三个类型，示范应用类型分为一般道路载人、载物示范应用和高速公路载物示范应用

（续）

发布省份	发布时间	政策名称	政策要点
天津	2022年1月	天津市贯彻落实《国家综合立体交通网规划纲要》实施方案	打造新能源智能汽车产业集群，坚持电动化、网联化、智能化发展方向，形成新能源汽车与智能网联汽车发展高地。智能网联汽车（智能汽车、自动驾驶、车路协同）、智能列车等先进技术应用更加广泛，智能交通发展水平居全国前列
黑龙江	2022年2月	《黑龙江省新能源汽车产业发展规划（2022—2025年）》（征求意见稿）	支持哈尔滨、大庆等地先行先试，以新能源汽车为智能网联汽车技术率先应用载体，推动自动驾驶技术发展和商业模式探索，发挥示范引领作用。围绕特定路段和关键场景进一步在无人出租车、冷链运输、末端配送、自主代客泊车等场景开展智能网联汽车示范应用。探索建设车、路、云、网、图五大体系，支撑智慧交通、智慧城市发展
北京	2022年4月	《北京市“十四五”时期交通发展建设规划》	加快促进新能源智能汽车技术提升和成本下降，满足各场景应用需求。推进车联网、自动驾驶等技术的落地实施，在试点基础上，逐步推动传统交通基础设施的智能网联化改造，构建车路一体的新型交通设施，在保证安全前提下，稳妥有序扩大自动驾驶试点范围，推动自动驾驶技术在交通运输行业应用。实现全方位、全角度、全链条、全要素数字化转型，培育发展交通运输新技术、新模式、新业态，形成科技创新发展新动能，为市民提供高品质出行服务
河南	2022年5月	《河南省人民政府办公厅关于进一步加快新能源汽车产业发展的指导意见》	到2025年，汽车电子、动力电池、燃料电池、电机电控、车用操作系统和智能网联汽车环境感知、智能决策、协同控制等领域关键技术取得突破进展。推动企业联合研发复杂环境融合感知、智能网联决策与控制、信息物理系统架构设计等关键技术。依托中原科技城等引进培育拥有车载智能计算平台、高精度地图与定位等核心技术和产品的企业，在环境感知、智能决策、智能通信、智能网联安全等关键领域实现产业化
广东	2022年7月	《广州市智能网联与新能源汽车产业链高质量发展三年行动计划（2022—2024年）》	到2024年初步建成以企业创新为主体、以自主可控为导向的智能网联与新能源汽车全产业链群。2024年，汽车零部件工业总产值达到1800亿元

（续）

发布省份	发布时间	政策名称	政策要点
上海	2022年8月	《上海市加快智能网联汽车创新发展实施方案》	到2025年，本市初步建成国内领先的智能网联汽车创新发展体系。产业规模力争达到5000亿元，具备组合驾驶辅助功能（L2级）和有条件自动驾驶功能（L3级）汽车占新车生产比例超过70%，具备高度自动驾驶功能（L4级及以上）汽车在限定区域和特定场景实现商业化应用
湖南	2022年8月	《湖南省智能网联汽车道路测试与示范应用管理实施细则（试行）》	推动汽车智能化、网联化技术应用和产业发展，规范省内智能网联汽车道路测试与示范应用
重庆	2022年9月	《重庆市推进智能网联新能源汽车基础设施建设及服务行动计划（2022—2025年）》	到2025年底，全市智能网联新能源汽车基础设施网络服务效率、技术能力、覆盖率在西部地区达到领先水平。加快车路云一体化基础设施建设——加快道路信息化改造；提升智慧高速公路建设水平；建设高精度地图基础数据平台；加强算力基础设施建设
吉林	2022年10月	《吉林省智能网联汽车道路测试与示范应用管理实施细则（试行）》	吉林省工业和信息化厅、吉林省公安厅、吉林省交通运输厅共同成立吉林省智能网联汽车道路测试与示范应用推进工作小组（以下简称“省推进工作小组”），省推进工作小组依据国家《智能网联汽车道路测试与示范应用管理规范（试行）》，统筹协调指导各市（州）推进开展智能网联汽车道路测试与示范应用工作，成员单位按照部门职能分工负责、协同推进
海南	2022年11月	《海南省车联网（智能网联汽车）产业发展规划》	力争到2025年，在省内构建起较为完善的车联网产业链。到2035年，将海南建设成为全国车联网重点产业示范区。C-V2X通信模块的车载渗透率和路侧部署进一步提升，全省新一代信息基础设施智能化升级全面完成，汽车、通信、交通等行业高度协同；应用场景不断拓展，商业模式实现闭环，并提高整个社会的交通安全和交通效率；形成新型产业生态，使更多相关产业获得新的经济增长空间
江西	2022年12月	《江西省人民政府关于加快推进新时代计量工作高质量发展的实施意见》	开展新能源汽车、智能汽车相关计量测试技术研究，重点推进电动汽车充电桩远程在线监测、新能源汽车储供能产品计量检测等领域计量技术方法、装备和技术规范研究

（续）

发布省份	发布时间	政策名称	政策要点
湖北	2023年1月	《湖北省突破性发展新能源与智能网联汽车产业三年行动方案（2022—2024年）》（简称《方案》）《湖北省突破性发展新能源与智能网联汽车产业重点任务清单》（简称《清单》）	根据《方案》，湖北省将围绕新能源与智能网联汽车产业实施整车提升、供应链补链强链、创新发展、产业融合发展、服务化转型等行动。《清单》进一步梳理出24项重点任务，包括提升新能源汽车产能、供应链补链强链、关键核心技术攻关、产业融合发展、完善应用环境、创新体制机制等6个方面，部分重点任务已在稳步推进中
河北	2023年4月	《加快河北省战略性新兴产业融合集群发展行动方案（2023—2027年）》	2023年，力争生物医药、新一代信息技术、新能源汽车和智能网联汽车等3个产业集群营业收入率先突破千亿级。以保定经济技术开发区为核心承载区，发展关键材料、零部件配套、整车制造等汽车全产业链，建成智能化、新能源汽车时代的“保定·中国汽车城”
安徽	2023年5月	《新能源汽车和智能网联汽车产业生态建设方案》	到2025年，世界级汽车产业集群培育取得突破性进展，产业生态全面建成。汽车产量达410万辆，新能源汽车占比达50%，动力电池产量达150GW·h，整零比达1：1.2，后市场规模达600亿元。到2027年，打造两三家全球一流汽车整车企业和世界级汽车品牌，汇聚一批“数一数二”的关键零部件企业，培育一批后市场头部企业，成为具有全球知名度和影响力的“智车强省”
福建	2023年5月	《2023年数字福建工作要点》	加快传统基础设施数字化升级。稳步推进交通、能源、水利、市政、物流、生态环境等重点领域基础设施数字化智能化改造。开展智慧城市基础设施与智能网联汽车协同发展试点
江苏	2023年7月	《关于促进车联网和智能网联汽车发展的决定（草案）》	车联网基础设施建设对产业发展至关重要，决定草案对基础设施建设的责任单位、应用推广作出具体安排。其中规定，国家级和省级车联网先导区等重点地区新建、改建、扩建道路时，要根据实际需要同步规划设计车联网基础设施，同步建设或者预留安装条件，并鼓励企业参与车联网基础设施投资、建设、运营和维护。县级以上地方政府及其有关部门在通信、大数据、道路建设、交通管理、城市建设等领域，要支持车路协同技术应用推广，企业和科研院所可以申请在公用基础设施上搭建车联网相关设备，相关部门应当给予支持并推进道路交通相关数据共享开放和开发利用

上述一系列政策的出台，为智能汽车的发展打造了完善的参考标准和有利的补贴政策，有效促进了技术的规范化、标准化，以及资本积极进入产业链；有助于鼓励相关企业加大研发投入，提高技术水平，加速汽车产业升级与转型。

政策的发布为智能汽车的发展奠定了良好的基础，其中智能座舱是政策红利的直接受益赛道。目前，我国科技与互联网巨头也相继投身到智能座舱的赛道。

例如，华为 2021 年与赛力斯合作推出的 AITO 汽车，提供了从外观设计到智能座舱、鸿蒙生态等的技术及服务；星纪魅族 2022 年推出 Flyme Auto 智能座舱操作系统也快速破圈；阿里与上汽合资成立斑马智行，其自研的 AliOS 操作系统已开放合作上汽、一汽、大众、长安、宝马等 30 余个汽车品牌，落地智能汽车超过 300 万辆。

2023 年，腾讯与长安汽车签署深化战略合作协议。在智能座舱方面，双方持续以合资公司“梧桐车联”为桥梁，打造更贴近市场需求的软硬一体化座舱产品，共同推动腾讯新产品、新服务在长安汽车的落地：例如基于地图的城市级数字孪生体验、基于大模型的智能座舱产品、基于场景引擎的 AI 数字人等，并探索座舱服务与移动端生态联动的商业化路径。

2. 市场驱动

智能座舱相比智能驾驶技术实现难度低、成果易感知，是当下车企间竞争的重要差异化卖点，各车企新车均将智能座舱亮点功能作为卖点进行宣传。当前国内智能座舱整体渗透率已超过 50%，据盖世汽车研究院预测，智能座舱的单车价值量或将达到传统座舱的 3~5 倍，其中座舱硬件价值量将提升至座舱产品总价值量的 70% 左右，预计 2030 年智能座舱市场规模或将达到 2000 亿元人民币。

智能座舱发展很重要的一个驱动力来自于市场需要，具体可以从供给端和需求端两个不同维度进行分析。

从供给端来看，智能座舱的快速崛起离不开汽车产业中各家企业的持续产品迭代与技术更新。当前，智能座舱产品供给呈现出多样性、便利性、快捷性等特征。

具体来看，各企业不仅提供了基础的导航、娱乐等座舱服务，还增加了众多与驾驶安全、舒适度相关的多样化功能。例如，语音识别技术使得驾驶人可以通过语音控制汽车的各种设备，大大提高了驾驶的便捷性。同时，智能座舱还具备了环境感知、智能推荐等多种前沿功能。

通过高度集成化的设计，各企业致力于将座舱的各种功能整合到一个简洁的操作界面中，使用户可以轻松地完成各种操作。此外，智能座舱还具备学习能力，能够根据用户的习惯和需求进行个性化设置，进一步提升使用便利性。

值得注意的是，除了座舱功能的多样性和使用便利性，在供给侧企业的不断努力下，围绕用户使用习惯和个体需要，座舱产品的迭代速度也在不断加快，以便更好地响应市场的快速迭代需求。

从需求端来看，智能座舱系统直观提升了人机交互感受和驾乘体验。受益于国内消费升级，智能座舱成为用户的关键购车要素，接近 9 成的国内用户在购车时会将智能座舱配置纳入考虑。

据盖世汽车研究院调查数据显示，62% 的国内用户表示，智能座舱的配置将极大提高他们的购车兴趣，17% 的国内用户将智能座舱看作是必选项。同时超 6 成的国内用户对智能座舱表达了支付意愿。用户需求的变化推动产品设计不断改进，推动技术创新不断迭代，推动新势力和传统整车厂不断提升自身竞争力，以适应用户的消费需要，从需求端为智能座舱渗透率的增长提供源源不断的助力。

新能源汽车的发展带动了智能化的普及，当前国内智能座舱整体渗透率已超过 50%，未来随着年轻购车群体的增加，将进一步推动智能座舱的发展。目前来看，年轻人优选高互动、体验佳、娱乐性强的座舱配置，同时配备更多的传感器以提供更多智能服务已成为主流技术趋势，其中车机芯片、语音识别、车联网和 OTA 的相关需要均已突破 60%。为了提高算力，高算力芯片成为各芯片厂商不断的追求；为快速响应用户指令，未来算法将采用端云结合的方式，更好地服务驾乘人员；语音识别将结合 AI 大模型，更为丝滑流畅地与用户对话；车联网实现 V2X，OTA 持续满足用户不断变化的软件更新需要。

3. 资本催化

如果说政策导向和市场驱动是智能座舱发展的重要助推力，那么资本的持续投入将成为智能座舱产业发展由量变发生质变的强效催化剂。据不完全统计，截至 2023 年 6 月，我国智能座舱相关融资事件共发生 77 起，涉及智能座舱产业链各级玩家（整车厂，软硬件、车载系统、集成方案等多方供应商）。

例如 2023 年 6 月，广汽埃安与广汽资本就星河智联股权转让信息在国家企业信用信息公示系统完成工商登记，星河智联的股东将在原有基础上新增战略投资股东广汽埃安。此次广汽埃安直接入股星河智联，星河智联将与广汽埃安等形成更紧密的业务协同关系，进一步提升广汽集团汽车产品在智能座舱领域的竞争力。

2023 年 5 月，江苏泽景汽车电子股份有限公司宣布完成 2 亿元 D 轮融资，由架桥资本、长江资本等联合投资，老股东新鼎资本跟投。公开资料显示，泽景科技成立于 2015 年，是一家 AR-HUD 的智能座舱显示技术及产品供应商，产品线覆盖 W-HUD、AR-HUD、CMS、透明 A 柱、透明窗口显示等智能座舱相关领域。

4. 技术支撑

在日新月异的科技浪潮的推动下，智能座舱的各个方面都得到了巨大的改善和突破。显示屏、多模交互、车载声学、芯片等几大核心技术为更优质、更智能的座舱体验提供了有力支撑，操作系统的技术迭代则为智能座舱系统走向“智能移动空间”创造了更多可能。

以下将分别从显示屏、多模交互、车载声学、芯片、操作系统等层面阐述座舱智能化发展的技术演进路径。

第一，座舱显示屏的主要功能是信息的呈现与交互，不同的屏幕承载了不同的信息内容。汽车从代步工具到第三空间的发展过程中，娱乐化的属性变得越发重要。

当前座舱屏幕的发展方向分为极简和豪华两个方向，一个是以驾驶人为中心将仪表信息整合到中控台，另一个是向乘客区拓展，采用尽可能多的屏幕来展示车辆信息。从中短期来看，“大屏多屏”依然是打造座舱科技感的重要方案，液晶仪表尺寸主要集中在10英寸[㊀]以上，中控屏尺寸12~16英寸份额有所提升。而随着大屏多屏方案的发展，液晶仪表也正在被滑移屏、方向盘交互屏、W/AR-HUD逐步取代（图1-3）。同时，用户对于显示屏幕画质的要求也愈加高，包括分辨率、色彩还原度和对比度等方面在不断提高。

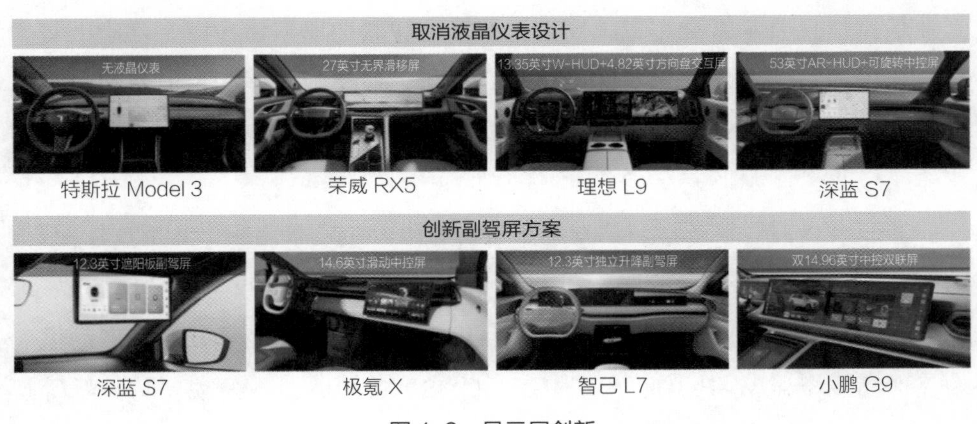

图1-3　显示屏创新

第二，在多模交互方面，座舱内按键在不断减少的同时，造型也在不断优化，设计更具科技感。部分车企为打造“零”按键交互理念，将物理按键的相关操作集成到屏幕/智能表面、语音控制、手势控制等维度（图1-4）。

㊀ “英寸”单位符号为“in”，1in=0.0254m。

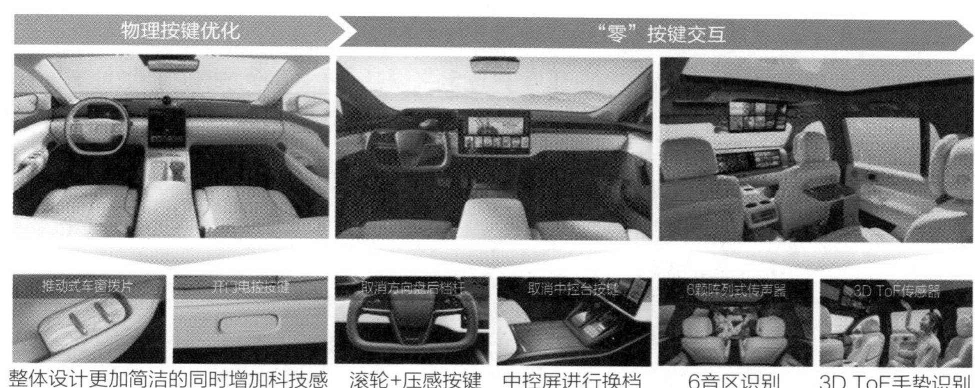

图 1-4 “零”按键交互

第三，车载声学帮助打造座舱沉浸式体验。为了在车内拥有更好的音乐、影视和游戏体验，车载音响系统成为座舱的重点配置之一。除了搭载更多的扬声器数量，部分车企为了追求性价比，开始采购白牌音响，然后进行自研。

第四，智能座舱需要处理大量的数据和复杂的算法，高性能的处理器有助于实现实时计算和决策。例如，高通于 2023 年 1 月推出的 Snapdragon Ride Flex SOC 采用单颗 SOC 芯片集成方式，可同时支持数字座舱、ADAS 和 AD 功能。该系列 SOC 面向可扩展性能进行优化，支持从入门级到高端、顶级的中央计算系统，帮助汽车制造商面向不同层级的车型灵活选择合适的性能点。借助这一特点，汽车制造商能够实现复杂的座舱应用。

第五，在操作系统层，仪表主要采用的是 QNX 或 Linux，中控往往采用 Android。

QNX 是一个可靠性极高的实时操作系统，被广泛应用于汽车领域。QNX 的驱动支持使智能座舱能够与外部设备良好地互动和通信。此外，QNX 操作系统可以有效防止系统崩溃和数据泄露等问题。在智能座舱中，这种稳定性和安全性至关重要，可以确保系统的正常运行和保护用户的隐私和资料安全。

Linux 是开源操作系统，具有灵活性和定制性的优势。开发者可以根据具体需求，在 Linux 上进行定制和修改，以满足不同智能座舱系统的需求。这种灵活性和定制性为智能座舱的开发和创新提供了更多的可能性。并且 Linux 拥有庞大的开发者社区和丰富的资源库，为智能座舱的开发提供了广泛的支持。开发者可以从社区中获得技术支持、开发工具和已经存在的驱动程序等，加速智能座舱系统的开发和上市。

Android 操作系统在智能座舱领域也发挥了重要作用，特别是 Android Automotive。Android 提供了丰富的用户界面和应用支持，可以为智能座舱提供直观友好的操作界面和多样化的应用程序。驾驶人可以通过触摸屏和语音助手等方式与座舱系统进行交互，并获得导航、音乐、娱乐等各种服务。Android 还能够与智能手机和互联网服务紧密连接，在智能座舱中可以实现与外部互联的功能。

总之，QNX、Linux、Android Automotive 等底层操作系统在智能座舱中都有着重要的应用和驱动开发支持，使智能座舱得以发展到今日的水平。而具体选择哪种操作系统，可根据系统需求、硬件兼容性、开发资源等因素进行评估和决策。

除了上述核心技术，智能座舱需要实现与外部环境和云平台的数据交换和远程控制，5G 技术的出现为智能座舱提供了更快速、更稳定的网络连接。5G 技术和 V2X 技术的融合发展，加强了车辆间进行位置、速度、驾驶方向和驾驶意图的交流，还能用在道路环境感知、远程驾驶、编队行驶技术研发与落地实施。

软件技术的飞速发展使得智能座舱具备了更智能化和自动化的能力。软件技术可以通过分析大量的传感器数据和车辆状态信息，构建实时的环境感知模型和驾驶决策模型。基于这些模型，机器学习算法可以训练出智能驾驶系统，使其能够在不同的驾驶场景中做出合理的决策，如避障、自动跟随车辆、智能驾驶操控等。

另外值得一提的是人工智能技术的不断发展对智能座舱的强大驱动力，通过数据模型和机器学习算法持续改进人机界面的交互体验。例如，通过分析驾驶人的行为模式和偏好，软件可以智能调整界面显示的内容和布局，使其更加符合驾驶人的习惯和需求。此外，还可以利用机器学习算法提供个性化推荐。

三、智能座舱趋势展望

智能座舱在政策、市场和技术驱动下将持续演进，实现更智能化、个性化、可持续和人机融合的发展。政府对于智能驾驶和智能交通的推动将成为智能座舱发展的重要动力，同时政府将提供更多的支持和激励措施，以促进智能座舱技术的研发和应用；加强对数据隐私和网络安全的监管，保障用户的权益，保证汽车智能化的正向发展。

消费者对智能出行和个性化驾驶体验的需求将使得智能座舱提供更多的功能和服务，行业内实现融合联动，产业链上下游进行开放合作。共创、共建、共享将是催动汽车座舱智能化发展的助推剂。此外，车企、供应链厂商以及互联网企业的竞争加剧，也将促使智能座舱不断提升性能、降低成本。

人工智能、大数据分析、自动驾驶和无线通信等新技术的不断发展将为智能座舱提供更强大的支持。例如，深度学习算法可以提高智能座舱的语音识别和图像识别能力，边缘计算和云计算的进步可以实现更高效的数据处理和计算。

展望未来，车机和手机将实现跨场景联动。华为鸿蒙、魅族 Flyme Auto、小米澎湃 OS 的上车，通过手机和车机的跨界融合打造“人 – 车 – 家”的完整闭环，将为用户带来更好的软件流畅性和人机交互体验，实现多场景无缝衔接。

大模型上车将助力车载语音系统通过大数据的持续训练，真正具备个性化和情感化的交互能力，让车载语音助手更加接近真人。2024 年 1 月，百度 IDG 与吉利汽车合作的 AI 对话产品在银河 L6 车型上成功量产。这是汽车行业首个基于大语言模型底座能力落地的 AI 车载对话产品。

而在电子电气（E/E）架构由分布式向集中式发展的过程中，“舱泊一体”和“行泊一体”的方案由于可以复用部分的硬件和算力，具有一定的成本优势，所以受到产业的广泛认可，下一阶段将向着“舱驾融合”方向发展。在此过程中，主控芯片处于智能车产业链的核心地位，其性能要求不断提升，向着高算力、先进制程芯片不断迭代。随着 E/E 架构不断向集中化方向迭代升级，用一个中央计算平台控制整车也将成为大势所趋，融合各操作系统的整车 OS 成为车企的目标。

以上从政策、市场和技术层面对智能座舱的未来发展进行了宏观的行业展望，针对具体的座舱技术、产品应用以及发展趋势，本书将在第二章围绕座舱各子系统的发展现状与技术应用展开详细的论述。

第二章
智能座舱系统构成与应用分析

智能座舱的核心在于集成座舱的软硬件以及人机交互系统，以此来打造更好的驾乘体验，满足消费者情感化和个性化需求。当前，智能座舱的发展正在摆脱驾驶这单一场景，逐渐进化为集办公、娱乐、休闲、社交等为一体的智能空间。

其智能化一方面表现为智能部件与配置的增加，另一方面是子系统的技术升级、联动与创新。座舱系统涵盖车载显示系统、感知（交互）系统、车载声学系统以及座椅系统、空气净化系统、氛围灯系统等其他系统，各子系统又涵盖各式各样的技术创新与产品应用。

同时，智能座舱芯片及相关硬件平台、操作系统、中间件等则构成了智能座舱系统的底层支持（图 2–1）。

本章将聚焦车载显示系统、感知（交互）系统、车载声学系统等智能座舱关键组成部分以及相关的底层支撑性技术，阐述智能座舱产业链的发展现状。

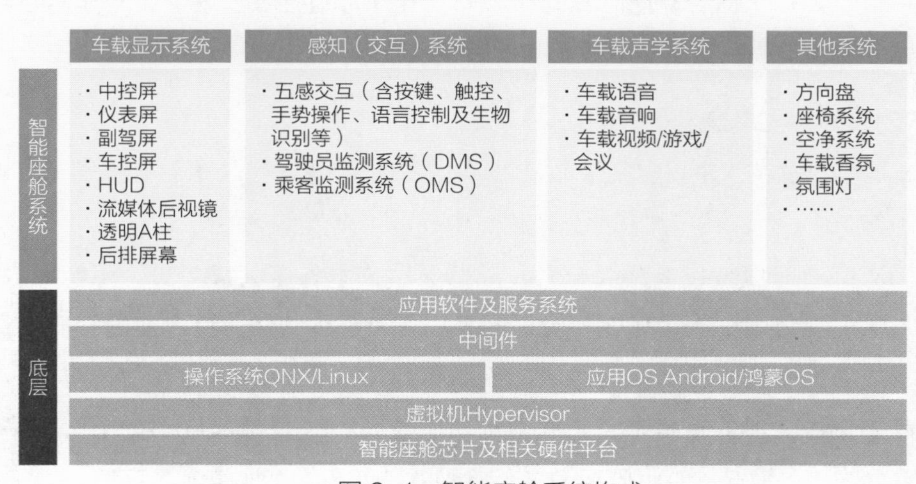

图 2–1　智能座舱系统构成

第一节 车载显示系统

座舱显示系统的主要功能是信息的呈现与交互，在汽车从代步工具到"第三空间"发展的过程中，屏幕承载了越来越多的娱乐属性。从终端应用来看，现阶段车载显示产品在座舱内的覆盖面较广，且以屏幕显示占据主流，包括中控显示、仪表显示、副驾娱乐屏、后座娱乐屏、HUD、流媒体内后视镜、电子外后视镜、智能表面等。采用投影显示的主要有 HUD、车窗显示以及座舱全息投影等。

伴随着智能座舱的演进，车载显示技术将在产品创新、屏幕联动应用方向进行升级，以适应智能座舱的发展需要。

一、车载显示技术发展与应用

车载显示技术是指应用于汽车内的显示技术，以方便驾驶人和乘客获得各种信息和娱乐内容，同时提高驾驶安全性和舒适性。目前，车载显示技术主要分为两类——屏幕显示技术和投影显示技术。

1. 屏幕显示技术

屏幕显示技术主要包括液晶显示屏（LCD）、量子点技术、有机发光二极管（OLED）等，其产品有液晶仪表、中控屏、副驾屏等（图 2-2）。

从市场应用与技术路线来看，屏幕显示技术各有其优劣势。综合而言，OLED 可视角度更大，亮度和对比度表现更出色，其轻薄可弯曲的特质可适应车内曲面结构，各项性能优于量子点和 LCD。但 OLED 存在使用寿命短、良品率低、烧屏的技术难点，成本也相应较高。LCD 液晶屏的分类有很多，大致分为单色液晶屏、点阵液晶屏、段码液晶屏和彩色液晶屏（TFT）。

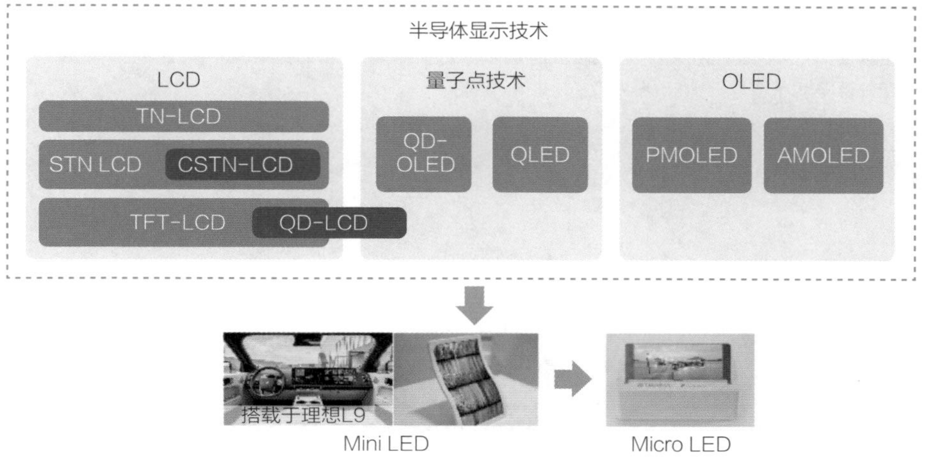

图 2-2 屏幕显示技术分类

目前车载显示仍然以 TFT-LCD 为主，OLED 和 Mini LED 正在逐步量产应用，是目前车企和供应商主要的合作研发方向。据 CINNO Research 预测，2025 年 OLED 车载显示屏出货量将达到 233 万片，渗透率为 1.7%。例如理想 L9 搭载了两块三星 15.7 英寸 OLED 显示屏，分辨率为 3456×2160；飞凡 R7 搭载了京东方 15.05 英寸 AMOLED 超高清中控屏，分辨率为 2.5K。

2. 投影显示技术

投影显示技术当前主要有 TFT LCD、数字光处理（DLP）、液晶覆硅（LCOS）、激光扫描投影（MEMS LBS）四种技术路线，其产品有抬头显示（Head Up Display，HUD）、全息投影等。

TFT 技术由于其技术路线成熟且成本较低，成为主流投影显示技术；但 TFT 技术也存在着光效低，对阳光倒灌问题处理欠佳以及偏振光和耐温性差等短板。DLP 采用 TI 独家 DMD，亮度和对比度较好，在温升控制方面具有显著优势，成像质量也好，同时支持光波导和全息 AR-HUD 设计，但由于芯片垄断问题，DLP 使用成本较高。LCOS 芯片可实现国产代替，但对光源要求高。LBS 技术的规模化落地应用仍有待时间验证。各投影显示技术横向对比见表 2-1。

表 2-1　各投影显示技术横向对比

参数	投影显示技术			
	TFT LCD	DLP	LCOS	MEMS LBS
分辨率	一般	高	高	一般
亮度	一般	高	一般	高
对比度	高	一般	一般	高
可靠度	高	高	高	低
光源	LED	LED/ 激光	LED/ 激光	激光
技术成熟度	高	高	一般	低
成本	相对较低	高	一般	相对较低
车规级控温	较差	好	较好	差

注：相较于屏幕显示技术，投影显示技术更适应座舱人机交互的发展，并能与自动驾驶信息结合，并突破仪器限制，或将成为未来显示技术发展的最终形态。

二、车载显示产品应用与发展现状

汽车智能技术的发展，极大地丰富了车载显示产品的应用。当前，根据座舱布局，车载显示系统可分为前排显示、后排显示和后视镜产品三大类型（图 2-3）。其中，前排显示产品涉及中控屏、仪表屏、副驾屏、HUD 等；后排显示产品涵盖后排娱乐屏、智能表面、车窗显示等；后视镜产品则包括流媒体内后视镜、电子外后视镜（CMS）等。值得注意的是，部分显示产品可在前后排同时布置。

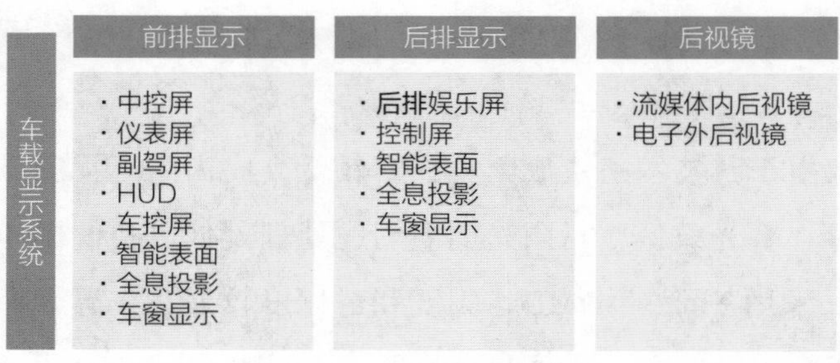

图 2-3　车载显示系统

从市场应用来看，屏幕显示产品仍是目前主流的产品形态。据盖世汽车研究院预计，到 2025 年国内车载显示市场规模将接近 1505 亿元，其中中控显示屏、全液晶仪表、HUD、后排娱乐屏、流媒体内后视镜、CMS 在国内市场的规模将分别达到 408 亿元、354 亿元、202 亿元、231 亿元、34 亿元、76 亿元。车载显示产品概览如图 2-4 所示。

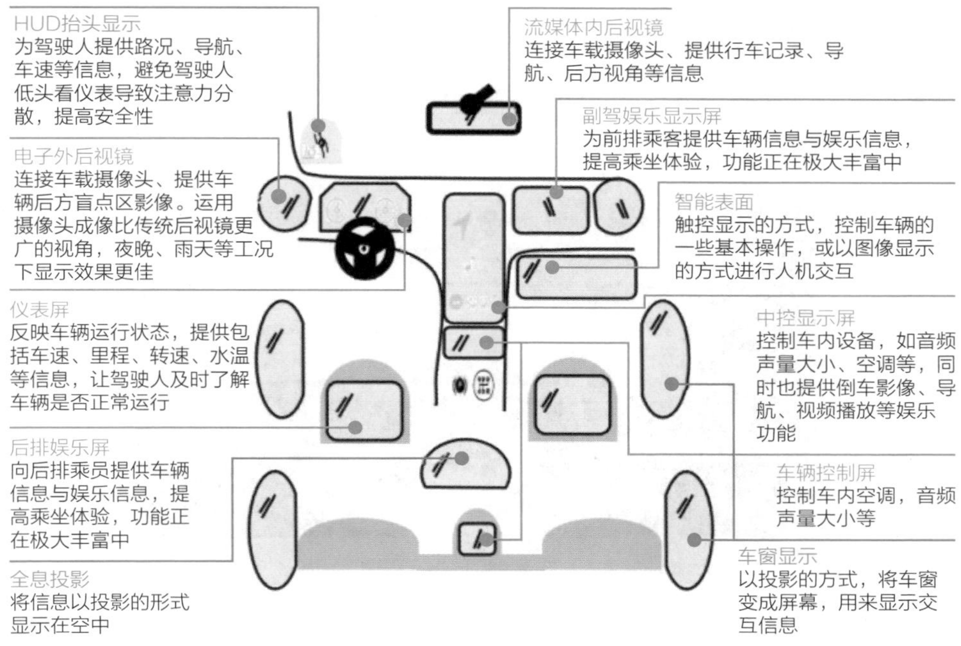

图 2-4 车载显示产品概览

1. 中控与仪表

在座舱显示中，中控和仪表是两个最为重要的人机交互端口。其中中控主要用来控制车内设备，如音频声量大小、空调等，同时也提供倒车影像、导航以及娱乐功能；仪表主要反映车辆运行状态，提供包括车速、里程、转速、水温等信息，让驾驶人及时了解车辆是否正常运行。

伴随着智能化和网联化的快速发展，中控和仪表在提供基本的信息显示和车控功能的同时，正呈现出多样化的发展特征：

（1） 大屏化

目前中控屏 10 英寸及以上尺寸占比提升明显，2023 年第一季度 10 英寸以上中控屏占比已超 73%；全液晶仪表的尺寸也在不断增大，而且盖世汽车研究院《车载显示技术产业报告（2023 版）》显示，全液晶仪表尺寸与车型价格呈显著的正相关，随着车型定位的提高，全液晶仪表的尺寸逐渐增大。目前，30 万元以上的车型，12 英寸以上的全液晶仪表搭载率达 77.5%，并在快速普及。

例如，吉利银河 E8 配备了一块 45 英寸 8K 准视网膜级的巨大中控屏，该屏幕的有效显示区域为 1130mm × 138mm，边框宽度仅为 8mm，屏占比高达 98%（图 2–5）。

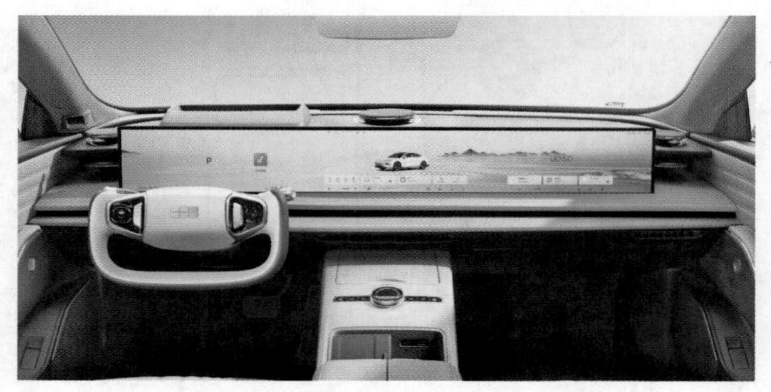

图 2–5　吉利银河 E8 无界智慧屏

再例如凯迪拉克 IQ 锐歌配备了 33 英寸的 LED 超大联屏，屏幕分辨率达 9K，像素密度达 271PPI，整屏分辨率达 8960 × 1320，可呈现 10 亿种色彩。

（2） 多屏化

随着显示技术、触控技术和芯片技术的不断进步，车载屏幕的尺寸更大、分辨率更高、响应速度更快，为多屏化座舱的实现提供了技术基础。而且由于驾驶人需求的多样化和不同乘员需求的多元化，通过多屏交互将为更多用户提供更加丰富和实时的信息，提高驾驶的安全性和乘车体验的舒适性。

同时，多屏化座舱的设计也将更加注重人机交互和用户体验，提供更加自然和智能的交互方式。例如理想 L8 拥有五屏三维空间交互，继承理想 ONE 开创的四屏交互概念、副驾屏以及连屏设计。前排四块屏幕包括 13.35 英寸的超大高清 HUD，可显示车速、环境、导航等重要行车信息，还能够自适应调节 HUD 高度和亮度，方便驾驶人看得更多，看得更清晰；安全驾驶交互屏可显示车速、能耗信息，车速档位一目了然，还能切换能源模式，最新的版本还可支持调节 HUD 高度、悬架高度、动力模式等；两个 15.7 英寸 3K 分辨率的 LCD 屏幕分别是理想 L8 的中控屏和副驾娱乐屏，采用一体式无缝设计，集成车辆控制和娱乐功能，16 ∶ 9 屏幕比例带来更好的全屏观影体验；另外还有 15.7 英寸 3K 分辨率的 LCD 电动折叠屏幕，是专为后排家人设计的后舱娱乐屏幕，可调节两档观影角度。

（3） 联屏化

座舱产业链技术的升级为整车厂在屏幕设计方面提供了更多想象空间，随着车企对于第三空间认可的加深，其服务对象也从驾驶人向副驾乃至后排乘客进行拓展，服务属性在保障驾驶安全的基础上更加强调娱乐、社交等元素。

从当前市场情况来看，联屏设计已成为打造座舱科技感的重要方案，联屏设计成为新的造型方向。在座舱娱乐方面，通过多屏联动的设计方式，前排显示正逐步从分离式设计向着中控、副驾娱乐双屏合一的方向发展，从而提升前排的娱乐体验；而在后排乘坐体验方面，高端车型通过后排娱乐屏，为乘员带来多元的出行娱乐场景，成为提升座舱体验的核心要素。

红旗 E-HS9 采用全液晶仪表盘、中控多媒体触控屏、副驾驶位液晶显示屏的三联屏设计，再搭配中控台中部的触摸屏，同时拥有四块可触摸大屏幕，后排还有座椅屏和后排中央扶手大屏，七屏娱乐系统在体现出科技感的同时，也兼具舒适与豪华（图 2-6）。

图 2-6 红旗 E-HS9

吉利星越 L 采用近 1m 长的 IMAX 三联屏横跨中控台，可实现巨幕般的沉浸感视听乐趣。

2023 年 7 月，在盖世汽车与慕尼黑电子展共同主办的“2023 智能座舱车载显示与感知大会”上，中电科风华信息装备股份有限公司演讲嘉宾表示，聚焦当下，三联屏已成为汽车中心控制器重要的一部分，它不仅能提高车辆信息化和智能化水平，还极大提高了驾驶安全性和舒适性。未来 1~2 年，整车厂单车平均屏幕搭载数量或将达到 7 个，“液晶仪表 + 中控屏 +HUD”或成标配，三屏模式将开启 3.0 信息交互时代（图 2–7）。

图 2–7　智能座舱多屏化与联屏化

除了联屏设计，围绕屏幕一些新的设计趋势也开始不断涌现，比如升降屏、滑动屏、向日葵屏、卷轴屏、光场屏等。例如智己 L7 采用升降屏设计，打造出 26.3 英寸的超大中控；华为在智界 S7、问界 M9 上开创式地将光场屏带上车，对比普通车载液晶屏，光场屏具备成像距离远、画幅大、分辨率高、不易受车外光线影响、不容易造成晕车 5 大直观优势。值得一提的是，基于 3m 远的远距成像效果，华为光场屏具有 40 英寸超大画幅，可以提供更宽广的显示区域，真正实现家庭影院上车。

盖世汽车研究院数据显示，2023 年 1—9 月，中控屏和全液晶仪表屏的渗透率已经达到 91.9% 和 66.6%。预计到 2025 年，中控屏的市场规模将达到

408 亿元，全液晶仪表的市场规模将达到 354 亿元。

从中控屏集成市场来看，以德赛西威、华阳通用等为代表的自主企业借助本土化的优势，与整车厂配套紧密，可提供完善且快速的产品服务，目前已经开始主导整体市场，此类方式总占比达到 45%。另外以比亚迪为代表的车企开启自研道路，通过收购或合作的方式自研，实现成本与话语权的把控，此类方式占比达到 12%。

2. HUD

HUD 设计的初衷是将重要的驾驶信息呈现在驾驶人前方的风窗玻璃上，使驾驶人在保持抬头姿势的同时获取信息，减少低头查看仪表等操作，从而提高驾驶安全性。

在底层政策支持下，头部企业积极发挥标杆作用，初创企业中途入局，带来更加成熟的技术，从而不断降低 HUD 成本，带来用户感知体验的升级。在上述多重因素的驱动下，盖世汽车研究院数据显示，2021—2025 年车载 HUD 呈现稳定增长趋势，HUD 市场渗透率加速，预计 HUD 整体装机量有望在 2025 年突破 900 万套。

当前，HUD 可分为组合式抬头显示系统（Combiner HUD，C-HUD）、直投风窗玻璃抬头显示系统（Windshield HUD，W-HUD）、AR 和抬头显示的融合（Augmented Reality HUD，AR-HUD）。C-HUD、W-HUD 和 AR-HUD 三种抬头显示技术各有其特点，如图 2-8 所示。

（1） C-HUD

C-HUD 通过放置于组合仪表上方的一块半透明的树脂板作为投影介质反射出虚像。由于其采用透明树脂玻璃材料，所以结构相对简单，成本也相应较低，并且容易安装。但 C-HUD 的成像区域较小，显示的内容有限；同时其成像距离相对较近、位置低；而且 C-HUD 置于仪表上方，在车辆碰撞时可能会对驾驶人产生二次伤害，不利于车内安全。

目前，C-HUD 正在慢慢被市场淘汰，取而代之的是更加先进和个性化的 W-HUD 和 AR-HUD。

形式分类

	C-HUD	W-HUD	AR-HUD
显示区域	透明树脂玻璃	前风窗玻璃	前风窗玻璃
投影范围	小	较大（2D 显示）	大，可投影整个前风窗玻璃
投影内容	少：车道显示、车速、简易导航	较多：车况、车速、部分 ADAS 信息	多：信息量大，质量高
投影质量	较差	无色差	AR 与实景融合，结合车载功能，更加安全
最大投影距离	2~3m	4~5m	15m
投影技术	TFT	TFT/DLP	TFT/DLP/LCOS/LBS
智驾等级	L0~L3	L0~L3	L2~L4
市场现状	已淘汰	量产，主流	初步量产，未来主流
成本分析	成本低	结构复杂、精度要求高，成本高	算法技术难度大，成本高
代表车型	—	红旗 HS5、哈弗大狗、蔚来 ET7、理想 L9	红旗 E-HS9、奔驰 S 级、飞凡 R7

投影技术路线

参数	TFT-LCD	DLP	LCOS	MEMS-LBS
分辨率	一般	高	高	一般
亮度	一般	高	一般	高
对比度	高	一般	一般	高
可靠度	高	高	高	低
光源	LED	LED/激光	LED/激光	激光
技术成熟度	高	高	一般	低
成本	相对较低	高	一般	相对较低
车规级控温	较差	好	较好	差

图 2-8　HUD 形式分类

（2） W-HUD

W-HUD 通过将投影信息投射到风窗玻璃上的特殊棱镜上，能够实现更大的成像区域和更远的投影距离。但由于其结构复杂、精度要求高，因此成本也较高。

从市场应用来看，现阶段主流产品是 W-HUD，但 W-HUD 正在遭遇技术壁垒挑战：首先，当前 HUD 主流产品采用 TFT 技术，但因技术本身限制和用户感知程度不高，会被其他长距离、大视场角的技术代替；DLP 技术目前较为成熟，带来的投影成像更为清晰，但因核心芯片被外资垄断，成本较高；LCOS 与 MEMS LBP 芯片可实现国产化，但本身技术壁垒高，还需一段时间研究才能落地。

同时针对自由曲面反射镜精度要求高，制造成本大的难题，需要 HUD 的自由曲面反射镜来和风窗玻璃进行拟合以尽可能消除画面畸变。自由曲面镜模具还需要用精密仪器制造，做成纳米级，非球面镜需要一次成形。如 W-HUD 自由曲面镜，材料为 PC 或者 COC 塑胶材质，要求高面型精度，高反射率，良好的耐候性能。代表案例如舜宇光学引入 DLP 反射镜产线，以减小上述问题的困扰。

（3） AR-HUD

AR-HUD 即 AR 和抬头显示的融合，使用风窗玻璃作为投影介质来反射成像。AR-HUD 使用了增强投影面，通过数字微镜原件生成图像元素，同时成像幕上的图像通过反射镜最终射向风窗玻璃，使得增强过后的显示信息可以直接投射在用户视野角度的道路上，将显示信息和交通状况进行融合。

但是由于 AR-HUD 将信息直接显示在真实道路上，实现这一特性需要通过前视摄像头对前方的路况进行解析建模，得到对象的位置、距离、大小，再把 HUD 需要显示的信息精准地投影到对应的位置，这就需要强大的运算能力。

现阶段 W-HUD 仍是主流，但长远来看，AR-HUD 将是智能座舱更好的整体解决方案。随着技术的不断发展，AR-HUD 有望成为未来主流的抬头显示技术。

1）AR-HUD 更符合智能座舱与自动驾驶发展，其内容将更多元化。

AR-HUD 相对于 W-HUD 而言成像区域更大、投影距离更远、成像也更加生动直观。并且 AR-HUD 可以在驾驶人视线区域内合理叠加显示一些驾驶信息，将导航和 ADAS 信息与前方道路融合，更加适应智能座舱与自动驾驶的发展。随着智能化的进程，其主要功能将从驾驶辅助转向生活娱乐方面，在 L5 时代将重点转向生活娱乐功能。

2023 年 7 月，在盖世汽车与慕尼黑电子展共同主办的“2023 智能座舱车载显示与感知大会”上，东软集团演讲嘉宾坦言：“AR-HUD 的出现将‘驾驶人在驾驶车辆时，需要通过文字、声音、符号等途径接收信息，再将信息转化为可以理解语义’的过程进行了简化。所以 AR-HUD 作为具有强大生命力的产业，并且随着全息技术的加持，将变得更加直观与生动。”

在 2023 华为智能汽车解决方案发布会上，华为推出了行业首个 2K 车规级自研的光学成像模组的车载 AR-HUD，并宣布搭载在问界 M9 车型上。华为 AR-HUD 的核心优势在于它能够将车辆的前风窗玻璃变成一个集科技感、安全性与娱乐性于一体的智能信息“第一屏”。这种全新的驾驶体验不仅能使驾驶人更集中注意力于路况，还能够通过 AR 技术与外部环境实现无缝链接，从而大大提高驾驶安全性和舒适性。具体来看，在问界 M9 上，华为 AR-HUD 实现了“巨幕投影”：在 8.5m 远的位置上可提供 75 英寸的画幅，具备 1920×730 的分辨率和 12000nit（$1nit=1cd/m^2$）的最高亮度，即使在阳光直射的环境下也能保持清晰可见的画面，同时其 1200：1 的对比度保证了画面的色彩饱和度和层次感，使得图像更加生动和逼真，为驾乘人员带来影院级的视觉体验。

在应用场景上，华为 AR-HUD 还具备 AR 导航、跟车提示等功能。华为 AR-HUD 与华为 ADS 2.0 高阶智能驾驶系统的结合，在智能驾驶技术的实用性和舒适性上实现了重要突破。在人驾模式下，AR-HUD 可以横向覆盖 3 个车道，驾驶人不需要低头就能获取直观的 AR 导航信息，在提高驾驶效率的同时，减少了因低头而产生的潜在风险；在智驾模式下，华为 AR-HUD 能够提供与道路标线贴合的预警提示，帮助车主在复杂路况中更快更早地感知潜在危险，并及时做出反应。

2）多维度融合将成为 AR-HUD 发展的核心。

从交互维度来看，AR-HUD 发展的第一阶段是在上车时实现自动驾驶位置调节，基于人眼位置来调节高度和其他参数实现开车前的 HUD 准备，目前行业内这项功能正在逐步展开。第二阶段是可变焦距、高清画质、情感化 HMI 交互、虚拟现实无缝连接和安全智能驾驶，在多功能显示和用户自定义方面满足用户对个性化需求的设置。

AR-HUD将通过多焦面显示、斜投影、连续变焦及综合各项技术而完成光场显示来增强AR与现实世界的融合度，业内优秀企业如华阳已具备双焦面、斜投影、光场显示等多项相关技术储备。

未来，实现真3D效果的主流技术路线有两种：其一是全息光波导技术，代表企业有WayRay、松下和一数科技等；其二是激光投影技术，代表企业有DigiLens、Waveoptics和疆程等。

AR-HUD还将多传感器、算法等软硬件和自动驾驶与智能座舱的各功能模块多维度融合，推动整车向“元宇宙”迈进。另外，良好的多样化信息分层UI设计也是未来AR-HUD带来优秀用户体验的关键。

3）软件标准化成为主要趋势，通过硬件与AR打造不同产品力的产品成为核心方向。

根据整车厂车型不同、定位不同，HUD厂商需要进行HUD产品的高度定制化，因此HUD厂商与整车厂高度合作。同时通过不同硬件基础与AR技术，打造具备不同产品力的车型，展开差异化竞争。现阶段，HUD厂商针对多家企业在软件层面可以高度标准化，节约时间与成本，进一步提高整车HUD搭载率。

代表案例如华为为飞凡R7提供AR-HUD，可实现13°×5°视场角（FOV），车道级增强实景导航以及实时ADAS信息和驻车影视。

LG为大众ID.6 CROZZ提供的AR-HUD，可提供5种车辆关键信息和多种辅助驾驶信息。

水晶光电为深蓝SL03提供的AR-HUD，成像界面为前方8.5m成像距离等效61in屏幕，通过与智能驾驶和车载系统的深度融合，将主驾视野区域化身为集科技感、安全性、娱乐性于一体的智能信息屏。

除上述提到的车型外，自主车企包括仰望、方程豹、哪吒等10家新进品牌均呈现出敢于创新和引领市场的势头。

目前的趋势为基本每家车企都计划搭载AR-HUD，部分之前未曾搭载

W–HUD的车企也将直接搭载AR–HUD作为卖点。相比国外厂商，国内厂商具备市场、政策等多方面的优势，且国内已涌现出一批具备量产能力且经过项目验证的优秀企业，有很大希望实现全球市场的弯道超车。在盖世汽车研究院统计的36款已上市标配AR–HUD的典型车中，有11款来自于新进品牌的车型标配搭载AR–HUD，占比约三成（图2–9）。从不同价格段、不同车型级别搭载AR–HUD产品来看，2023年前9月，10万~15万元、15万~20万元和30万~35万元价格区间成为增速最大的市场，且10万~20万元价格区间市占率由2022年全年的31%增加至52.7%，市场下沉趋势明显。从车型级别来看，2023年前9月，B级车市占比最高，接近52%；A级车同比增速高，约为121%。

国内乘用车市场标配AR–HUD典型车统计

2022年以前

车型	供应商
红旗EHS9	水晶光电
ID.4系列	LG
WEY摩卡DHT	麦克赛尔
奔驰EQS	日本精机
吉利星越L	怡利电子
ID.6系列	LG
传祺二代GS8	华阳多媒体
ID.3	LG

2022年

车型	供应商
拿铁DHT	华阳多媒体
Q5 e-tron	LG
深蓝SL03	水晶光电
北汽魔方	疆程技术
哪吒S	重庆利龙
锐程PLUS	华阳多媒体
飞凡R7	华为
领克03	怡利电子
博越L	怡利电子
星越L-HiP	怡利电子
路特斯ELETRE	华阳多媒体

2023年

车型	供应商
星途瑶光	华阳多媒体
启源A07	华阳多媒体
极氪X	怡利电子
岚图追光	智云谷
奇瑞瑞虎9	华阳多媒体
皓瀚DH-i	华阳多媒体
深蓝S7	水晶光电
腾势N7	弗迪科技
领克08	经纬恒润
方程豹豹5	弗迪科技
仰望U8	华阳多媒体
智界S7	华为

即将上市（2023–2024年）

车型	供应商
问界M9	华为
极氪007	/
IONIQ5（国内）	/
ID.7	/
丰田凯美瑞	/

图2–9　部分标配AR–HUD车企统计

注：统计截止时间为2024年1月。

盖世汽车数据显示，2023年，国内标配HUD的新车销量为220.1万辆，相比2022年整年增长77.6万辆，HUD搭载量呈持续上升的趋势。其中在各类 HUD 搭载量占比中 AR-HUD 的占比已达 10.4%。

从应用场景来看，HUD 正逐步提高在前排显示中的优先级。随着 HUD 信息内容逐步拓展，液晶仪表的部分信息可以由 HUD 来代替显示，宝马公司 CEO 曾在 2023 年 CES（消费类电子产品展览会）上发表“最快在 10 年以后，车内的大屏幕将会消失”的观点，该公司认为与驾驶相关的信息能够根据不同使用场景在 HUD 上进行显示，让驾驶体验更加安全，人机交互更加合理。因而该公司相关概念车（图 2-10）直接采用全景视觉代替车内屏幕，预计其全景视觉方案将于 2025 年首发搭载于新世代车型上。

图 2-10　宝马概念车采用的全景视觉方案

因此，部分车企开始通过 HUD 进行人车信息的交互，用“小 / 无仪表 + 大中控 +HUD”的形式为用户带来更好的信息获取体验。例如，WEY 摩卡、东风雪铁龙凡尔赛 C5X、沃尔沃 EX90、理想 L 系列车型、长安启源 A07、深蓝 S7、吉利睿蓝 7 等。

3. 电子后视镜

电子后视镜包括电子外后视镜与流媒体内后视镜两种（图 2-11）。其中电子外后视镜取消原先的后视镜，以摄像头替代，摄像头反馈的影像将会表现在内部屏幕上，目前电子外后视镜的价格在万元以上；流媒体内后视镜本质上是利用车后摄像头，将后方的影像实时显示到后视镜上，现阶段价格在 3000~4000 元之间。

➢ 电子外后视镜

供应商	装载配套	电子外后视镜产品特点
法可赛	奥迪 e-tron Sportback	极低延迟的图像信号、用户可手动调整摄像头、更广阔的视野、无盲点
电装	雷克萨斯 ES300h	数字外后视镜由摄像头、ECU 及显示屏三部分构成。可将车外摄像头拍摄的画面，结合车辆的多种情况进行实时处理及控制
现代摩比斯	现代 IONIQ5	视角 35° 左右、消除外部噪声、减少空气阻力、改善燃油效率
疆程	北汽魔方	避免恶劣环境成像影响、减少车辆风阻系数

➢ 流媒体内后视镜

供应商	装载配套	流媒体内后视镜产品特点
光峰科技	广汽、长城等	拓展后方视野，不受到车内环境和风窗玻璃污渍遮挡
华阳	长安、广汽等	具备超宽视野、视频传输低延时、防眩光 / 防雨雪雾、外观定制等产品优点
辉创电子	长安 UNI-K	结合摄像头，解决传统后视镜的盲点，减少盲区
唯联科技	红旗 H9	垂直盲区更小、角度更大、视野更大，可自动调光

图 2-11　电子后视镜主要产品

当前，后视镜产品正迎来新的技术变革，电子外后视镜与流媒体内后视镜均采用“摄像头 + 屏幕”的组合方式取代传统的光学后视镜，流媒体内后视镜已实现量产装车，电子外后视镜在 2023 年 7 月通过法规限制，迎来规模化的量产发展。2023 年 7 月 24 日，路特斯官方表示，搭载流媒体外后视镜的路特斯 ELETRE 车型将在国内开启首批量产交付。

目前来看，电子外后视镜研发成本较高，对行业新进入者有一定的门槛，乘用车与商用车因为摄像头数量要求不同，成本构成也有一定区别。未来，电子外后视镜可通过集成域控、复用 ADAS 摄像头等方式实现大幅度降本。

趋势一：内 / 外后视镜画面融合

当前，车辆侧 / 后方的画面展示主要遵循传统行车习惯，将 CMS 显示屏分别置于座舱前部的左、中上、右三个位置，存在物理上的显示分割。从技术层面来看，在保留传统光学视镜的基础上，可通过算法将电子外视镜和电子内视镜捕捉到的左后、正后、右后三个视野图像进行合成，在一块显示屏上融合呈现。

趋势二：与座舱域控结合

电子外后视镜与座舱域控结合的方案有两种，其一是域控制器企业做整车全视野的方案，将CMS融合到视觉的大方案中。其二是专业CMS厂商将CMS做得更具融合性以满足车厂需求。

趋势三：与ADAS/自动驾驶相结合

电子后视镜的摄像头安装位置与ADAS摄像头高度相似，均是位于传统外后视位置附近或车辆尾部。在功能上，CMS与盲区监测、并线辅助、ADAS摄像头等存在一定的交集，均是获取或探测车辆侧后方道路交通情况，为驾驶人和智驾系统提供行车决策。从产品成本、功能实现及空气阻力等方面考虑，两者有望实现一体化。

电子外后视镜在2023年7月新规实施后进入市场，盖世汽车研究院预计，2025年其渗透率可达10%，单价随集成域控制器和复用ADAS传感器等趋势，预计在2025年有较大幅度的下降，价格逐渐向价值量回归，市场规模有望达到70亿元。

电子外后视镜国外供应商有政策配合，具备先发优势，市场主要参与者包括传统后视镜厂商与车载摄像头厂商，如法可赛、镜泰、麦格纳、现代摩比斯等，目前已有很多配套的乘用车以及商用车车型（表2–2）。电子外后视镜国内供应商目前以商用车为主要市场，同时已有企业具备从商用车市场切入乘用车市场的资质，如远峰科技已获小鹏定点；更有疆程技术等企业已有量产车型，在新规实施后投入市场（表2–3）。

表2–2　国外供应商（代表）

简称	装载配套	电子外后视镜产品特点
法可赛	奥迪 e–tron Sportback	两个折叠翼摄像头集成于汽车底盘两侧以及车门内、极低延迟的图像信号、车内两个7英寸的触觉OLED显示器、用户可手动调整摄像头。更广阔的视野、无盲点，通过改善车辆空气动力学提高燃料使用效率，无眩光现象、更好的夜晚视觉，自动校准摄像头以应对任何情况或警告、高动态视野范围（HDR）传感器、豪威公司的LED闪烁缓解技术

（续）

简称	装载配套	电子外后视镜产品特点
日本电产	Honda E	普通模式、广角模式、减少 10% 的视野盲点、表面特殊的防水处理、减少约 90% 风阻、整车效率提高 3.8%
电装	雷克萨斯 ES300h	数字外后视镜 ECU。数字外后视镜由摄像头、ECU 及显示屏三部分构成。其中，ECU 可以将车外摄像头拍摄的画面，结合车辆的多种情况进行实时处理及控制，并传送到车内的显示屏上。当转向灯开启或是挂倒档时，该系统会自动增强相应区域（左后方或右后方）的探测。遇到白天穿隧道或是进入立体车库等明暗交叠的场景，也可以迅速通过明暗和速度的变化判定周边环境，为驾驶人调整适宜的视野
镜泰	丰田凌放 HARRIER、雪佛兰科尔维特	镜泰全显示屏镜、内置数字化录像机（DVR）、自动保存事故录像
麦格纳	丰田坦途	最大化视野、环视摄像头、盲区显示器、自动调光镜片、记忆存储、电动折叠、前向 / 后向照明
现代摩比斯	现代 IONIQ5	视角 35° 左右、消除外部噪声、减少空气阻力、改善燃油效率、2 个以上超 200 万像素高清摄像头
佛吉亚	路特斯 ELETRE	由佛吉亚打造的电子后视镜 eMirror 借助智能驾驶算法增强安全性，助力碳减排和节能，同时还可以形成造型融合和内饰差异化
博世	奔驰 Actors	360° 开阔视野、降低风阻、节省燃油能耗、15 英寸高清显示屏、实时图像、根据驾驶情况调整监控画面显示
松下	日产劲客	高性能电子后视镜，提升图像清晰度、夜间能见度

表 2-3　国内供应商（代表）

简称	装载配套	电子外后视镜产品特点
华阳电子	新势力、自主、合资品牌等主机厂多个项目定点及预研项目	广角摄像头、自动调节后方可视角度、水平角度增大 40°、垂直角度增大 20.5°、摄像头防水抗渍、避雨遮挡、电动加热、摄像头 HDR 功能、特殊图像处理算法、“摄像头 + 茎杆状”设计、有效降低整车风阻风噪、电动折叠设计、丰富的 ADAS 功能，如盲区监测（BSD）、倒车视宽、开门预警（DOW）、变道辅助（LCA）、车距显示、除雾功能及脏污识别等
远峰科技	小鹏、宇通	高动态图像处理、视频图像稳定性处理、数据无损传输、高亮度显示设计、低延时显示、图像畸变矫正算法、图像拼接算法、电子防眩技术、极窄边框结构设计、轻量化结构设计、散热及温度控制

（续）

简称	装载配套	电子外后视镜产品特点
疆程技术	北汽魔方	避免恶劣环境成像影响、减少车辆风阻系数、降低车辆动力损耗、更大视角、更多应用与交互场景
上海豫兴电子	宇通、Deepway	视野实现高可靠、长寿命、景深透视、通透度
森鹏	比亚迪 K9	消除车头 A 柱盲区、抗凝结防水珠、宽动态成像、防眩光夜视、视频采集模块、云端实时监控、FUJITSU Application Processor 车规级视频处理芯片、AECQ 汽车级元器件、ISO 26262 功能安全标准、光信号采集・信号传输・视频处理全过程数字化、“点对点”高清、探测盲区移动物体、动视觉引导、显示视野无损调节、SAE J1939 协议 CAN 总线设计、车规级 ET-Kernel 操作系统、汽车级 CorTex 架构低功耗主机处理器、独立 2D 图形加速引擎 + 独立 3D 图形加速引擎、冷启动速度 <2s
广州融胜	郑州宇通、厦门金龙、苏州金龙、深圳比亚迪、珠海银隆、厦门金旅、中通客车、福田欧辉等 7~12m 全系车辆	消除传统盲区、雨雾看得清、夜晚看得见、1T 实施储存可扩展、视频上传平台、360 环视模型、强弱光自适应、开车环视车周检测、倒车影像、20km/h 自动切屏、雷达测距报警、高级辅助驾驶功能
泽景	红旗 E-HS9（实车展示）	降低风阻风噪、60° 超大视场角、覆盖多个车道、减少侧后方视野盲区、影像无畸变、降低风阻节能减碳、图像处理（ISP）、自动抑制远光灯、集成电加热疏水涂层、高算力核心硬件、周身雷达 ADAS 信号融合、后视野 AR 显示、FOTA 升级

三、车载显示系统发展趋势

1. 屏幕互联发展

高流畅、高娱乐、高智能体验带动车载显示向大屏化发展，大屏化使得信息显示更全面，操作性更强；同时汽车使用场景的丰富极大带动车载显示向多屏化趋势发展，各屏幕分工更明确。在大屏化、多屏化的大势之下，通过多屏互动，打造更具体验感的智能座舱。

目前，多屏模式主要分为“本地多屏模式”“HUD 与屏幕和信息互联”

“车载窗户 + 互动”“车内屏幕自由移动”四种，其交互模式和发展趋势见表 2–4。小鹏 G9 搭载了业内首个量产的全 3D 人机交互系统，该系统由 Unity 与小鹏联合开发，可以通过 3D 交互操控汽车。理想 L9 在驾舱设计中取消了驾驶位的传统仪表，转而使用大面积的 AR–HUD 和方向盘上的触控交互小屏，以实现 HUD 与信息互联。

表 2–4　多屏模式分类

多屏模式	本地多屏模式				HUD 与屏幕和信息互联		车载窗户 + 互动	车内屏幕自由移动
交互模式	3D+ 大屏人机互动			自然信息交互	HUD+ 信息交互屏	HUD+ 地图导航信息	车窗投影	全息投影
发展趋势	3D 交互界面	3D 人机交互系统	3D 控制调节	多模系统联动	HUD 与屏幕交互	单 HUD 信息交互	车内外交互	全车实时交互
车型	雷克萨斯 Enform	小鹏 G9	LOTUS	长安 UNI–K	理想 L9	飞凡 R7	—	ICON

未来，利用全息屏的不同位置进行跨屏操作将成为现实，可以实现信息传送最大限度上的便利，并实现全车的实时交互。

2. 产业链重构

从产业链来看，车载显示产业上游是显示部件提供商，包括芯片厂商、显示器厂商、操作系统厂商、图像生成器厂商等，中游是显示集成供应商，下游是整车厂客户。

从车载显示产业生态链（图 2–12）可观察到：目前中控屏、液晶仪表盘等显示系统采用的是独立 ECU，屏幕由 Tier 1 厂商购买后与主机耦合出售。随着域集中式架构的渗透和软硬件解耦趋势的日益明显，“一芯多屏”“屏机分离”成为大势所趋，整车厂因此可选择将显示硬件和显示系统分包给不同供应商，直接与 Tier 2 厂商合作，从而提升沟通效率，降低成本。

对 Tier 2 厂商而言，产业链的重塑不仅缩短了中间环节，更带来了毛利率的增长。因此面板与模组厂商在深化合作的同时，积极布局显示系统的集成与开发，为整车厂直接供应显示系统，产业价值链条或将面临再分配。相关公司亦积极向下游延伸，开拓布局显示系统总成和智能座舱业务，有望进一步打开成长空间。

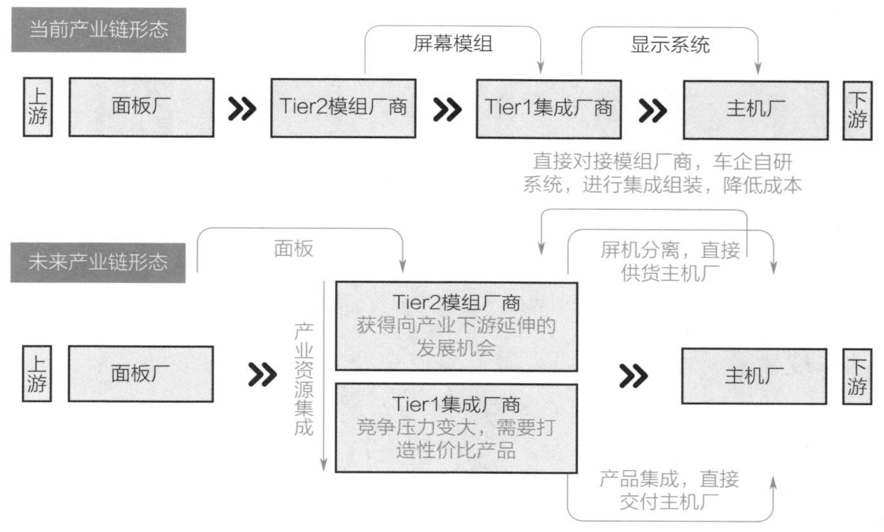

图 2-12 车载显示产业生态链

3. 车载显示系统竞争格局

据盖世汽车研究院数据，国内车载显示产品总体市场规模预测如图 2-13 所示，国内车载显示主要产品市场规模预测如图 2-14 所示。

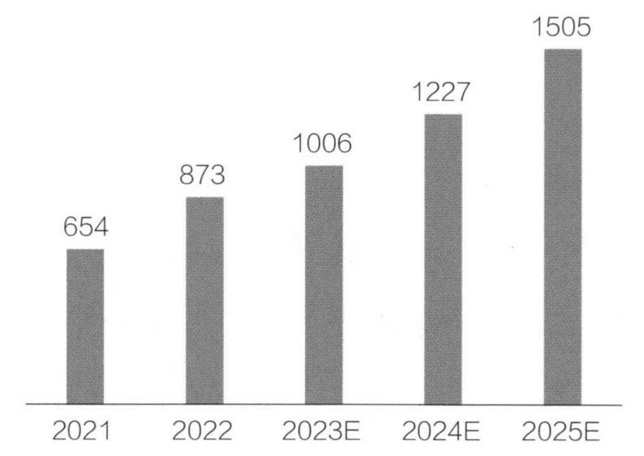

图 2-13 国内车载显示产品总体市场规模预测（亿元）

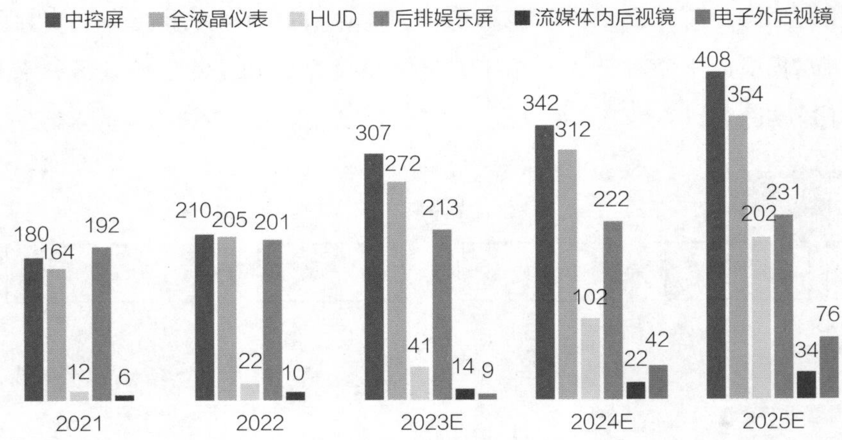

图 2-14　国内车载显示主要产品市场规模预测（亿元）

从车载显示整体市场格局来看，外资企业主导市场的格局已被打破，国内 Tier1 企业大幅缩小两者间的差距，甚至在某些显示产品领域已超越外资企业。同时伴随零部件和显示技术企业、整车厂等玩家的入局，市场竞争日益加剧。

目前，产业核心玩家可分为四大阵营，分别是以电装、博世、大陆等外资 Tier1 为代表的第一阵营；以德赛西威、华阳等本土 Tier1 为代表的第二阵营；以三星、京东方、华为等显示部件、技术企业为代表的第三阵营和以吉利、比亚迪、小鹏等整车企业为代表的第四阵营。随着产业生态圈的不断丰富，各企业正加快车载显示布局。

四、典型案例

在当今快速发展的科技环境下，车载显示系统作为智能电动汽车中的重要组成部分，不断推动着行业的进步。从最开始简单的显示屏到现在的高清触控屏、全息投影等高科技产品，车载显示系统已成为驾驶人和乘客获取信息、娱乐休闲的重要工具。未来，随着 IoT、AI 等技术与整车更深度地融合，车载显示系统将变得更加智能化、人性化，为人们带来更加便捷、舒适的驾驶体验。

而车载显示系统的发展也带来了一些挑战。如何确保显示系统的安全性、稳定性和可靠性，以及如何在满足个性化需求的同时，兼顾用户体验和驾驶安全，都是需要行业不断探索和解决的问题。此外，随着新能源汽车的普及，如何适应新能源汽车的特殊需求，也是车载显示系统发展的一个重要方向。

因此，在未来的发展中，产业中的各个企业需要继续关注并解决这些问题，以确保车载显示系统能够更好地服务于人们的出行需求。相关企业也在加速探索的脚步，为车载显示系统贡献智慧方案。

案例：理想汽车的多屏交互设计方案

2023 年 7 月 11 日，在盖世汽车与慕尼黑电子展共同主办的“2023 智能座舱车载显示与感知大会”上，理想汽车高级总监李娟进行了《智能空间的多屏交互设计》的主题演讲。

在车内，理想汽车将多屏交互分为三个域，主驾域、副驾域和后舱域，每个域提供专属的屏幕服务和软硬件设计，其设计焦点各异，每个屏幕的主打标签也不同（图 2–15）。

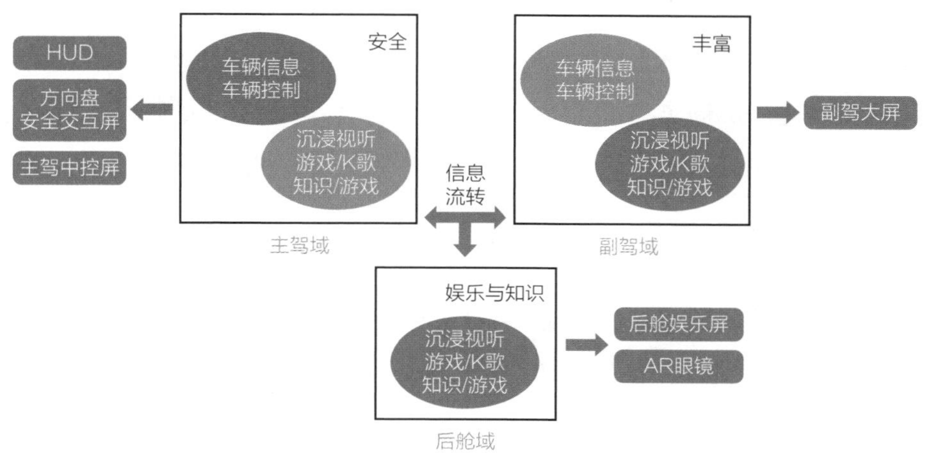

图 2–15 不同域间的多屏交互

主驾域分成行车和驻车状态：行车状态下，驾驶人会关注周边环境的路况，获取当前车辆信息，并根据实际状态对车辆进行操控；驻车状态下，驾驶人会有更多维度、更丰富的车辆信息和控制需求，例如开车累时需要休息、看电影或者利用碎片化时间打游戏等娱乐需求。但安全是主驾域第一要素，其他功能则是锦上添花。

针对行车安全需要，理想汽车采用了HUD和方向盘的安全交互屏来实现行车过程中车辆信息获取和操控的安全，让用户在开车时不需要转移视线焦点，只需要关注前方路况和周边路况，就可以同时获取风窗玻璃前方图像相关信息，从而提升行车过程中的安全性。针对驻车状态下的需求，理想汽车提供了主驾大屏，可以获取更丰富的车辆信息以及更多维度的车辆状态操控，满足多方向的安全和娱乐需求。

副驾域的需求则降低了车辆控制或信息相关功能，加强了娱乐功能。因此，理想汽车通过副驾大屏的方式满足副驾域需求，整体交互以休闲娱乐为主，兼顾行车辅助。

后舱域的功能更多是为了丰富后排乘员的乘车体验，因此后舱主打娱乐或知识类亲子互动。

尽管理想汽车为每个域的乘员都提供了专属屏幕服务，但这并不意味着这些屏幕是孤立的存在。理想汽车会在各个屏幕之间提供信息流转功能，包括跨屏同步、跨屏转移、多屏多视角。

第一类是跨屏同步，这意味着在不同屏幕上可以显示相同内容，满足家庭合家欢和亲子互动的场景需求，让车上乘员一起K歌、玩游戏、分享温馨感人的电影，这与理想汽车“创造移动的家，创造幸福的家”的品牌使命相吻合。

第二类是跨屏转移，即在同一个屏幕上显示不同的画面，主打的是自然交互，例如后排小朋友想看的内容，无论是显示还是声音，都应该在二排进行播放，而不是前排。

第三类是多屏多视角，即不同屏幕显示不同内容，但都是关于同一件事。例如看美国职业男篮赛事可以使用全局视角，也可以看某个特定球员或持球者的视角，提升整体沉浸感和参与感。

第二节 感知 / 交互系统

全球知名传播学大师麦克卢汉曾在《理解媒介：论人的延伸》中提出，任何媒介都不外乎是人的感觉和感官的扩展或延伸，并能够超越人类的身体和心理限制，带来自由和愉悦的享受。从该角度而言，随着智能化和网联化的技术发展，在车机端，用户将调用多感官的感知能力实现人机交互的高阶智能体验；此外，在软硬件融合程度及网联化程度不断加深的趋势下，人机交互作为功能控制和信息呈现终端也承载着越来越多的任务。

作为车辆系统和用户间信息交换的媒介，感知 / 交互系统通过智能化设计满足用户的驾乘需要。根据《分类指南（2023 年）》，在"安全类功能"中"状态感知"主要是用于检测舱内驾乘人员与宠物的生理和行为状态，以减少或避免人为的事故与安全隐患；"交互类功能"根据技术方向分为触觉交互、语音交互、手势交互、其他交互等七项二级功能。

当前，语音交互功能逐渐普及并成为主流交互方式；未来将呈现多模交互、主动交互，为用户带来场景化、个性化的体验。本节所讨论的感知 / 交互系统聚焦"状态感知"和"语音交互"，同时涉及"触觉交互""手势交互""其他交互"等内容。

一、感知技术与交互功能发展

1. 感知技术——监测系统

随着自动驾驶向 L3 迈进，座舱监测系统（In-cabin Monitoring System，IMS）作为在车辆需要被接管时确保驾驶人有接管力的重要部件而受到关注。

IMS 包括驾驶人监测系统（DMS）、乘员监测系统（OMS），也包括人脸识别（FACE ID）、手势识别、体征监测、远程监控等（图 2-16）。目前，座舱监测系统的主流方案是以 2D/3D 摄像头为主的 DMS 和增加毫米波雷达作为补充的 OMS 两种。

座舱监测系统（IMS）

IMS即汽车座舱的智能监测系统，主要包含DMS和OMS系统，也可根据需要增加人脸识别、手势识别、体征监测等生物识别以及远程监控功能

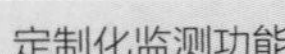

驾驶人监测系统（DMS） | 乘员监测系统（OMS） | 定制化监测功能

图 2-16　座舱监测系统

DMS 一般基于摄像头和近红外技术，在驾驶过程中对驾驶人状态进行全天候监测，从眼睑闭合、眨眼、凝视方向、打哈欠和头部运动等，检测驾驶人状态，对危险情况进行一层或多层预警，必要时干预控制车辆。其核心功能包括疲劳监测、分心监测、危险行为监测。

在安装位置上，DMS 摄像头位置具有灵活性，可在仪表盘、转向柱、A 柱或内后视镜等进行安装（图 2-17）。其中正对驾驶人脸角度的方向盘和仪表盘位置效果最好，A 柱其次，舱内后视镜也勉强可以，需要与内饰造型团队、摄像头供应商、算法供应商沟通，以保证和平衡效果。

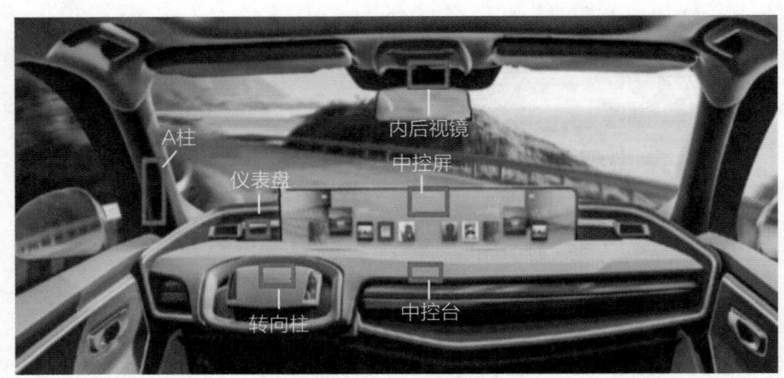

图 2-17　DMS 摄像头安装位置

OMS 是 DMS 系统的延伸，主要监测对象是乘客、宠物和舱内物品，具有安全带检测、儿童看管、宠物物品遗留监测等功能。

OMS 摄像头一般位于 B 柱上方，通过视觉感知精准获取后排情况，但有隐私风险。OMS 毫米波雷达一般位于汽车顶部，对于座舱感知较为深入且覆盖面广，但其价格昂贵。OMS 压力传感器一般位于后排座椅中，通过重力感应感知后排占据情况，但无法识别占据者的类型。

2. 主流交互方式

结合《分类指南（2023 年）》和智能座舱技术发展现状，现阶段，主流的交互方式包括语音交互、触觉交互、手势交互、生物识别等。

语音交互是一种更为人性化的输入方式，操作更为安全、便捷，同时自主性和体验感也更好。但也存在着对自然语义的理解、识别精度、速度尚不能满足需求的短板。

触觉交互是指用户通过接触物理或虚拟的界面元素，如按钮、图表、菜单、滑动条等，来执行各种任务，访问不同功能、获得触觉反馈等，以实现与座舱系统的交互。

手势交互是指通过手势动作来控制座舱功能，也包括与手势控制相结合的多模交互。例如通过手势接打电话、手势调整音量、手势传感器开关设置等。

生物识别是更为前沿的交互方式，集成了视觉、嗅觉、味觉等其他交互方式，其优点在于智能监控可提供驾驶安全辅助，同时私密性也更好，现阶段的识别度较低。

二、感知 / 交互产品应用现状

1. 座舱监测

（1） DMS

DMS 是软硬件一体的系统产品，完整的 DMS 包括摄像头、芯片板及算法、人机交互部分。硬件大多由供应商提供，软件算法涉及的环节与模块复杂多样，成为供应商打造产品竞争力的关键技术（图 2-18）。

DMS 感知技术从早期的被动式监测逐渐发展到当前的主动式监测，基于计算机视觉算法的人脸识别技术已成业内大多数厂商的主流技术路线，主动式 DMS 已逐渐成为行业标配。

图 2-18　DMS 视觉处理算法软件模块架构

目前 DMS 主要有两种不同的技术方案：

其一是 2D 视觉 DMS 方案。根据红外摄像头发出的红外光源不同，分为红外 LED、红外 LD-EEL 和 VCSEL 三种，其中红外 LED 光源成本低、产业成熟度高，是当前的主流方案；VCSEL 光源相比于红外 LED 和 EEL，发射光容易聚焦、指向性好、效率高、发行快、功耗低，还能够实现二维阵列，在人脸识别领域优势突出，应用前景较好。

其二是 3D 视觉 DMS 方案。与普通红外摄像头的 2D 平面视觉方案相比，3D 视觉 DMS 方案增加了像素深度信息的采集，可以更准确地感知物体的 3D 立体信息。目前的 3D 视觉方案主要有结构光、TOF、双目摄像头三种，其中 3D TOF 技术具有图像处理精度高、功耗低、安全性好、设备易集成等优势，因此在汽车上应用前景良好。

从座舱监测市场发展来看，2022 年，DMS 产品以单功能为主，成本相对较低，预计规模到达 11.7 亿元；2023 年，DMS 产品逐渐升级为 IMS，因此产品一体化方案是单价上涨，市场规模预计达 26 亿元；2023 年之后，随着

IMS 方案的成熟，产品单价下降，DMS 市场规模增速放缓。据盖世汽车研究院预计，2024 年 DMS 市场规模将达到 37 亿元，2025 年市场规模将到达 43.2 亿元，2020—2025 年的市场规模复合增长率达到 72.8%（图 2–19）。

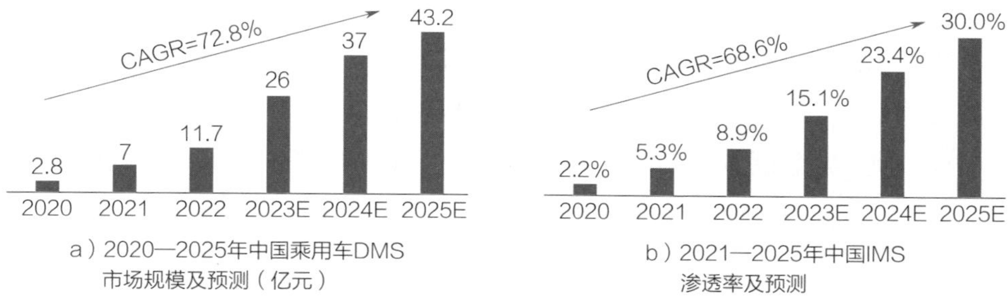

图 2–19　座舱监测行业市场规模将持续增长

（2） OMS

目前主流的 OMS 方案有摄像头方案、毫米波雷达方案和压力传感器方案三种。在这三种方案中，毫米波雷达有一定优势，不仅可以提高检测精度，而且可以穿透衣服避免遮挡问题，并测量各种生物信号，包括呼吸、心率等具体的健康指征。甚至基于一定的机器学习算法，雷达方案还可以提供足够的精确度来区分成人、婴儿和宠物，但是成本限制了其在座舱内的大规模推广。

目前，摄像头方案为主流，占比在 90% 以上；毫米波雷达方案凭借其深度感知、不涉及隐私等优势在应用上呈上升态势。据盖世汽车研究院的数据，2022 年 1—9 月，采用毫米波的 OMS 方案占比从 2021 年同期的 1.9% 增长至 2.3%，代表车型包括拿铁、摩卡、领克 01 等。

以摩卡新能源为例，其搭载了基于毫米波雷达的后排生命监测系统，在锁车后 90s，感知有生命遗漏在车内时，通过车辆鸣笛警示并给车主发送短信和 App 通知进行提醒。即使车主不能及时返回，当温度超过 23℃时，车辆将自动打开天窗，及时散发车内热量。

未来，“摄像头 + 毫米波雷达融合”的方案有望达到更高精度和更广范围的监测而成为发展趋势。

（3） IMS 市场发展现状

从整体市场格局来看，IMS 的参与者众多，大部分 Tier1 厂商已有完整的 IMS 解决方案并实现量产。国际供应商布局较早，具有先发优势且合作伙伴众多，主要有电装、法雷奥、伟世通等；中国供应商如商汤绝影、中科创达、地平线等企业凭借自身算法或软件方面的优势在 IMS 领域发展较好，其产品已落地多家车企。从各头部企业的 IMS 方案实现的功能来看，国际厂商以 DMS 功能为主，中国厂商的方案覆盖的功能种类较多，包括 DMS 功能、OMS 功能和部分生物识别功能。比如商汤绝影就在捷途 X70 PLUS 落地应用了儿童识别功能。IMS 代表厂商实现功能见表 2-5。

表 2-5 IMS 代表厂商实现功能

厂商	实现功能										
	疲劳监测	分心监测	危险行为	乘客监测	儿童看护	宠物检测	物体识别	手势识别	身份识别	情绪识别	性别识别
电装	√	√									
法雷奥	√	√		√						√	√
伟世通	√	√								√	
商汤绝影	√	√	√		√	√	√	√	√		
中科创达	√	√	√	√	√	√	√		√		
地平线	√	√	√		√				√	√	√

从供应商方案来看，大部分企业采用了近红外技术路线。随着检测范围的扩大，部分企业在此基础上引入了 RGB–IR 和 3D 摄像头。

值得关注的是，不同车企采用 DMS 考虑的因素各不相同。新势力车企大多将 DMS 功能与座舱域和驾驶域相结合，通过舱内交互设计使得 DMS 功能的反馈更加舒适。因此，新势力车企通常与 DMS 供应商进行深度合作与开发，以便将 DMS 功能更好地融入当前车型的座舱域，提高智能化水平并实现功能创新。

传统车企采用 DMS 功能时则主要考量成本，同时由于座舱域和驾驶域算力有限，通常采用独立的通用设计方案。因此，大部分传统车企则倾向于选择可提供高性价比的 DMS 独立方案的供应商，并对标竞争对手同款车型。但这种依靠长期“购买”的方式到达一定阶段后，会导致车企之间的产品同质化问题日趋严重，产品智能化水平无法得到突出体现。同时直接采购 DMS 供应商提供的技术，车企后续打通跨域跨功能时将会遭遇很大瓶颈。

2. 多模交互

（1） 语音交互

语音交互是基于语音输入的新一代交互方案，主要包括语音识别（ASR）、自然语言处理（NLP）、语音合成（TTS）三大功能模块。其中 ASR 负责语音的输入、识别，NLP 负责对文本信息的处理，TTS 负责对语音合成与拟人化的输出（图 2–20）。

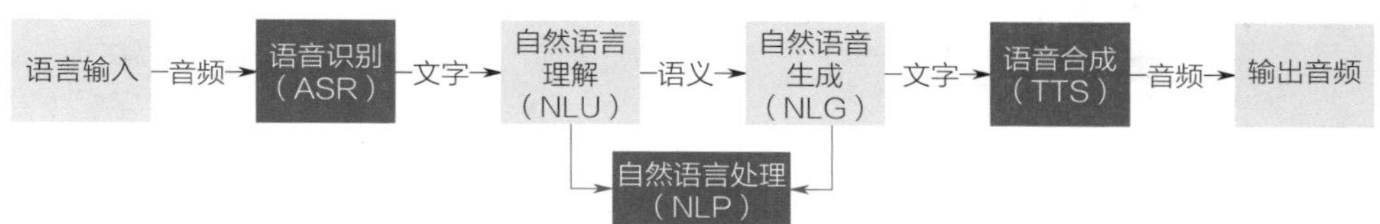

图 2–20 一次语音交互车端系统过程图

作为人与车最直接的沟通渠道，语音交互已经成了用户最感兴趣的智能化配置之一。盖世汽车研究院报告显示，从整体语音交互市场来看，基础语音功能已成为汽车的标配、而高阶语音功能正逐步普及市场，其中在 10 万 ~ 20 万元的汽车中端市场，高阶语音功能的渗透率较高。预计到 2025 年，国内语音交互市场渗透率将达 92%，市场规模有望达到 23 亿元。

目前众多车企都加大在车载语音方面的布局，从 TOP20 品牌来看，新势力车企的语音渗透率已达 100%，处于行业领先水平；其次是传统豪华车企，其中奔驰、宝马的渗透率高于 95%；而自主品牌的语音渗透率高于合资品牌，在传统自主品牌中，吉利较为领先，已达到 93%。现阶段智能座舱中的大部分功能场景，如导航、接听电话、调节车内温度、听音乐等都可以通过语音交互来完成，语音交互成为车企产品差异化竞争的关键因素之一。

从语音交互的产业发展来看，目前其梯度分化明显（图 2–21）。第一阵营头部企业集中度高，占据 75% 的市场，其中自主供应商占据主导地位。

第二阵营市场占比为 19%，主要为互联网科技公司，通过齐全的链条服务和平台优势打入语音交互的车端应用市场。

第三阵营是整车厂相关企业，整车厂与互联网科技公司成立合资公司或独立孵化公司，孵化的企业可以为整车厂提供具有极强定制化的语音交互解决方案，目前市场占比为 15%。

第四阵营是初创企业，虽然市场占比较小，但在技术与产品方面均有创新，通过引入战略投资强化实力、实现配套，未来发展前景良好。

	代表企业	主要发展模式	优劣势
第一阵营	科大讯飞 IFLYTEK、同行者 fxzing.com、云知声 Unisound、Cerence、AISPEECH 思必驰	自主研发：语音交互产业上中游业务均有布局，可 100% 自主研发 战略合作：与主机厂较多较广；与互联网企业合作，弥补自身平台方面弱势 投资收购：大举收购具备创新技术的语音初创公司	优势：进行进阶语音技术整合，产品覆盖面广，容错率高，具备高性价比产品和完善的产业链服务 劣势：在语音的云技术和平台方面落后于互联网企业
第二阵营 互联网科技公司	百度智能云、達摩院、滴滴、腾讯车联、天猫精灵、Microsoft、HUAWEI、小米	发展形式：通过齐全的链条服务和平台优势打入语音交互的车端应用市场 战略合作：部分企业跳过供应商，直接与主机厂开展合作（百度与吉利、Cerence 与长城）	优势：更加了解用户习惯，凭借其完善的互联网生态应用可快速切入语音市场 劣势：在语音技术积累方面会落后于智能语音科技公司
第三阵营 主机厂相关企业	梧桐车联、ECARX、仙豆智能、大众问问	发展形式：主机厂与互联网 / 科技公司成立合资公司或独立孵化公司，孵化的企业可以为主机厂提供具有极强定制化的语音交互解决方案	优势：具备和主机厂强相关的联系，配套关系极为紧密，不存在客户缺失问题 劣势：核心产品技术方面发展缓慢，产品竞争力较为落后
第四阵营 初创企业		发展形式：在技术与产品方面均有创新，引入战略投资强化实力，实现配套，未来发展前景良好	优势：创新能力强，部分产品具备领先的产品力 劣势：发展起步慢，产品布局不够全面，与主机厂配套关系不够紧密

图 2-21　核心玩家阵营优劣势分析

伴随语音技术的发展，企业间的技术差距不断缩小，产品差异性减小，为此部分领先供应商开始布局结合 AI 智能技术的语音助手，试图通过 AI 技术进一步优化语音体验，打造产品差异化特征。AI 模组的发展为车载语音交互系统带来了革命性的可能，其中语音交互在识别理解和对话情感方面得到了大幅度的增强，这将促使汽车在未来中长期内真正出现智能管家产品。

ChatGPT 作为率先推出的 AI 模型，对于汽车智能化发展起到重要变革作用，在汽车的自动驾驶训练和智能座舱深度学习方面起到关键作用。目前，特斯拉已开始研发 ChatGPT 在汽车自动驾驶领域与座舱交互领域的应用，科大讯飞通过星火模型赋能座舱语音产品，百度则推出了文心一言，零跑、吉利、长安等车企相继加入其生态圈。

AI 模型技术的发展，赋予语音助手、智能助理等产品情感化的思考方式。未来座舱配套的语音产品将具备独立思考能力，使得汽车能主动理解与预判人类使用场景，成为智能科技生物。伴随高阶语音技术的成熟，语音交互将不会再有特殊局限性，将由与汽车强相关的基础功能控制，转向与用户强相关的生活场景交互方面，并将发展为车内外联动，实现用车全场景的语音自由控制。

（2） 触觉交互

触觉交互是一个比较传统的交互方式，也是未来的交互趋势之一。同时触觉技术给汽车人机界面（HMI）带来了新功能，让触觉界面能够随时响应用户，为整车厂打造重新塑造用户体验的新机会。

相关数据显示，触觉技术越来越受欢迎，多模态 HMI 系统有望在未来几年内成为汽车标配系统。此外，电容式触控系统将成为主要显示界面，到 2026 年，95% 的中央堆栈显示屏将采用触控技术。

在 2024 年 1 月的美国 CES 上，瑞声科技 AAC 展出了车规级线性马达和车载触觉反馈按键 Demo，在智能座舱里配合开关、面板、屏幕等提供定制化振动反馈，让虚拟的数字交互更具拟真感、沉浸感。瑞声科技还可根据客户需求用符合人体工学体验的触觉反馈效果弥补视觉和听觉在部分环境无法感知提示的不足，在车辆发生碰撞、偏移、摩擦时，给予驾乘人员及时、准确的触觉反馈。通过将触觉反馈、语音采集、感知交互等模块横向打通，瑞声科技进一步丰富了车辆主动感知应用场景，减轻了人机交互负担。

（3）手势交互

手势交互作为娱乐多媒体交互方式，具备布置更美观、体验感好并支持个性化设置等优势。相关数据显示，座舱服务在更新迭代中呈现了从被动智能逐渐演变为主动智能的特点，人机交互模式也从单一转向多模态。在这一趋势影响下，车载手势交互功能得到了快速的发展。2022 年，中国乘用车手势识别（标配）装配量总计 42.7 万辆，同比增长 315.6%；装配率为 2.1%，较 2021 年增加了 1.6 个百分点。

2023 年上海车展期间，柔灵科技与岚图追光合作，率先推出了全球肌电交互在实体车中的首次融合案例。“无感操作”在手环内部安装了多通道的肌电传感器和高精度的放大器，可以实时采集丰富的肌肉电信号并生成算法，传导计算终端，从而生成个性化的 AI 手势模型，再与岚图的车载平台整合。使用者只需将设备与车内蓝牙连接，就可以在 60 多种手势中选择自己喜欢的手势集操控座舱，轻松实现无接触开行李舱、升降车窗、调用多个场景等操作。手环还可以和车内游戏系统无缝连接，通过手势控制如地铁跑酷等游戏，为乘客带来更沉浸、更好玩的娱乐体验。借助肌电手环的手势识别，用户可以更自然、直观地操控游戏角色，增加游戏的趣味性和挑战性。

但需要注意的是，在部分低成本产品上手势交互存在着反应慢、行驶过程中容易误操作且手势操作单一等问题。

（4）其他交互

相关研究标明，人类通过视觉、听觉、触觉、嗅觉和味觉获取外界信息的比例分别为 83%、11%、3.5%、1.5%、1%。因此，多感官交互是一种非常重要的设计原则。

多感官交互主要分为三个小方向：一是上文提到的语音交互，语音交互非常重要，语音是对用户注意力和操作占用最小的交互方式，基于减少分心、专注驾驶的设计原则，行业鼓励应用加入语音交互系统；二是创新增强触觉交互，触觉交互本身的操作效率非常高，错误率相对较低，在人机共驾阶段，安全是首先要考量的重要标准；三是嗅觉交互，现在国内做嗅觉交互的不太多，基本上还是停留在概念的阶段。

从单一的感官通道来看，仅从视觉或听觉等单一通道来获取信息容易达到负载上限，从而降低信息判断的效率，进而影响驾驶体验或安全。因此，行业发展需要多模态或多感体验，利用听觉、视觉、触觉、嗅觉等多种方式来拓宽渠道，以便为驾驶人提供更多的信息判断方式。

三、发展趋势及前瞻技术

智能座舱作为实现汽车“第三空间”的核心载体，其感知交互属性会在极大程度上决定用户的驾乘体验是否愉悦，所以感知 / 交互系统的未来发展趋势也变得极为重要。

如今，智能座舱的感知 / 交互系统通过视觉监测、语音交互、触觉交互、手势交互等，打破了原本单一且被动的机械操作，变为拥有主动式的交互属性。展望未来，感知交互系统将呈现出三大趋势：

1）功能向简单化和具体化演变，从抽象的操作向具体的操作演变。

2）从传统的被动式交互向主动决策进化。

3）从传统的人适应机器到机器适应人，即更加智能化和科技化的人机交互方式。

其中，多模态交互将是重中之重——座舱监测等视觉监测技术将会继续普及发展；语音交互使智能和情感得到了延伸；触觉交互解锁了新的按钮方式，让用户感受到智能座舱所带来的科技魅力；手势交互的应用范围也将不断拓展，其识别率也将得到极大提高；其他交互将有助于个人信息的安全化。

在多模态交互的基础上，个人智能助理将成为企业重点发力方向。像电影《钢铁侠》中的 AI 助手“贾维斯”一样，会根据用户的使用习惯来进行深度学习与更新迭代。用户对其提出的要求都能得到解答，会调动座舱内的功能满足用户需求，比如查找附近餐厅，智能助理会分析用户的口味和习惯，智能生成最佳路线与推荐餐厅的页面，心情不佳时智能助理也会推荐歌曲、讲笑话等，让用户真正感受到被理解与情感间流动带来的“温度”。

总之，智能座舱的发展呈现出多元化、智能化和个性化的趋势。通过整合多种交互技术，智能座舱交互体验将不断提升。同时，随着场景的复杂化，交互范围将进一步扩大，从座舱内拓展至座舱外。

四、典型案例

案例一：东风汽车在智能座舱领域的实践与思考

2023 年 3 月 17 日，在盖世汽车主办的“2023 第三届中国汽车人机交互创新大会”上，东风汽车集团有限公司技术中心智能座舱系统开发主任工程师张华桑表示，座舱交互能力成为决定驾乘人员智能化体验的关键因素。东风汽车从触屏交互、以驾驶任务为中心的交互、多模态主动交互三个方面进行了实践与探索，不断向终端用户提供智能服务。

首先在语音交互上，东风汽车进行了全链路的体验提升。从语音识别、语义理解、对话管理到语音合成，进行定制化开发和预研。针对高噪条件下的误识别，东风汽车正在进行融合唇语来提升语音的识别准确率的研究。另外多模语音可以实现全时性，对域控算力要求也较高，东风汽车在语音的控制指令、语音回复方面也在建立其自有语音库。

其次是针对手势交互的提升，东风汽车有三个方案：第一，优化手势的模型结构，提升手势的准确率；第二，在手势的性能平衡策略上提升手势的交互体验；第三，对手势的 LOI 区域进行划分，减少数据处理量，从而提升系统的处理速度。另外，东风汽车张华桑提出，手势如何与功能进行情境关联是未来的难点，手势识别应用还需进行标准化和规范化。

除了上述手势和视觉案例，在视觉方面还有人脸识别、分心检测、疲劳检测、区域检测等，东风汽车正在进行基于深度学习的视觉模型自主开发工作。目前，主动交互还有一个难点，即对意图预测的准确性和推荐内容正确性的判断，这将依赖 AI 技术发展和大数据能力的提升。

未来随着场景的不断拓展、生态接口的逐步开放，以及交互方式的不断丰富，智能推荐也会越来越精准。东风汽车正在不断打磨关于智能座舱的新技术，例如 AR 导航和 VPA 形象，智能魔方、智能表皮、智能方向盘、无人机、氛围灯、情境模式和香氛系统等。其中 VPA 作为车载智能助手，基于语音技术，可以在特定场景下进行特定动作，提升趣味性体验；智能表皮会提供无边界的界面，提升座舱的品质感；高感知特性成为智能座舱交互的部件之一，氛围灯可以在不同的场景下呈现不同的颜色和闪烁频率；香氛作为嗅觉模态的主要呈现方式，在不同的场景下散发出不同的香味，营造氛围感。

案例二：长城汽车 Coffee · AI 系统在座舱的应用

2023 年 12 月 13 日，在盖世汽车主办的“2023 第五届智能座舱与用户体验大会”上，长城汽车智能座舱研发总监颉毅表示，智能座舱在未来一定会与整车发生深度融合。长城汽车打造了整车的智能化技术品牌 Coffee · AI，包括座舱、驾驶、云平台、电子电气架构，基础是 AI 大模型，人工智能为其赋能，实现了新功能和新场景。

首先，语音交互方面注重性能的提升，例如误识别率和响应速度等（图 2–22）。在车内和车外，无论是驾驶人还是行人，语音交互都是非常重要的。通过先进的语音技术，Coffee · AI 可以轻松实现各种功能，如开关车窗、查询信息等。未来，语音技术将朝着更加人性化的对话能力发展，设计人员需要根据界面进行语音交互设计，以实现更自然的对话体验。

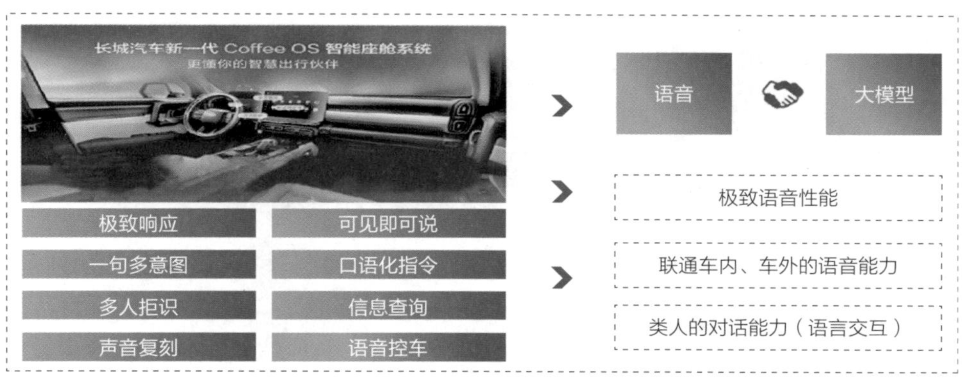

图 2–22 Coffee · AI 智慧空间：语音

其次，“手车互联”也是智能座舱的重要发展方向。通过与华为的合作，Coffee · AI 实现了与手机的深度融合，使得手机上的信息可以无缝流转到汽车上，提供更快捷的操作体验。这种无缝连接不仅可以提升使用体验，还能确保信息的安全和私密性。

此外，场景模式是基于全场景定义的一种创新功能。它可以为用户提供更加个性化和定制化的体验。根据整车的空间和用户的个性化需求，Coffee · AI 可以打造专属空间，为后排乘客提供娱乐、观影等功能。同时，结合露营、看球等场景，还可以提供更加丰富的功能和体验。这些场景模式可以根据用户的需求进行定义和调整，提供更加灵活和个性化的服务（图 2–23）。

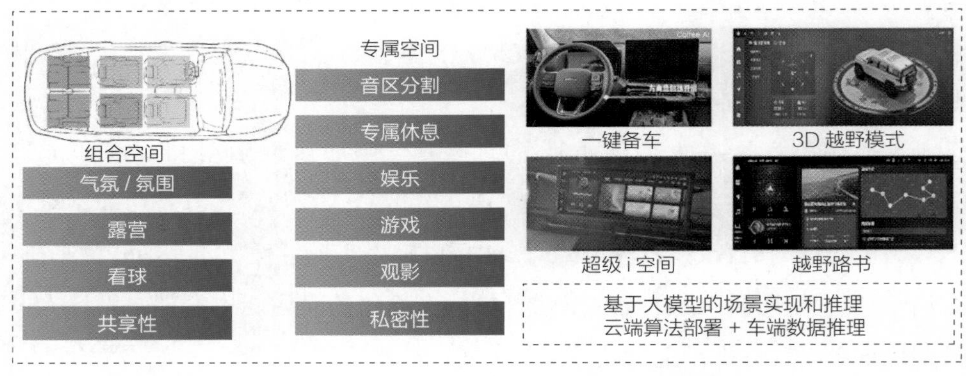

图 2–23 Coffee · AI 智慧空间：场景模式

随着大模型的引入和端侧推理技术的发展，未来的场景模式将更加智能化和个性化。通过技能分享的方式，用户可以轻松与其他人分享自己的个性化设置和配置，进一步丰富了智能座舱的场景定义和使用体验。

多模态交互也是智能座舱的重要发展方向。通过融合语音交互、视觉交互等多种交互方式，Coffee · AI 可以提供更加自然和直观的交互体验。同时，基于人工智能技术的通用领域和垂直领域的应用，Coffee · AI 可以生成各种形式的图像和专属定制化的本车图片，满足用户的个性化需求（图 2–24）。

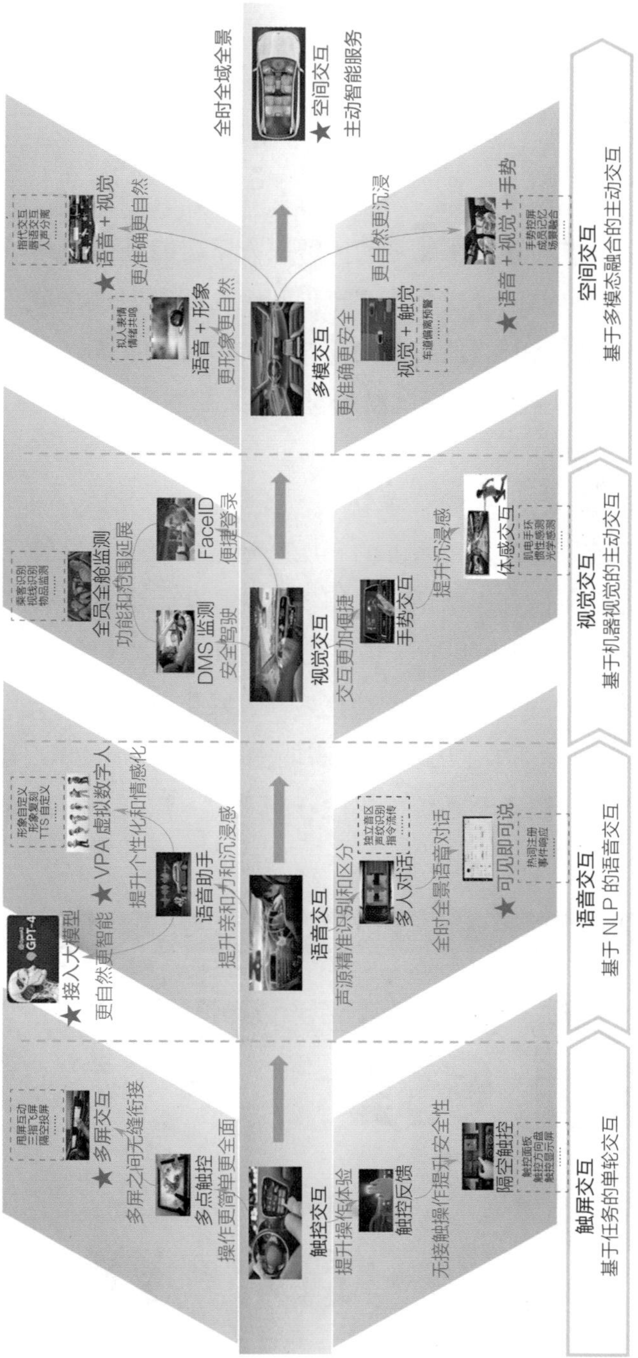

触控交互
提升操作体验
多点触控
操作更简单更全面
★ 多屏交互
多屏之间无缝衔接
甩屏互动
三指飞屏
隔空投屏
……
触控反馈
无接触操作提升安全性
隔空触控
触控面板
触控方向盘
触控显示屏
……

语音交互
声源精准识别和区分
语音助手
提升亲和力和沉浸感
★ 接入大模型
更自然更智能
★ VPA 虚拟数字人
提升个性化和情感化
形象自定义
形象复刻
TTS 自定义
……
多人对话
独立音区
声纹识别
指令流传
……
全时全景语音对话
★ 可见即可说
热词注册
事件响应
……

视觉交互
交互更加便捷
DMS 监测
安全驾驶
FaceID
便捷登录
全员全舱监测
功能和范围延展
乘客识别
视线识别
物品监测
……
手势交互
提升沉浸感
体感交互
肌电手环
惯性感测
光学感测
……

多模交互
更准确更安全
语音 + 形象
更形象更自然
拟人表情
情绪共鸣
……
★ 语音 + 视觉
更准确更自然
指代交互
唇语交互
人声分离
……
视觉 + 触觉
车道偏离预警
……
更自然更沉浸
★ 语音 + 视觉 + 手势
手势控屏
成员记忆
场景融合
……

全时全域全景
★ 空间交互
主动智能服务

触屏交互	语音交互	视觉交互	空间交互
基于任务的单轮交互	基于 NLP 的语音交互	基于机器视觉的主动交互	基于多模态融合的主动交互

图 2-24　Coffee · AI 智慧空间：多模态

第三节 车载声学系统

车载声学系统作为智能座舱声音的解决方案，能够带来更好的用户感知价值和体验享受，目前已经成为旗舰车型和中高配车型核心卖点之一。长期来看，车载声学系统将与智能座舱的座椅系统、显示系统、灯光系统、语音系统等进行多模深度融合，实现沉浸式的座舱交互体验。

一、车载声学系统基本构成

车载声学系统是车载娱乐系统的底层基础组成之一，为信息娱乐系统提供升级的推动力。而信息娱乐系统使用场景的变化，会对车载声学系统的发展起到引导作用。当前，用户对于场景化交互和沉浸式体验的需求日益明显，包括对于声学系统的音质追求、个性化追求、娱乐追求和交互追求等，更安全、舒适、愉悦、个性和认同感更高的智能座舱产品开始被用户所青睐。

智能座舱中的车载声学系统主要由音响主机、汽车音响系统、传声器组成（图 2–25）。

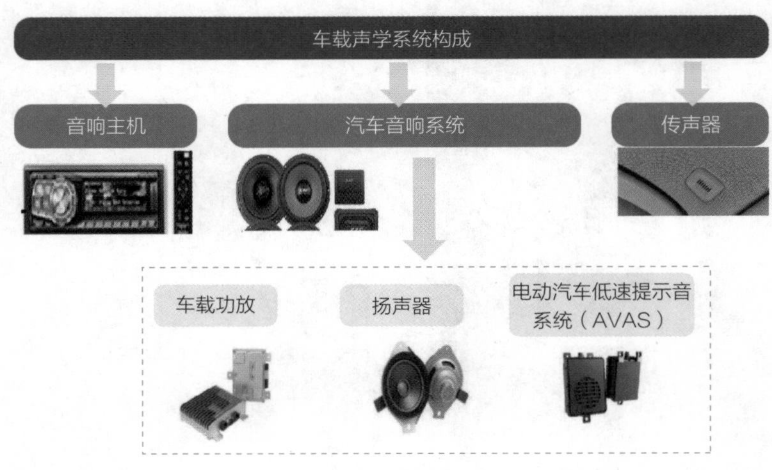

图 2–25 车载声学系统介绍

1. 音响主机

音响主机是汽车内部的核心部件之一，能够控制和调节汽车内部的噪声和声音质量，提供更好的音质效果，为用户带来更好驾驶和乘坐体验。如通过噪声补偿技术、主动降噪技术等对汽车内部的噪声进行主动控制，提高汽车内部的舒适度。

2. 汽车音响系统

汽车音响系统是声学系统中最重要的部件，会对声学系统应用发展起到决定性作用。汽车音响系统由车载功放、电动汽车低速提示音系统（AVAS）、扬声器系统等部件组成。通过不同频段的子部件，可带来不同的听觉体验。

1）车载功放是声学系统中将音频输入信号进行选择与预处理，通过功率放大芯片将音频信号放大，用来驱动扬声器重放声音的电子产品。亦可通过加载声学信号处理算法显著提升车内音响的品质。

2）AVAS 是目前大部分电动、混合动力等低行驶噪声的新能源汽车的必备件。当新能源汽车在纯电动模式下低速行驶时，AVAS 可通过汽车总线采集信号，感知车辆状态，由芯片或处理器处理不同的声学信号算法，最终发出不同警示声音以提醒行人。

3）车载扬声器是一种电声换能器件，负责将电能转换为声能。车载扬声器的品质、性能对整个音响系统的声音重放效果发挥着关键性作用，扬声器系统包括低频、中频、高频、全频扬声器，门扬声器模块，平板扬声器以及低音炮等。

①低频扬声器：因低频声波长，振幅大，可推动空气产生高压强。为保证低音效果，需采用大口径设计来满足大位移、长冲程的要求。

②中频扬声器：实现低频和高频扬声器重放声音时频率衔接。人耳对中频的感知较其他频段灵敏，因此对中频扬声器音质要求较高。

③高频扬声器：可快速振动产生声音、振动幅度较小，因此高频扬声器通常采用轻薄坚韧的振膜且口径较小。

④全频扬声器：由低至高整体连贯发声，具有声像定位准、效率高的特点。

⑤门扬声器模块：将低频、中频扬声器共同安装，并通过密封的腔体，能够使扬声器拥有更好的瞬态响应。

⑥平板扬声器：不同于传统扬声器点声源发声特征，平板扬声器为整面发声，可使声场更均匀，具有频率响应范围宽、指向性好等特性。

⑦低音炮：超低频对人耳有强大的声压，能带来动感。因此，低音炮可加强低频重放的力度和震撼感，使声音重放更加真实。

3. 传声器

传声器则从车机软件层面解决用户对于声学系统音质提升的需要，为用户从听觉上带来良好的沉浸式娱乐体验，包括定向传声器、车内通话传声器、车载语音助手传声器等。

二、车载声学系统产品应用与技术发展

1. 车载声学系统市场表现

从整体市场来看，随着智能座舱车载声学技术的普及和迭代升级，预计到 2025 年全球车载声学系统市场将突破 900 亿元（图 2–26）。

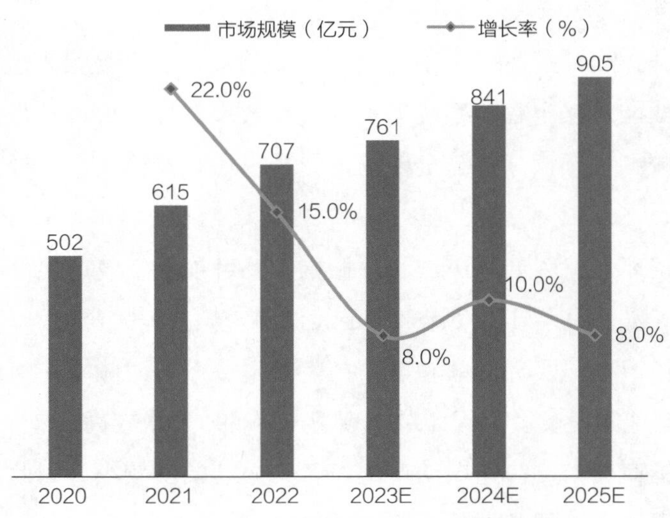

图 2–26　全球车载声学系统市场规模预测

其中汽车音响系统将占据大部分份额，扬声器、功放、AVAS 细分市场规模预计将分别达到 465 亿元、357 亿元、19 亿元（图 2-27）。

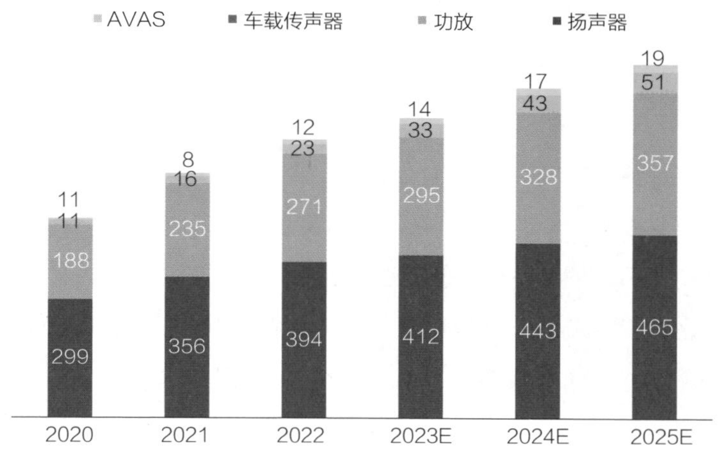

图 2-27 全球车载声学关键部件市场规模预测（亿元）

车载声学系统产业链由上游的子系统部件供应商、中游的声学集成供应商以及下游的各个整车厂客户组成。其中中游头部供应商自主研发软硬件系统，并在上游布局子系统部件业务。

与传统供应商不同的是，部分新能源供应商采用的部分声学方案由系统供应商配套，部分方案则由车企采购上游零部件，通过自研的方式实现产品研发，从而使车企逐步加大自身声学系统话语权。例如，理想实现了音响系统自研，而小鹏则实现了声学算法与部分调音自研。

领先的车载声学供应商在长期迭代升级的过程中，会持续打造属于自己企业的个性化产品。但整体上供应商的车载声学系统升级路线还是朝着算法的完善、音质的升级、声场的环绕、硬件的提升等维度发展。

整车厂方面，理想 L9 通过全新 7.3.4 声道的声学系统，满足全家庭场景用户需求，塑造沉浸式影音体验。

供应商方面，科大讯飞推出讯飞智能音频管理系统，通过 AI 算法打造声音场景化，并具备快速定制化的能力；上声电子注重声学芯片算法和数字化扬声器开发，最终实现芯片算法技术的突破，形成较高产品技术壁垒；华阳集团与先锋电子合作，推出了以 CST 同轴扬声器、Dolby Atmos、IRNC 路噪降噪技术、ASE 模拟声浪、升降式扬声器在内的五种领先声学技术为核心的四种适用于不同价格车型的声学系统解决方案；DIRAC 则深耕车载音频算法，打造出最新一代的音频算法平台，可用于提升车载声学系统的沉浸式体验。

2. 音响系统持续发展

在车载声学系统中，汽车音响系统占据绝大部分市场份额。伴随着市场规模的持续扩大，一些新技术趋势也开始逐步显现，其中功放产品将朝向独立化、数字化发展；AVAS 产品则朝集成化和定制化方向发展；而扬声器产品则注重数量叠加和空间环绕布局。

（1） 车载功放

根据盖世汽车研究院分析，在音质提升需求与汽车智能化驱动背景下，国内车载功放取得较快发展，预计到 2025 年国内车载功放市场规模将达到 28 亿元（图 2–28）。

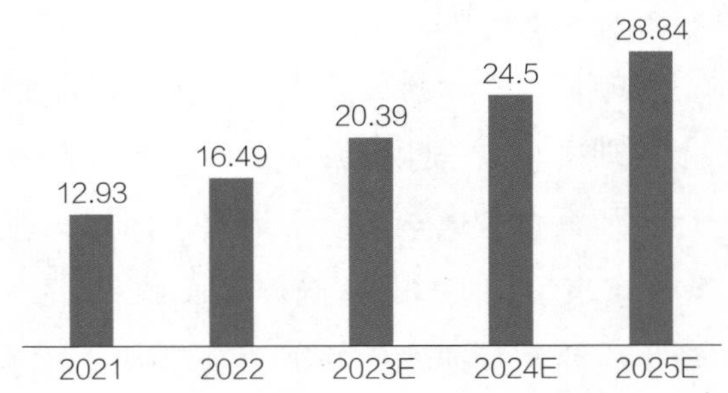

图 2–28　国内车载功放市场规模预测（亿元）

早期受制于成本因素，尤其对于中低配置的车型，整车厂更多地会选择将音响系统的功率放大功能或简易的音频处理功能集成于主机内，而非单独配置车载功放。

在汽车智能化升级趋势下，将车载音响系统的功率放大功能从主机中独立出来成为重要的发展趋势。不过，早期只有高端车型会配置独立功放，但随着音质提升需求及汽车智能化的驱动，集成式功放不足以满足高功率、高散热的需求，车载独立功放迎来较大的发展空间。另外，功放布局位置也开始随着扬声器的增加，逐步环绕全车（表 2-6）。

同时，为了实现声学系统音质的提升，数字功放开始逐渐运用在新能源车型中。数字功放相较于传统模拟功放具有稳定性高、抗干扰能力强、失真小、噪声低、动态范围大等特点，且系统中内置 DSP 处理器，对整车声场、相位、均衡及声像等方面进行调整，可以实现更多的拓展功能。目前，吉利极氪、蔚来、小鹏等车企已经开始采用数字功放技术来增加车型的市场竞争力。

表 2-6　2022 年车载功放竞争格局剖析

产品	类型	供应商	发展情况
车载功放	Tier1 供应商企业	伟世通、哈曼、德赛西威等	优点：多为国际龙头企业，与主机厂配套关系稳定，具备定制能力 缺点：产品价格较高
	汽车电子企业	先锋电子、瑞声科技等	优点：具备良好的产业链整合能力，在电子产品方面具备领先的技术实力 缺点：与主机厂配套不够紧密
	声学企业	BOSE、B&O 等	优点：具备多种电声部件系统的解决方案能力，具备一定的综合竞争力 缺点：在单一部件技术方面可能较为落后
	初创公司	贸星科技、至盛半导体、音用电子等	优点：具备一定的创新技术能力 缺点：处于发展初期，客户配套量产经验较少

注：车载功放国内起步虽晚，但发展较快。国产厂商初期进展缓慢，但近年来随着国内企业整体业务规模的发展和电子技术水平的提升，以及部分企业通过并购、合资等方式进行资源整合，国内车载功放取得较快发展。

（2）电动汽车低速提示音系统（AVAS）

AVAS 是随着新能源汽车产业的蓬勃兴起而产生的相关配套产品。因技术壁垒较低，国内外在 AVAS 的研究及产业化方面的差距不大。目前行业内能提供 AVAS 解决方案的企业较多，包括伟世通、电装、哈曼、BOSE、普瑞姆、上声电子等，但是行业集中度较低（表 2-7）。

根据盖世汽车研究院分析，预计到 2025 年全球 AVAS 市场规模可达 22 亿元，国内市场规模可达 15 亿元（图 2-29）。

表 2-7　2022 年 AVAS 竞争格局剖析

产品	类型	供应商	发展情况
AVAS	头部供应商企业	伟世通、电装、哈曼等	优点：产品覆盖面广，具备品牌与技术优势
	声学企业	BOSE 等	优点：零部件采购、软硬件开发、电子体系较为成熟，具备一定知名度
	汽车电子企业	国际：普瑞姆等	优点：在声学领域具备高度知名度，可快速切入 AVAS 市场，抢占一定份额
		国内：上声电子等	优点：依托车载扬声器系统业务布局和现有客户资源快速切入 AVAS 领域，并进入放量阶段

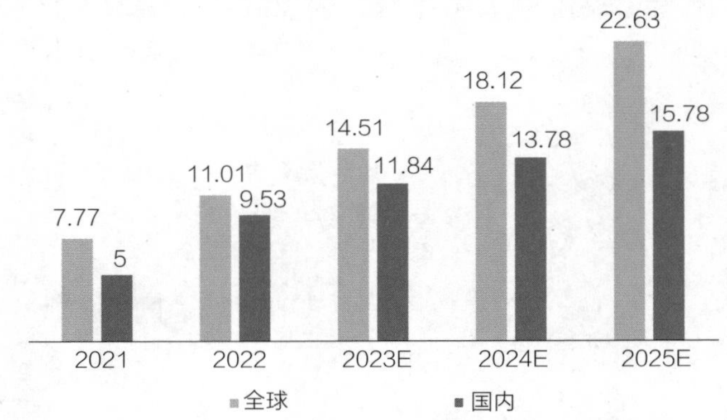

图 2-29　AVAS 市场规模预测（亿元）

随着智能电动汽车的快速发展，叠加多国要求的 AVAS 成为电动汽车的必备硬件，使得行业对 AVAS 的需求大幅提升，一些新的发展趋势也在不断显现：

1）集成化：车企降本、集成化技术升级等因素，驱动 AVAS 将控制模块集成到功放中。

2）定制化：用户体验的升级推动 AVAS 声音朝着定制化方向发展，包括基于顺序的声音合成——可实现声音定制化，但每次改变都需要进行复杂调整；以及颗粒合成技术——可以实现声音实时变化，不需要额外调试的 AVAS 声音定制化开发最新方案。

同时，模拟声浪也成为新势力车企与豪华品牌车企实现 AVAS 定制化的主流方案之一。对于新势力车企来说，模拟声浪可在实现 AVAS 强制法规的基础上，提升科技属性、增加产品竞争力、吸引消费者。对于豪华品牌而言，模拟声浪是其品牌辨识度的因素之一，也是其为满足品牌影响力提升必须采用的配置路径之一。

在实现路径上，新势力品牌主要采用自研的方式，在声学声浪的实现方面落后于豪华品牌。豪华品牌会请专业的音乐团队进行声浪的定制，从而实现专属于车型的模拟声浪，提升品牌辨识度。

（3）扬声器

车载扬声器的品质、性能对整个音响系统声音重放效果起着关键性作用。在车载扬声器领域，外资品牌整体入局较早，主要包括普瑞姆、艾思科等，具备全球配套能力，在技术储备和品牌影响力方面更具优势；国内供应商主要包括上声电子、吉林航盛、台郁电子等，存在本土配套优势，有完善的配套产业链（表 2-8）。

表 2-8　2022 年扬声器竞争格局分析

产品	类型	供应商	主要主机厂	发展情况
车载扬声器	外资品牌供应商	普瑞姆、艾思科等	大众、福特等	优点：具备全球配套能力，在技术储备与品牌影响力方面具备优势 缺点：易被高性价比产品取代
		先锋电子、丰达电机等	丰田、现代等	
	国内供应商	上声电子、吉林航盛、台郁电子等	蔚来、理想等	优点：存在本土配套优势，有完善的配套产业链 缺点：在技术积累方面落后于品牌供应商

从产品性能来看，国内扬声器企业已在额定功率、频响范围、额定阻抗三个方面追上外资扬声器企业，因此外资企业和国内企业两者在技术层次方面上的差距正在逐步缩小。据盖世汽车研究院预测，到 2025 年国内扬声器市场规模将突破 40 亿元（图 2-30）。

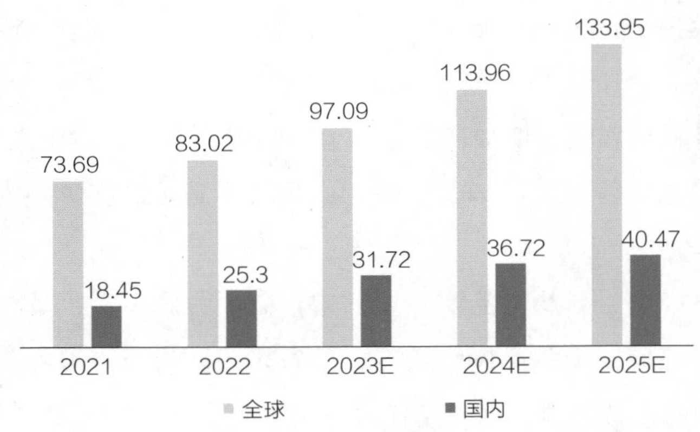

图 2-30　扬声器市场规模预测（亿元）

从整体车载音响市场情况来看，以哈曼、丹拿、B&O、宝华韦健、BOSE、柏林之声、英国之宝、燕飞利仕等为代表的品牌音响供应商占据着音响市场的前八排名，单一品牌存在销量天花板。但近年来，随着音响系统中扬声器数量逐渐上升，同时伴随白牌音响硬件技术与软件算法的提升，其性价比优势逐步凸显，上声电子、普瑞姆、丰达电机、吉利航盛、车企自研音响等白牌音响正在不断抢占品牌音响市场份额，品牌音响将持续弱化。

从技术发展趋势来看，扬声器未来在形态体积与空间布局两个方向将发生比较大的变化。形态体积将趋于更薄更小，有利于节省车内空间体积；空间布局将趋于立体空间和个体环绕布局，有利于提高用户体验，打造沉浸式智能座舱。其中，头枕音响也将结合头枕扬声器，打造个人立体环绕空间，在增加车企车型声学系统空间环绕竞争力的基础上，满足用户对于声学系统沉浸式体验的需求。

另外从数量上，在汽车走向电动化后，车辆行驶的过程中由于缺少了发动机噪声，使得车内环境更加静谧，驾驶人和乘客对车内声场也将会更为敏感，这对扬声器品质提出了更高的要求。因此新能源整车厂更愿意在其车型上增加扬声器数量，以求提升车舱内的声场品质。

整体来看，新势力车企对新车的扬声器数量配置要领先于其他车企，目前新势力车企的产品扬声器平均配套数均已达到 20 个，远超扬声器的平均配套数（图 2–31）。

图 2–31 新势力车企扬声器配置

同时，新能源汽车的扬声器搭载量也大于传统燃油车的搭载量，且随着车型价格的上升，扬声器搭载量差距将逐步拉大。但受限于成本因素，15 万元以下车型的扬声器单车搭载数量为 4~8 只，15 万元以上级别车型单车扬声器搭载数量提升明显，主要原因在于整车厂为吸引消费者，不断提升扬声器数量，致力于实现差异化竞争，打造沉浸式座舱体验（图 2–32）。

类型	品牌	车型	燃料	扬声器数量	价格（万元）
0~10 万元					
自主	长安	奔奔	纯电	0	3.0
自主	吉利	帝豪	燃油	1	6.3
合资	捷达	捷达 VA3	燃油	4	6.6
自主	欧拉	黑猫	纯电	4	7.0
合资	现代	伊兰特	燃油	6	10.0
10 万 ~20 万元					
合资	日产	轩逸	燃油	4	11.9
合资	丰田	卡罗拉	燃油	4	11.0
自主	长安	CS75 PLUS	燃油	6	12.5
自主	长城	哈弗 H6S	燃油	6	13.9
新势力	小鹏	G3i	纯电	8	16.9

类型	品牌	车型	燃料	扬声器数量	价格（万元）
20 万 ~30 万元					
豪华	奥迪	A3	燃油	8	20.3
自主	比亚迪	汉	PHEV	8	21.6
新势力	小鹏	P7	纯电	8	24.0
合资	丰田	汉兰达	燃油	6	26.9
新势力	特斯拉	Model 3	纯电	8	28.0
30 万元 +					
豪华	宝马	5 系	燃油	6	42.9
新势力	蔚来	ET7	纯电	23	44.8
新势力	理想	L9	REEV	21	45.0
豪华	奔驰	S 级	燃油	9	91.8
新势力	特斯拉	Model X	纯电	22	94

图 2–32 部分车型扬声器系统配置（价格取车型最低价）

三、车载声学系统发展趋势

1. 声学系统软件的重要性显现

声学系统软件在提高音质、增强用户体验、降低成本等方面都具有重要作用。随着用户需求的不断提高以及技术的不断发展和进步，声学系统软件的重要性将得到进一步提升。

在此过程中，部分新能源车企开始在车载声学系统调音、算法等方面进行自研。其中理想实现音响系统自研，小鹏实现声学算法与部分调音自研。同时，为迎合用户对于音质的需要，部分软件公司如音频软件供应商联合车企推出定制化的音频软件平台，推出传声器和 KTV 软件平台的定制化服务，满足用户全新的娱乐需求。从车机软件层面解决用户对于声学系统音质的提升的需要，为用户从听觉上带来良好的沉浸式娱乐体验。

目前，越来越多的汽车品牌开始支持车上 KTV 功能，配合高质量的声学系统给用户带来更沉浸更震撼的听觉体验，增强汽车的娱乐属性。例如，理想的定制化传声器方案，具有成本低、氛围营造好的优势，同时音频软件平台定制化也使得传声器更加适配车载 KTV 软件平台。

未来，随着内置传声器的发展，传声器属性有望被削弱，成为无麦车载 KTV。例如，长安欧尚 X7 PLUS 通过内置传声器，实现全车人员尽情嗨唱，不仅可以营造专属的 KTV 场景，而且在全场景 OnStyle3.0+ 智控车机系统的加持下，可以使用唱吧 App 等海量曲库。

2. 高级车载声学趋势明显

目前阶段，整车厂主要采用多扬声器配置，通过搭载杜比音效、AR 技术、全场景环绕等高级声学技术，打造更具竞争力的座舱体验（表 2-9）。

领先的车载声学供应商则在长期迭代升级的过程中，积极打造属于自己企业的个性化产品。同时在整体车载声学升级路线上沿着算法的完善、音质的提升、声场的环绕、硬件的提升等维度发展（表 2-10）。

表 2-9 主流车企车载声学系统介绍

厂商		蔚来	小鹏	理想	问界	比亚迪	宝马	凯迪拉克
车型		ET5/7	P7	L8	M5	腾势 D9	宝马 5 系	CT5
基础硬件	扬声器数量	23	18	21	19	22	16	15
	音响品牌	上声电子	丹拿	上声电子	HUAWEI SOUND	丹拿	B&O	BOSE
	AVAS							
高级声学技术		• Dolby Atmos 杜比全景声技术	• 7.1.2 声道 • DTS Neural 沉浸式音响技术 • 环绕声场 • 低速行人提示音	• 全自研 7.3.4 声道 • 主动降噪 • 极度静谧空间 • 全景声音响系统	• 7.1 环绕声场 • 多通道环绕声优化算法 • 动态响度均衡技术 • 头枕音响	• 7.1 环绕声场主动降噪	• 7.1 环绕声场	• Lyriq Quantum Logic 环绕声技术 AKG 的录音室级别扬声器 • ACLens 语音棱镜 • Unity 复合扬声器
优势		采用声学系统与 AR 沉浸式体验组合的方式，增加声学系统的附加价值	叠加多个品牌扬声器，通过高质量的声学技术，带来全新的高质量音乐体验	注重打造静谧性空间与全景环绕声	首个采用 HUAWEI SOUND 的量产车型	实现用户在每一排都可以体验到殿堂级歌剧院版的听觉享受	采用宝马独有的声学技术，将声学与娱乐信息系统高度结合	通过部分声学系统自研与高级软硬件配置打造高阶声学系统

表 2-10 供应商车载声学系统产品解析

供应商	上声电子	先锋 & 华阳	瑞声科技	DIRAC	哈曼	BOSE
代表产品	• 产品覆盖整个声学系统	• 先锋扬声器矩阵 + 华阳独立功放 • CST 同轴音响	• USS 微型扬声器与阵列 • VFW 薄型消振扬声器 • HES 性能与功耗优化扬声器 • UST 超高频扬声器	• Dirac Live • Dirac Virtuo™ • Dirac Opteo™ • Dirac 汽车智能音频平台	• Ready Together • Software Enabled • Branded Audio	• 感知声音渲染（PSR）Centerpoint360 • SurroundStage 技术 • BassSync 技术 • AudioPilot 3 噪声补偿

（续）

供应商	上声电子	先锋 & 华阳	瑞声科技	DIRAC	哈曼	BOSE
产品介绍	• 在声学系统开发时可实现完美的动态和平衡 • 可根据客户的优先事项，调整整体扬声器设计 • 每个扬声器都是专门为满足客户的需求而特制的。精密的材料和重量优化的设计保证了高质量和低重量的性能	• 采用华阳开发和先锋指导的独立功放 • TAD 理念的先锋品牌音响 • 先锋特有的调音技术 • OPEN&SMOOTH 还音理念 • 先锋特有的音场改善技术 • Dolby Atmos 音效 • RNC 路噪降噪技术 • 升降式扬声器	• 通过更紧凑的扬声器设计，实现更灵活车内声场布置 • 对扬声器的功耗与性能进行优化，从而优化整车系统能耗，而音响系统也将具备实现特色音效的能力，满足车企与用户对差异化体验的追求 • 推出针对不同车型需求的三大音频系统解决方案	• 深耕车载音频算法，通过多年的技术研发与车企配套经验，打造出最新一代的音频算法平台，可用于提升车载声学系统的沉浸式体验	• Ready Together：采用先进的声学技术，可简化和增强车内通信和娱乐 • Software Enabled Branded Audio：是一个按需软件平台，只需按一下按钮即可升级现有无品牌汽车音响系统的音质和功能集。目前两种产品都已准备好进行车载集成	• SurroundStage 技术：可以平衡音频性能 BassSync 技术：确保更准确的低频性能 • AudioPilot 3 噪声补偿：监测所有的持续背景噪音，自动调整音乐信号 • Centerpoint360：可以创造比以前更深入的环绕立体声体验 • 感知声音渲染（PSR）：可以精确地调谐车舱内各个座位的音频性能
核心特点	产品类型丰富，客户定制化能力强	具备独特的调音技术，可通过声场布局，改善声学系统品质	在前瞻性扬声器基础方面具备优势，扬声器硬件性价比较高	在音频算法方面具备独特优势，可通过音频算法提升声学系统品质	扬声器音质高，集成化水平高，可简化后期调整	声学补偿技术好，可实现高阶的声音补偿与渲染
主要提升维度	算法、音质、声场、硬件	算法、音质、声场	音质、硬件	算法	算法、音质、声场、硬件	算法、音质
新产品配套客户	吉利、通用、斯柯达、上汽、福特、北汽等	广汽丰田、一汽丰田、广汽本田、东风本田等	哪吒、北汽、Lotus 等	宝马、劳斯莱斯、宾利等	未公开	沃尔沃

3. 多模系统联动，塑造沉浸式体验

为充分满足智能驾驶过程中用户对于人机交互的安全性、舒适性、娱乐性等的多重要求，未来，车载声学系统将通过多模信息的收集与结合，辨识当前使用场景并联动其他的多模座舱系统，例如座椅系统、显示系统、灯光系统、语音系统等，进行联动输出。

例如，在驾驶过程中，当发生碰撞、剐蹭以及车门无法打开等车辆故障时，通过灯光系统和声音系统的配合，及时向驾驶人提供危险警示，或者向车外发出求救信号。在监测到驾驶人有疲劳驾驶和危险驾驶行为，如偏离航道、超速时，可以通过语音系统来警示驾驶人，以便及时调整驾驶行为。

在驾驶体验方面，通过“五感”自然交互，在进入座舱前、进入座舱后和离开座舱前，为用户提供全方位的乘车体验，共同塑造适应多场景的沉浸式体验。在进入座舱前，汽车自动调整相应参数，在声学系统、座椅调节系统、香氛系统和温度系统的共同作用下，完成迎宾等；在进入座舱后，根据“五感”自然交互的划分进行实时的边缘计算和语音交互，通过玻璃、音乐、香氛、氛围灯的综合联动，提升驾驶人的情绪体验；在离开座舱前，通过声音、氛围灯等，完成离车前的提醒工作等。

此外，还可以基于3D渲染引擎打造多媒体解决方案，在视觉上可提供3D动态歌词和基于音乐律动实时渲染的缓动动画，集成高品质音乐资源、Hires、杜比全景声等格式，从视觉和听觉两方面帮助座舱提升音乐体验。同时还包括车载游戏方面，可以根据车辆配置打造相应的游戏，并根据车辆环境进行定制和适配，通过音乐、车内空调、座椅、氛围灯、宽幅振动马达等打通多模态的交互，提供沉浸式游戏体验。

车载信息娱乐系统无疑将成为车企推动智能座舱价值量升级的主要发力点，而声学系统也将在其中扮演着不可或缺的角色。

四、典型案例

案例：哪吒汽车的声学方案

2023 年 10 月 20 日，在“第十一届汽车与环境创新论坛暨第十五届全球汽车产业峰会”上，哪吒汽车智能研究院产品高级总监梁世日介绍，哪吒的最新几款汽车添加了许多新功能，如天空音效、国内首发的双头枕音响，以及涵盖了哪吒大嗓门、灯光秀、哪吒百变车模和 4D 音乐座舱四大功能的“哪吒玩具箱”、网络本地手柄游戏等。

哪吒 S 在声音部分布置了 21 个扬声器，总功率达 1216W。在顶篷和头枕共有 8 个高位扬声器，来做更有层次、更立体的声音输出，比如鸟叫、直升机螺旋桨等声音都是从高处发出（图 2–33）。

图 2–33　720° 哪吒定制环绕音响

作为国内第一个提供双头枕音响的自主品牌，哪吒汽车的主驾和副驾都有头枕音响，并根据使用场景进行了声音区隔——主驾头枕听导航和电话不会干扰到副驾和后排乘客；副驾配备了影音屏，可以通过副驾头枕音响输出，避免打扰到驾驶人。同时在副驾屏里还有单独的蓝牙输出模块，带上蓝牙耳机后可以完全不受外界声音的干扰，沉浸式享受影音服务。

哪吒汽车还具备听、看、唱、玩全生态，涵盖 QQ 音乐、喜马拉雅、抖音短视频、车载 K 歌、咪咕游戏、网易云音乐、哔哩哔哩等。玩具箱中的灯光秀把车窗、后视镜、车灯、尾门等都联动起来，以迎合年轻群体的用车需求。

哪吒玩具箱中还配备了“哪吒大嗓门”，能够通过车外扬声器在外部播放歌曲，成为露营时的“大喇叭”。玩具箱中的4D音乐座舱根据看电影、听音乐时的不同旋律与座椅振动联动，沉浸式观影和收音。

第四节　其他系统

在座舱系统内，显示系统、感知系统、声学系统之间互联互通，发挥着智能出行的助手角色。与此同时，方向盘、座椅、空气净化、氛围灯等其他系统也在座舱智能化发展进程中，发挥着举足轻重的作用。除了传统功能的使用，在座舱智能化的发展过程中，这些系统也延伸出了更多的功能，为用户提供更丰富的座舱交互体验。

本节将参照《分类指南（2023年）》的“部件类”功能，即座舱内外可控制、可调节的实体功能部件，主要包括车身部件和驾舱内部件两大类，重点讨论车身部件中的方向盘、座椅、空调系统，以及驾舱内部件的照明系统。

一、其他系统基本构成

1. 方向盘

方向盘作为车辆的操控装置，除了传统的转向控制，正被赋予更多的操作方式和智能化功能，以提升驾驶人的驾驶体验和安全性。

方向盘上的各种按钮和旋钮，可用于控制车辆的各项系统，如音响、通信、巡航控制等。

同时，方向盘上的传感器还可以识别驾驶人的生物特征，如指纹、脉搏等，以实现个性化的驾驶配置和安全性验证，本章第二节提到的DMS的摄像头很多就安装在方向盘上。

2. 座椅

座椅作为驾乘人员在汽车使用过程中全程与人体直接接触的零件，其舒适性对驾乘体验影响很大。在汽车技术持续迭代和用户需求逐步提升的背景下，汽车座椅被赋予了除安全性以外，包括智能性、环保性等在内的多种功能诉求。因此，基于人体工学设计并融合电子信息学、电路、控制工程、安全碰撞要求等复杂工程的汽车座椅应运而生。

目前，座椅的主要功能包括两方面，一方面是位置调节和腰部支撑、腿部支撑、按摩、加热和通风等舒适性功能；另一方面是具备记忆功能的个性化位置设置，通过获取生物信息并调整座椅姿态、优化压力分布等智能化功能。

3. 空调系统

汽车空调系统一般由制冷系统、供暖系统、通风系统、控制系统组成，其基本功用是调节车厢内温度、湿度、气流速度、空气洁净等。相关研究表明，与城市空气污染程度相比，车内空间狭小、密闭性好，车内空气更容易受到污染。GB/T 27630—2011《乘用车内空气质量评价指南》对车内空气中苯、甲苯、二甲苯、乙苯、苯乙烯、甲醛、乙醛、丙烯醛的浓度要求进行了明确的规定。相关的汽车生产厂家积极响应国标要求，开始高度重视车内空气质量。车载空气净化器成为净化车内环境的有效方案。

车载空气净化器采用静电吸附、紫外线灯管等对车内空气进行过滤处理，不仅可以过滤和吸附空气中带菌的尘埃，也可吸附微生物，通过车载空气净化器处理后的车内空气指标均能达到国家标准，且具有效果稳定、保持时间长等特点。

2022年10月12日，GB/T 18801—2022《空气净化器》发布，2023年5月1日起正式实施。其中要求空气净化器：①颗粒物洁净空气量实测值不应低于标称值的90%；净化器对颗粒物的累积净化量与标称洁净空气量的关联性应符合表2-11的要求。②对标称的单成分或混合成分气态污染物的洁净空气量，实测值不应低于标称值的90%；净化器单成分加载下，甲醛的累积净化量与标称洁净空气量的关联性应符合表2–12要求，如标称值高于表2–12关联指标值的单成分（或混合成分加载下单一目标污染物）累积净化量的具体数值，则实测值不应低于其标称值的80%。③如果净化器明示具有抗菌除菌功能，则应符合GB 21551.3—2010《家用和类似用途电器的抗菌、除菌、净化功能　空气净化器的特殊要求》的要求，在模拟现场和现场试验条件下运行1h，其抗菌（除菌）率大于或等于50%。④如果净化器明示具有除病毒功能，则在规定条件下的病毒去除率不应低于99.9%。

在上述指标下满足用户对车内空气质量的要求。

表2–11　颗粒物净化的关联指标

洁净空气量（标称值）Q/（m^3/h）	累计净化量M/mg
$60 \leq Q \leq 100$	≥3000
$100 < Q \leq 150$	≥5000
$150 < Q \leq 300$	≥8000
$300 < Q \leq 500$	≥12000
$500 < Q \leq 800$	≥18000
$Q > 800$	≥20000

注：洁净空气质量小于$60m^3/h$净化器，不做累计净化量评价。

表2–12　甲醛净化的关联指标

洁净空气量（标称值）Q/（m^3/h）	累计净化量M/mg
$40 \leq Q \leq 100$	≥300
$100 < Q \leq 200$	≥600
$200 < Q \leq 300$	≥1000
$300 < Q \leq 400$	≥1500
$Q > 400$	≥2000

注：洁净空气质量小于$40m^3/h$净化器，不做累计净化量评价。

4. 照明系统

汽车内部照明系统的主要用途是提升可见度或营造氛围感，目前包括阅读灯、氛围灯、迎宾灯等。在座舱智能化的发展过程中，氛围灯的重要性得以凸显，成为照明系统下的主力军。

氛围灯本质上属于汽车小灯中的装饰灯，其核心原理是通过不同颜色与形式的灯光效果去营造不同的内饰氛围。整车厂对于氛围灯的重点改动区域主要有天窗（星空顶）、仪表台、中控台、储物箱、门饰板等。

根据发光形式的不同，汽车氛围灯可分为点光源直射式氛围灯、点光源光带式－反射式氛围灯、点光源光带式－直射式氛围灯、点光源面发光式氛围灯四种。其中点光源光带式－直射式氛围灯是目前整车厂采用的主流方案。

根据技术路线，汽车氛围灯主要分为两种：第一种是传统 RGB 氛围灯，该方案将随着氛围灯产业的发展而被逐步淘汰；第二种 SMart-RGB 方案是目前主流的氛围灯技术路线，该方案在多种氛围灯同时响应的控制场景具备良好的控制优势，广泛应用于多氛围灯控制场景。

二、相关功能产品应用与发展

1. 方向盘

汽车从单纯的交通工具向第三空间发展的过程中，也对汽车内饰提出了更多的要求。集美观、实用、功能为一体的内饰设计形成了新的发展趋势。在智能驾驶模式下，驾驶人和车辆之间更精准的协作尤为关键，方向盘的功能将不再局限于单一的转向控制功能，还需要满足用户对于安全性、舒适性、交互性和体验感的需求，为未来的自动驾驶提供更高的保障。因此，方向盘的发展将更趋于智能化、集成化和定制化。

（1）智能化

在智能化方面，方向盘上增加了智能识别检测、智能驾驶辅助等功能，包括与 DMS 协作，对驾驶人进行心电测量和皮肤检测，及时反馈驾驶人状态及是否发生脱手等驾驶行为，降低分心驾驶、疲劳驾驶导致事故的概率；以及通过和车内仪表盘及中控显示屏的联动，完成人机交互，例如在方向盘上增加 LED 灯带，根据不同的驾驶工况，进行如转向、音响声音控制、车内空调温度控制等的提醒。

（2） 集成化

在集成化方面，随着智能汽车的发展，功能键的增多使得操作变得复杂，因此就需要尽可能地将功能按键进行集成，包括方向盘开关、电子件和转矩传感器，将其转换为多功能方向盘。例如法雷奥最新技术基于电容式探测原理，将方向盘加热功能和离手检测功能集成在一起，采用电容一体化设计，即同一个零部件分时共用，不会增加额外的物料成本。通过这种设计，防范用户滥用 ADAS 功能，避免双手脱离方向盘造成的交通事故。

特斯拉 2024 年发布新版本的 Model S 和 Model X，可配备 Yoke 方向盘。该方向盘采用半幅式方向盘设计，两侧的顶部有两个小凸起，使人手能够更舒适地抓握；拥有加热功能，可使方向盘表面保持舒适的温度；具有舒适、标准、运动三种转向模式，在不同的模式下转动方向盘所需的力度不同，转向灵敏度也不同，适用于不同车速下的行车场景，可根据用户的个人喜好进行调节；同时还将档位、转向、灯光、刮水器等功能按键集成在方向盘上，使操控更便捷。

（3） 定制化

基于用户对汽车内饰的个性化和定制化需求，方向盘在材质和舒适度上都有所创新，包括加热方向盘创新，通过一次发泡后包覆加热垫，再进行二次发泡，提升加热方向盘舒适度；通过定制锻造碳纤维，满足用户个性化和豪华感追求；以及与内饰整体风格进行相应的色彩和材质选择搭配等。

2. 座椅

随着汽车逐渐从承载工具向休闲娱乐空间演变，汽车座椅也将围绕以用户为中心发生技术变革，满足用户除安全性以外的多种功能诉求，包括安全性、智能性、环保性、舒适性等（图 2-34）。

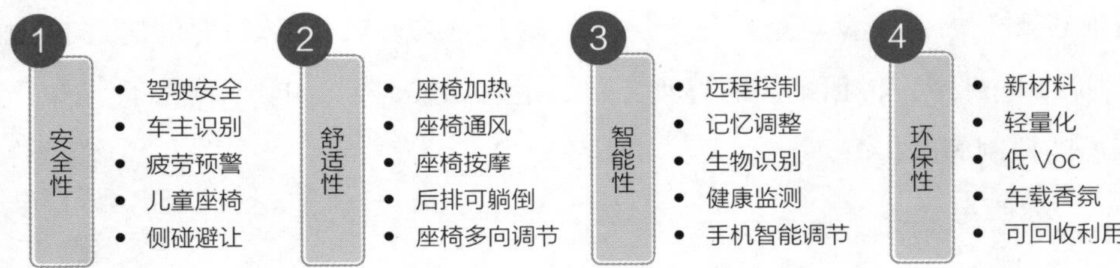

图 2-34　座椅四大功能需求

（1）安全性

在安全性方面，未来可能的场景是摄像头监测驾驶疲劳后，座椅可通过音频和振动反馈，提供预警调整，或者通过检测驾驶人健康状态，提供座椅制热和制冷功能等，打造个性化体验。例如极氪 009 升级的 ZEEKR OS 3.6.4 新增了第三排座椅安全带未系提醒功能，还优化了二排座椅后退逻辑。

（2）智能性

座椅正在朝着智能化、数字化的方向发展，其功能体验也越来越复杂。在智能性方面，未来智能座舱各大系统必将进一步高度整合，呈现出多感官融合、多模态交互形态，座椅系统在舒适性等功能上不断创新的同时也将与其他系统进行互联互通，如与车门、语音、香氛等协同联动，预测并满足用户需求。

同时，汽车座椅对座舱的空间布局也起到了结构性的作用。在自动驾驶的条件下，主副驾及后排乘客皆有不同的应用场景需求，座舱空间布局的解决方案就显得尤为重要，因此座椅的灵活调整、实现不同模式的转换，也将成为未来智能座舱产品亮点之一。

（3）环保性与舒适性

在环保性和舒适性方面，新材料的研发与应用也是座椅创新发展方向之一，在包括座椅零部件的新材料轻质椅背板碳纤维复合材料的骨架，以及新型面套材料等方面都有所应用。汽车座椅的面套、发泡、骨架及滑轨等部件，也影响着座椅本身的设计与产品走向，以及对座椅舒适性等功能要求。目前电动长滑轨、双硬度发泡、轻量化高强度骨架、透气可清洁面套都是开发的重要内容。在 2023 年的 IAA（慕尼黑国际车展）上，Lucid 展示的 Air Midnight Dream Edition，就是在使用了高端材料的同时，还配备了可以进行背部按摩的座椅。

针对共享出行场景，共享汽车座椅或将区别于私家车座椅，能够根据用户需求打造多项定制化、差异化的功能，为不同用户提供增值服务与模式，以及通过掌握相关数据融合于座舱体验，从而带来新的商业模式。

3. 车载空气净化系统

随着用户对智能汽车需求的增加以及环保意识的加强，在汽车空调系统中，提升空气质量的车载空气净化器也得到了重视，正在不断发展和走向成熟。目前常见的有 HEPA 过滤器、活性炭过滤器以及其他新兴技术等。

其中，HEPA 过滤器主要用于捕集 0.5 μm 以上的颗粒灰尘及各种悬浮物，对于 0.1 μm 和 0.3 μm 的颗粒有效率达到 99.7%。活性炭过滤器共分为 PP 滤纸、玻璃纤维、复合 PPPET 滤纸、熔喷涤纶无纺布和熔喷玻璃纤维五种材质，具有风阻大、容尘量大、过滤精度高等特点。活性炭过滤器能够吸附并去除车内空气中的有害气体和异味，例如甲醛和苯等。

此外，还有一些新兴技术正在不断地开发和应用中，例如负离子发生器，可以通过释放负离子来增加空气中的负离子浓度，使颗粒物带电从而降沉，最终达到净化车内空气的效果；电离子技术则采用了高压电场原理，将空气中的有害物质进行分解，并转化为无害物质，从而达到净化效果。

汽车内饰技术解决方案供应商安通林（Antolin）、HVAC（气候化）系统供应商 Sanz Clima 与光催化专家 CleanAir Spaces 合作开发出了首个基于最先进、无臭氧光催化技术的原型车内空气净化系统。通过与按照 ISO UNE 17025（ENAC）实验室认可服务的国际标准的实验室合作，在真实环境下依照欧洲法规和指南进行的严格测试，该技术已被证实有效且不会产生对人或动物有害的化合物。该技术产生的活性化合物过氧化氢的最大浓度低于 0.1 ppm，即比国家和国际监管机构规定的限值低 90%，使停留在车内的乘员更加安全。凭借这一解决方案，安通林进一步将车辆内部改造成第三生活空间，为驾驶人和其他乘员带来更高的舒适性和安全性。

当前，部分车载空气净化器还能提供血氧浓度检测及温度显示等功能，从而为用户提供更好的安全性保证以及舒适性体验。

4. 氛围灯

氛围灯的本质属于汽车小灯中的装饰灯，其核心原理是通过不同颜色与形式的灯光效果去营造不同的内饰氛围，因LED灯具备节能、环保、高亮度、高稳定性等优点，是目前汽车氛围灯采用的主流发光方案。

LED氛围灯由芯片、支架、阳极杆等部件组成，通过载流子在pn结中的复合原理实现发光效果。伴随LED技术的发展和用户对于科技感需求的提升，LED氛围灯正由商务改装用途到家庭用途的蜕变，迈入成熟阶段。

从现在的氛围灯搭载车型数量分析可见，高阶氛围灯的市场影响力正逐步扩大，越来越多的车企开始关注128色以上高阶氛围灯的落地。但是因成本等原因，目前32色以下氛围灯仍然是中长期的主流配置。而从整体价格区间表现来看，现阶段中低端市场通过搭载64色以下氛围灯，实现产品性价比突破；而高端市场和豪华市场则通过高阶氛围灯实现产品竞争力突破。

三、其他系统发展趋势

1. 方向盘

2022年，全球汽车方向盘市场规模达到391.77亿元，预计到2028年将达到590.93亿元。伴随着市场规模的持续扩大，汽车方向盘也开始呈现一些新的发展趋势：

1）在功能方面，随着科技的不断进步，智能技术将更多地应用于方向盘设计中。

首先，通过加入触控屏、语音识别、手势识别等功能，方向盘将成为集成控制中心，用户可以通过方向盘实现车内多种功能的控制。例如只需要通过触控方向盘按键或语音控制即可完成调节音量和接打电话等功能；在进入和离开驾驶舱时，通过智能控制调节方向盘位置，自动折叠收回和弹出，更便捷上下车。

其次，汽车方向盘的发展也将更加重视安全性，目前，部分车企已经开始采用具有生物识别技术的方向盘，如指纹识别、心电图识别等，以确保用户安全驾驶。未来的汽车方向盘还有望融合更多的智能安全技术，如驾驶人状态监测、疲劳驾驶预警等，以提醒驾驶人并避免潜在的危险。

2）在形态方面，未来方向盘将不再局限于传统的圆形设计，还将出现椭圆、方形、悬浮、半幅甚至无方向盘设计，以增加用户舒适性和体验感，同时其材料也将更趋于轻量化和环保。

随着汽车智能化的程度越来越高，以及自动驾驶技术的高速发展，方向盘的形态也将发生改变，将更加注重舒适性和人体工程学。通过研究人体工程学，车企有可能设计出不同造型和大小的方向盘，以适应不同人群的使用习惯。典型案例如智己 LS7 时就开始选装半幅式方向盘，到了新车智己 LS6 时，半幅式方向盘的上车比例更高了。另一案例是吉利与百度合作的新品牌极越，极越 01 采用 U 形方向盘设计，相较于传统的圆形方向盘，U 形方向盘的半幅设计更适配 35.6 英寸的 3D 无界一体化大屏，以无遮挡的开阔视野提升信息可见性和智能座舱沉浸式体验。

2. 座椅

近几年，中国汽车行业的高速增长为汽车座椅发展提供了广阔的市场空间。根据盖世汽车研究院预计，至 2025 年，中国乘用车座椅市场规模保持相对稳定的增长，总体市场规模保持在 800 亿 ~1000 亿元人民币，2020—2025 年复合增长率约为 3.7%。国内汽车座椅单车价值量及市场规模预测如图 2-35 所示。

座椅接下来的发展方向将分为以下几个方面：

首先是功能方面。目前，标配的座椅加热功能相对普及，主要集中在前排座椅上，部分厂商为增加低价格车型竞争力，会增加加热功能作为选配。主副驾驶的电动调节配置明显提高，呈现向上升的趋势，座椅电动化及记忆座椅功能正在逐渐被普及，为用户带来便捷的体验。

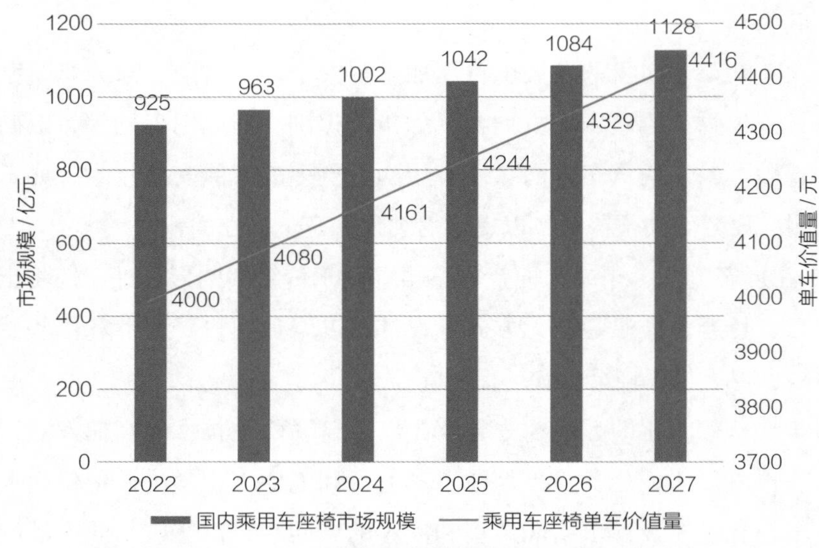

图 2-35　国内汽车座椅单车价值量及市场规模预测

因此，在行业变革与消费者需求变化的推动下，创新座椅产品得到越来越多的应用，如女王副驾、零重力座椅等产品在量产车型搭载应用，将持续受到消费者的关注与欢迎。

同时，近几年随着市场放缓、整车厂对成本的敏感度提升，国内供应商以价格优势进入一些自主品牌供应体系，但其打入主流整车厂商供应链的关键，仍需通过提高研发水平、提升产品层次来实现技术突破。

3. 车载空气净化器

汽车空气净化器市场正在持续高涨，专业化细分、精细化制造将成为车载空气净化器业的新发展趋势，车载空气净化器企业之间的相互关联或合作也将变得越来越重要。

车载空气净化器的发展方向分为以下几个方面：

首先，要促进产品类型多样化发展，在使用传统 HEPA 和活性炭技术的同时，积极发展和采用光触媒、臭氧等新技术。

其次，增加空气净化器的应用领域，提升智能化程度，实现远程控制和智能化运行功能。

最后，可与智能座舱形成一体化应用，通过多系统融合完成更复杂的车内场景应用，例如车内环境的监测改善等。

未来，随着市场规模的不断扩大和产品同质化的加剧，越来越多的企业将进入汽车空气净化器市场，车载空气净化器的市场竞争将更加激烈。在此背景下，扩大高端产品在车载空气净化器行业的市场份额，同时积极推动车载空气净化器产业向智能化、高效化和多样化方向发展成为突出重围的有效途径。

4. 氛围灯

根据盖世汽车研究院分析预测，舱内氛围灯作为座舱视觉与情感交互的配置之一，伴随智能座舱的发展与 LED 等照明技术的提升，其市场规模将会逐年提升，预计 2025 年氛围灯的市场规模将会突破 110 亿元（图 2–36）。

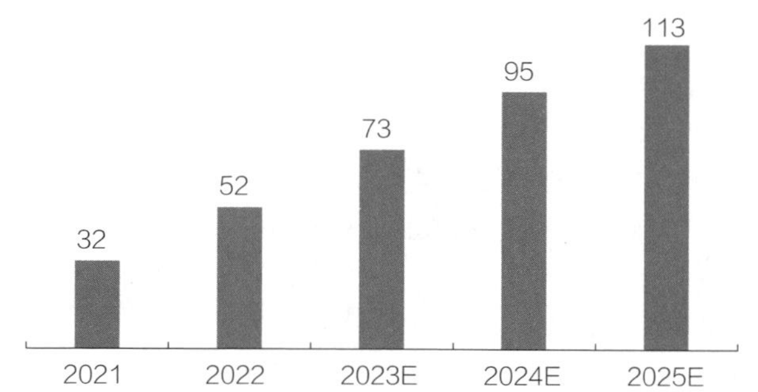

图 2–36　2021—2025 年汽车氛围灯市场规模预测（亿元）

接下来，氛围灯的发展方向将按照以下几个层面进行：

首先，在技术层面。随着汽车智能化进程的加快，未来氛围灯将朝向灯光布局、模式创新、人机交互三个主线发展，并为未来汽车提供情绪表达的落地方案。

目前氛围灯可以通过颜色的变化去营造不同的环境氛围，而在未来，汽车可以通过氛围灯的不同颜色，表达自身情绪，真正意义上实现人车之间的情感沟通；氛围灯将会与多传感器结合并融合于智能表面中，使智能表面进化为智能透光表皮，在保留氛围灯光学视觉交互的同时，具备触控或者非触控的智能人机交互体验。另外，不同材质的智能表面将影响体验的呈现效果；基于智能座舱硬件的快速升级，氛围灯在硬件与软件进步的基础上，可以迭代进化，区分出不同的车型氛围灯特点，实现氛围灯的多种智能化路线发展，也进一步塑造品牌特征、车型亮点。

其次，在市场层面。氛围灯已经成为新车上市时的科技卖点，低端、中端、高端、豪华品牌车型纷纷掀起氛围灯的“内卷”潮流（图 2-37），其中新能源车企中新势力车企常采用高阶氛围灯来打造车内舒适氛围。

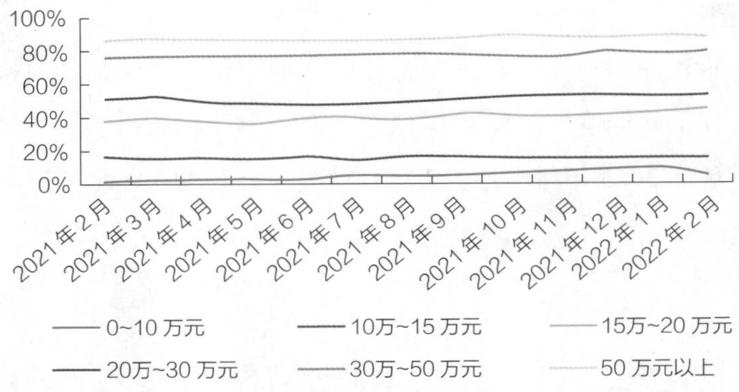

图 2-37　2021 年 2 月—2022 年 2 月不同价格车型汽车渗透率

氛围灯还呈现出从高端市场向低端市场下探的趋势。汽车氛围灯产业链布局完善，上游为氛围灯部件提供商，中游为氛围灯供应商，下游为各整车厂。随着业务需求扩大，中游氛围灯厂商供应商与上游部件供应商业务范围交叉拓展，市场竞争愈发激烈。

国内外重点车灯供应商正在积极布局前瞻性技术产品，如 OLED 照明技术等。核心目的在于提升自身的竞争能力，完善自身的产品布局。

目前氛围灯市场仍以头部车灯供应商为主导，多种类型企业参与市场角逐，带动行业发展，加速性价比产品迭代升级与多种高阶产品的落地应用（表 2-13）。领先的氛围灯供应商正通过重点研发色彩变换、多模块交互、形状材质等技术，大力发展高阶氛围灯，促进氛围灯产品朝向智能化与交互化方向发展。

表 2-13　国内外重点车灯供应商对比

供应商	华域视觉	星宇股份	南宁燎旺	马瑞利	海拉	法雷奥	斯坦雷
布局产品	• 短阵式 LED 前照灯 • LED 前照灯 • OLED 尾灯 • 自适应前照灯 • 流水转向灯	• 前照灯 • 氛围灯 • 尾灯	• 前照灯 • 尾灯 • 转向灯	• 前照灯 • 尾灯 • 氛围灯	• 头灯 • 尾灯 • 内饰灯 • 车身小灯	• 前照灯 • 尾灯 • 氛围灯	• 前照灯 • 尾灯 • 氛围灯
前瞻性技术	• OLED 照明技术 • 薄型面发光模组 • 矩阵照明技术 • DLP 照明技术 • 光导技术 • 厚壁光导技术 • 悬浮式线发光技术	• 数字化照明前照灯 • 内部 RGB 氛围灯 • 柔性 OLED 照明技术 • 面光源照明技术 • 镭雕发光技术	• OLED 照明产品 • 可弯曲柔性 OLED 面板	• 矩阵前照灯 • 像素前照灯 • 智能表面 • OLED 尾灯 • 激光前照灯	• 高清液晶技术 • 无炫目远光灯 • 自适应灯光明暗界限 • AFS 系统 • OLED 照明技术	• OLED 照明技术 • 360° 投影前照灯 • 矩阵式前照灯	• OLED 照明技术 • 激光前照灯 • ADB 前照灯
配套客户	大众、奥迪、别克、凯迪拉克、雪佛兰、福特、丰田、宝马、特斯拉、日产、雪铁龙、智己	一汽大众、上汽通用、奇瑞汽车、东风日产、广汽乘用车、通用五菱、上汽大众、宝马、吉利汽车、一汽丰田	北汽、长安、吉利、奇瑞	宝马、奥迪、奔驰、路虎、大众、克莱斯勒、雪铁龙、保时捷、标致、法拉利	保时捷、奔驰、宝马、奥迪、大众、日产、雪铁龙、标致、捷豹路虎	标致、通用、福特、宝马、奔驰、日产、马自达、三菱、长安、吉利、奇瑞	丰田、本田、日产、马自达、铃木、三菱、宝马

第五节 底层系统

在软件定义汽车背景下，汽车可以通过软件更新和升级，灵活改变底层的功能和控制逻辑，同时软件定义汽车实现了软件功能和硬件的解耦，降低了硬件成本和开发周期。在软件定义汽车趋势下，汽车的智能化发展形成了初步的“总体架构”。

在人机共驾阶段，智能座舱作为软件定义汽车的可视化窗口，聚集用户可直观体验的功能，强力支撑人机交互体验，将领跑汽车智能化。底层系统作为座舱智能化实现的重要支撑，通过整合底层硬件和底层软件（系统软件），助力实现智能化的座舱体验。而车用操作系统（Operating System，OS）管理着汽车软硬件资源，并为用户提供通用服务的计算机程序，具备承上启下的作用，是汽车软件化和智能化升级的基石。车用 OS 按功能可分为车控 OS 和车载 OS，现阶段车载 OS 主要面向智能座舱。随着座舱不断整合更多功能，如 HUD、后排娱乐、360° 环视等，对车载 OS 的需求也将更复杂并更具兼容性。众多整车厂纷纷加码布局车载操作系统，以打造差异化竞争优势。

本节将以软件定义汽车为切入点，逐层分析智能座舱底层系统的应用现状与发展趋势。其中，作为座舱应用与服务的底层技术支撑的车载操作系统是车企差异化竞争的重点，也将是本节论述的重点。

一、SDV 下汽车总体架构与座舱底层系统架构

1. SDV 概述

目前行业普遍认为所谓“软件定义汽车（Software Defined Vehicle，SDV）”，即软件深度参与汽车的定义、架构、开发、验证、销售、服务等全生命周期过程，并不断改变和优化各环节，以实现驾乘体验的持续优化和汽车价值的持续增值。

过去，汽车行业的整体格局相对稳定，主导厂商基于硬件技术的进步，以芯片、发动机、底盘等硬件竞争优势迭代车型。但从目前来看，市场上硬件标准化、同质化程度越来越高并且硬件的承载能力也存在上限，车企想要基于硬件打造产品差异性的难度越来越大。

相比之下，软件的差异化优势不断凸显。终端消费者不断提升对车辆能力及表现的重视程度，比如人与车交互、车与外部交互等。因此，未来车企将主要通过软件创新来实现产品的差异化战略，打造“千人千面”的用车体验。

从外延而言，软件定义汽车既是一种整车设计、开发、销售、服务的全新模式，也是新的整车软硬件技术架构。软件定义汽车是驱动传统汽车升级为智能汽车的关键，将涉及商业模式、产品竞争力、组织与研发流程、人才体系、供应与生态体系等的全面变革。

2. SDV 的核心理念之软硬件解耦

与过去软硬紧耦合不同，在软件定义汽车时代，软硬解耦是面向服务架构进行功能迭代，促进汽车“成长进化”的重要途径，SDV 的主要特征包括：

1）面向应用软件开发商、广大开发者实现软件可跨车型、跨平台、跨车企重用，支持快速开发、持续发布。

2）面向零部件提供商实现硬件可扩展、可更换，执行器、传感器等外设硬件可即插即用。

3）具备整车级数字安全与纵深防御系统。

4）让汽车逐渐成为可持续保值增值平台，全生命周期投资回报最优。

在软件定义汽车理念下，汽车总体架构被分为感知执行、计算单元、系统软件、功能软件、算法接口、功能域与和云平台等层级。每个层级又包含不同的子层级，其中系统软件和功能软件两大部分（广义的汽车 OS）的核心作用是支撑智能座舱、智能驾驶等应用的实现，为用户提供数字化体验，为新一代汽车赋予更多能力和价值。因此汽车 OS 是软件定义汽车的核心。软件定义汽车总体架构如图 2-38 所示。

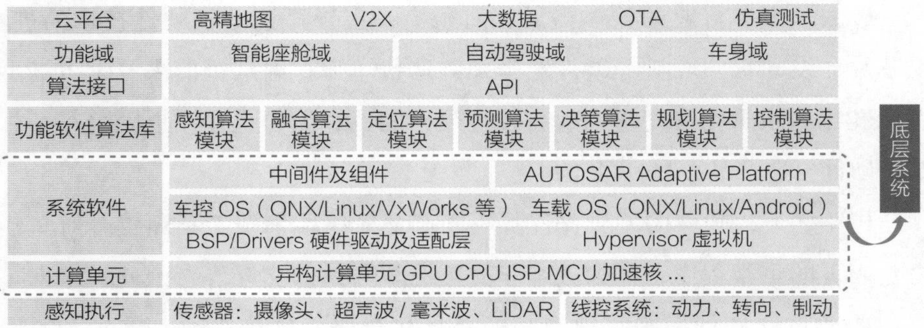

云平台	高精地图	V2X	大数据	OTA	仿真测试
功能域	智能座舱域	自动驾驶域	车身域		
算法接口	API				
功能软件算法库	感知算法模块	融合算法模块	定位算法模块	预测算法模块	决策算法模块 / 规划算法模块 / 控制算法模块
系统软件	中间件及组件	AUTOSAR Adaptive Platform			
	车控 OS（QNX/Linux/VxWorks 等）	车载 OS（QNX/Linux/Android）			
	BSP/Drivers 硬件驱动及适配层	Hypervisor 虚拟机			
计算单元	异构计算单元 GPU CPU ISP MCU 加速核 ...				
感知执行	传感器：摄像头、超声波 / 毫米波、LiDAR	线控系统：动力、转向、制动			

底层系统（系统软件、计算单元）

图 2-38　软件定义汽车总体架构

3. 智能座舱的底层系统构成

在软件定义汽车总体框架下，底层系统是智能座舱产品丰富功能呈现的重要支撑。整体来看，底层系统可分为“底层硬件”和“底层软件”两部分。随着智能汽车海量数据处理和高算力需求的发展，底层硬件部分主要包括座舱 SoC 芯片；底层软件又指“系统软件”，主要包括虚拟机、内核（狭义车载 OS）和中间件。

下文将聚焦底层硬件和系统软件，厘清各部件的概念，阐述其意义，并分别对其市场发展和趋势方向进行详细梳理与系统归纳。

二、底层硬件现状与趋势

据统计，传统汽车单车芯片搭载量为 500~600 颗，随着自动驾驶、新能源等功能的增加，现在大部分车型单车芯片搭载量在 1000~1200 颗。同时智能化进程的加速对汽车算力提出了更高要求，传统功能芯片已无法满足当前的算力需求，主控芯片应运而生。用户对人机交互体验的强烈诉求使得“一芯多屏”成为智能座舱的焦点话题，座舱 SoC 的重要性愈发凸显。

1. SoC 芯片概述

片上系统（System on Chip，SoC）又叫作高性能处理器，通常是指集成了中央处理单元（CPU）、图形加速器（GPU）及各类专用处理单元的高度集成化芯片。其处理性能是微控制单元（MCU）的上千倍，通常用于以太网、图像、摄像头画面等大量数据的处理。座舱 SoC 芯片的主要作用是支持音频和视频处理，以满足信息娱乐系统的需求。

整体来看，SoC 芯片对智能座舱发展而言具备三方面的优势：

1）SoC 硬件集成规模更庞大，可提升资源利用效率。

2）SoC 芯片上软件配套更大，可提升处理效率。

3）SoC 可支持多任务的复杂系统。

2. 座舱 SoC 芯片市场分析

从市场发展来看，据盖世汽车研究院数据统计，2023 年中国市场座舱 SoC 的装配量达到 395.9 万颗。预计 2025 年，国内座舱 SoC 芯片市场规模有望达到 203.9 亿元，市场空间很大（图 2–39）。

从算力需求来看，2024 年座舱 SoC 芯片的 CPU 和 GPU 算力需求分别为 86KDMIPS 和 3000GFLOPS，分别为 2022 年的 2.3 倍和 2 倍；在 AI 算力方面，高通 QCS8550 芯片嵌入式神经网络处理器（NPU）算力高达 96TOPS，是已发布智能座舱中 NPU 算力最高的芯片（图 2–40）。

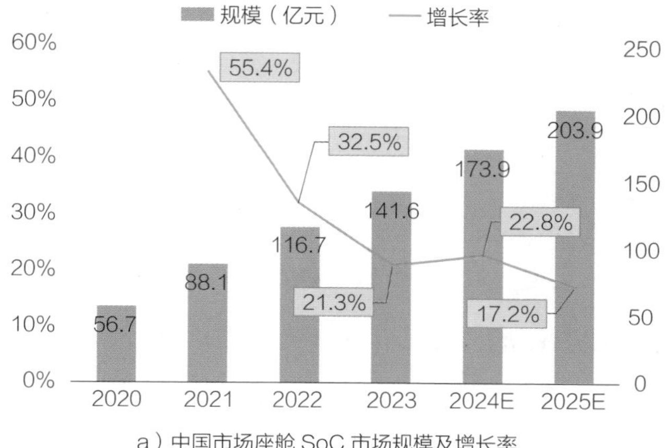

a）中国市场座舱 SoC 市场规模及增长率

图 2–39　中国座舱 SoC 市场

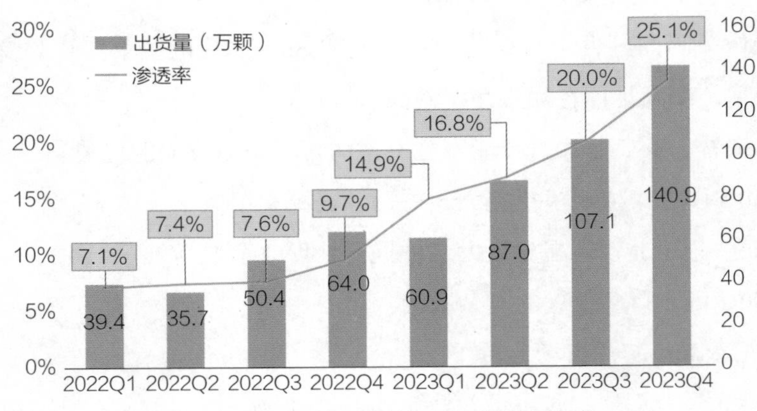

b）2022Q1–2023Q4 座舱 SoC 出货量及渗透率

图 2–39　中国座舱 SoC 市场（续）

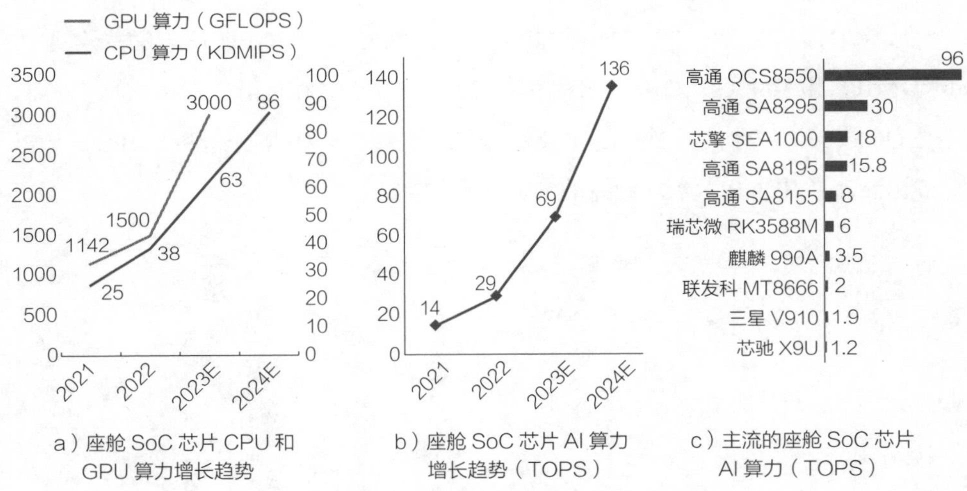

a）座舱 SoC 芯片 CPU 和 GPU 算力增长趋势

b）座舱 SoC 芯片 AI 算力增长趋势（TOPS）

c）主流的座舱 SoC 芯片 AI 算力（TOPS）

图 2–40　座舱 SoC 芯片算力需求提升

从市场主要玩家来看，2023 年中国座舱 SoC 芯片市场，高通出货量为 2263065 颗，占据五成以上的市场份额；AMD 出货量为 575628 颗，占据 14.5% 的市场份额；瑞萨出货量为 327877 颗，占比 8.3%；英特尔出货量为 223957 颗，市场份额占比 5.7%；联发科出货量为 157057 颗，占比 4.0%；芯擎科技、NXP、华为、芯驰、杰发出货量比较低，其市场份额总和仅为 3.2%（图 2–41）。

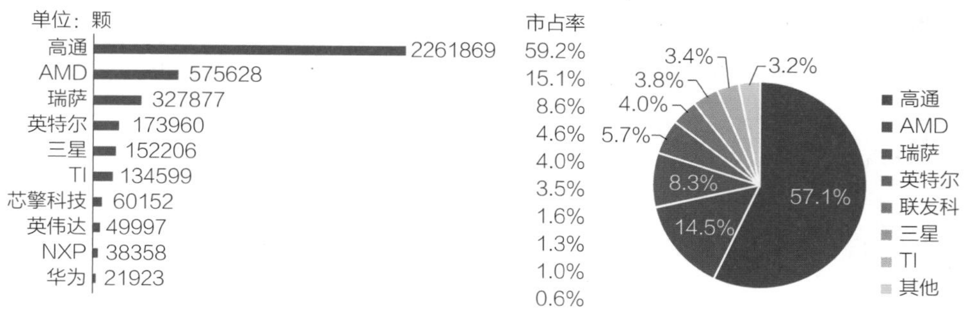

a）2023 年座舱 SoC 芯片品牌出货量　　b）2023 年座舱 SoC 芯片品牌市场份额

图 2-41　2023 年座舱 SoC 芯片品牌出货量及市场份额

总之，座舱 SoC 芯片高度契合座舱的智能化需求。2015 年前，车载系统的芯片主要供应商为瑞萨、恩智浦、德州仪器等传统汽车芯片厂商，这三家在智能座舱发展初期阶段也曾占据座舱 SoC 芯片的大量份额。此后，座舱智能化的加速发展吸引了高通、英伟达、三星、英特尔、联发科等消费电子芯片厂商的加入。

到了 2021 年，高通凭借 8155 芯片的大规模上车，快速获得座舱芯片中高端市场 80% 的份额，2022 年更是占据了国内 90% 的智能座舱市场份额。值得一提的是，其第四代座舱平台芯片 SA8295P 已经量产搭载了部分新车，代表车型如极越 01、极氪 007、银河 E8、极氪 001FR 等。

高通汽车芯片由智能手机芯片平台改进，其性能、迭代速度和移动终端的软硬件生态积累都远超传统汽车芯片厂商。在“一芯多屏”智能座舱方案中，高通凭借高性能及应用生态的优势不断提升在造车新势力及中高端车型中的市场份额。

国产方案中，芯驰舱之芯 X9 系列处理器是专为新一代汽车电子座舱设计的车规级汽车芯片，集成了高性能 CPU、GPU、AI 加速器以及视频处理器，可支持“一芯十屏”。此外，2023 年 8 月，江淮汽车揭晓了华为全新车规级座舱芯片麒麟 9610A，其算力达到了 200KDMIPS，是当下主流车规级芯片高通 8155 算力的两倍，具备一定竞争力。

目前，以华为、芯驰、芯擎等为代表的本土企业的产品主要应用于国产车型，其优势在于 AI 技术出众，通常可为客户提供“算法 + 芯片”的软硬件耦合的全栈式解决方案。随着国内新能源车智能座舱渗透率的提升，未来国产替代前景广阔。

3. SoC 芯片发展趋势：舱驾一体，走向融合

随着芯片厂商开放度提升，SoC 芯片集成的异构资源不断丰富。未来 SoC 硬件方案有望演进成单颗 SoC 芯片方案，用单颗 SoC 满足舱驾融合、行泊一体等方案。

舱驾融合的层级可以划分为应用层融合、域控物理形式合二为一、单 SoC 的舱驾融合（图 2–42）。随着汽车电子架构的演进，座舱 SoC 和智驾 SoC 之间的界限将越来越模糊，多功能融合成为趋势。同时随着 SoC 算力的不断提高，舱驾融合相关方案逐步量产，代表案例有英伟达 Thor、黑芝麻 C1200、高通 Snapdragon Ride Flex 等。

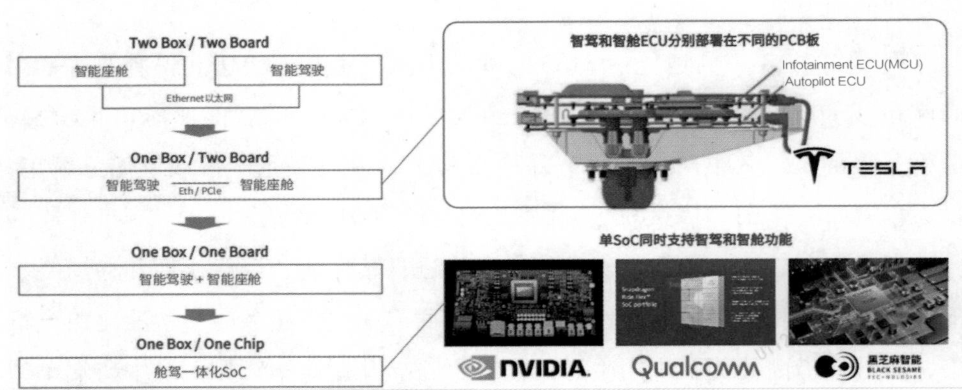

图 2–42　舱驾融合层级

具体来看，特斯拉在单个中央计算平台中集成了智驾和座舱模块，英伟达 Thor 和高通 Snapdragon Ride Flex 都能以单颗 SoC 同时支持智驾和座舱功能，从而实现“舱驾融合”方案。因此，智能驾驶和座舱 SoC 主要朝大幅提升 CPU、GPU、AI 算力、追逐先进制程（14nm—7nm—5nm）等方向发展，代表案例见表 2–14。

表 2-14　代表案例

公司	发布日期	产品	SoC 方案	功能	量产计划
BOSCH	2022.09	中央电脑	高阶融合 SoC	行泊一体，智能座舱和高阶智能驾驶	2025
		舱驾融合 1.0	更高算力和功能安全的芯片	中央驾舱	2024
		舱泊融合 2.0	高通芯片	舱泊融合方案	2024
		舱泊融合 1.0	高通 8155 芯片	座舱融合 APA 和 RPA	2023
ZF	2023.01	ProAI 高性能计算平台	可适配不同供应商的系统芯片并行多个操作系统，AI 算力 1500TOPS	可以在不同的单板上支持基于域的 ADAS、信息娱乐以及车身控制功能	—
零束 Z-ONE	2022.12	舱驾融合计算平台 ZXD	—	智舱和智驶跨域深度融合	2025
芯驰 SemiDrive	2022	中央计算架构 SCCA1.0	芯驰 X9+V9+G9 芯片	支持座舱、网关、智能驾驶功能	—
映驰科技 Enjoy Move	2022.06	高性能计算群解决方案 XCG Gen1	选择 1~2 颗的征程 5 芯片，AI 算力 256TOPS，可选不同的 MPU、MCU，打造定制化混合计算群平台	可满足车辆在智能驾驶智能中控和智能座舱等方面的计算需求	—
斑马智行 Powered by AliOS	2022.11	全栈式舱行泊一体方案	芯驰 X9 芯片 +AliOS Cyber	满思座舱、行车和泊车场景功能	2024
德赛西威 DESAY SV AUTOMOTIVE	2022.04	智能计算平台产品“ICP Aurora”	英伟达 Orin+ 高通 SA8295+ 黑芝麻智能华山 A1000 等芯片	软件上集成了智能座舱智能驾驶、网联服务等核心功能域实现算力可伸缩、功能可配置、体验可升级	2024
ThunderSoft	2022	座舱和自动驾驶域融合产品	高通 Snapdragon Ride Flex	座舱和自动驾驶域融合	2024
	2023.01	E-Cokpit7.0	高通 SA8295P	多系统融合、3D HMI 交互、全栈手机互联和按需定制、灵活配置等可实现低速辅助驾驶与座舱的融合，支持 360° 环影	2024

三、系统软件现状与趋势

从结构上来看，系统软件包括硬件抽象层、操作系统内核（狭义车载OS）和系统中间件三部分（图2-43）。硬件抽象层又包括BSP Drivers、硬件虚拟化管理Hypervisor等，本节重点讨论Hypervisor。硬件抽象层提供虚拟硬件平台，隔离车载应用的功能域，支持同一个SoC上运行多套系统，建立数据交互共享机制；主流内核有以Linux为代表的宏内核及以QNX为代表的微内核；系统中间件则是定义了一套架构、方法学和标准接口，能提高系统兼容性并减少开发成本。

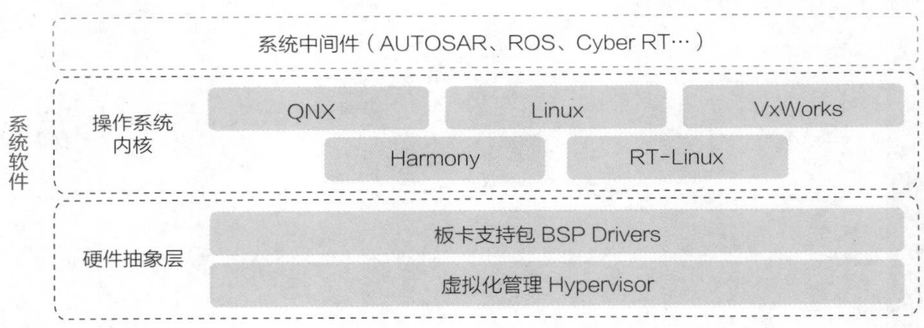

图2-43　系统软件结构

1. 硬件抽象层——Hypervisor

随着E/E架构域集中化，车载电子领域出现了由多个ECU向同一芯片控制演进的趋势，需要在同一硬件平台上运行不同安全要求的操作系统（如Linux/QNX负责仪表、Android负责信息娱乐系统）。由于各种数据的相互融合存在极大的安全隐患，软件安全隔离的需求便随之产生，Hypervisor虚拟机的概念进而被引入。

（1）Hypervisor的概念

Hypervisor是一种硬件虚拟化技术，可将物理服务器的CPU、内存、I/O等硬件资源虚拟化并接受Hypervisor的调度，使得多个操作系统在Hypervisor的协调下可以共享硬件（芯片）资源，同时每个操作系统又可以保存彼此的独立性（图 2–44）。

Hypervisor 技术可使多个不同安全等级的系统运行在同一计算平台上，实现高可靠性和良好的故障控制机制，以保证关键任务、硬实时应用程序和一般用途、不受信任的应用程序之间的安全隔离，从而实现车载计算单元整合与算力共享，提高硬件利用率，更好地发挥芯片性能和节约成本。

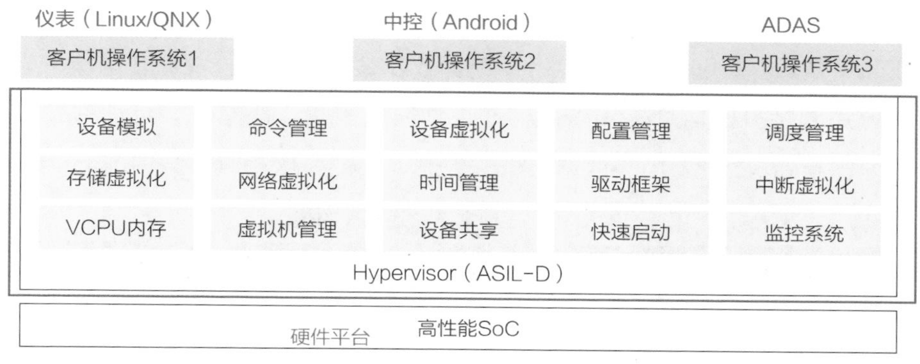

图 2–44 Hypervisor 典型结构

（2） Hypervisor 的技术应用与市场格局

车载 Hypervisor 技术在智能座舱多屏方案中具备硬件成本低、特殊功能启动快、高安全性、Guest OS 硬件隔离、故障处理冗余等诸多优势，从而被广泛用于“一芯多屏”领域。

在车载虚拟化领域，主流的 Hypervisor 技术提供商包括黑莓公司的 QNX Hypervisor（闭源）及 Intel 与 Linux 基金会主导的 ACRN（开源）。QNX Hypervisor 是目前市场上唯一通过 ASIL D 级功能安全等级认证的虚拟化操作系统，具有高性价比与高安全的优势，成为国内主流的虚拟化方案，量产案例包括斯巴鲁力狮、路虎卫士和广汽 AION LX；ACRN 则具备轻量级尺寸小，可直接应用于裸机的优势，搭载在奇瑞星途、哈弗 F7、红旗等量产车型上。与此同时，国内的部分芯片厂商、独立软件厂商也开始研发虚拟化技术和产品解决方案，如中瓴智行的 RAITE Hypervisor—（RHOS）、中兴 GoldenOS、斑马智行的 AliOS Hypervisor、中汽创智 CAIC Hypervisor 等，持续探索更适配国内市场的解决方案。

2. 系统软件的内核——车载 OS 内核简介与市场格局

（1）主流车载 OS 内核介绍与分类

在软件系统的内核部分，车载 OS 内核提供基本功能并能够决定操作系统的性能和稳定性，目前主流的内核有 QNX、Linux、Android（表 2-15）。鉴于座舱仪表、中控等不同部分对实时性要求的不同，可使用不同的 OS 内核。比如，在安全性要求高的数字仪表和辅助驾驶领域，几乎采用的都是 QNX 内核或完整系统；Linux 本身是个内核源，各方会基于其进行开发，常用于支持更多应用和接口的信息娱乐系统，并逐渐向仪表盘、座舱域、自动驾驶等领域延伸；Android 主要用于信息娱乐、导航等安全要求相对不高的部分。

表 2-15 三种主流车载 OS 内核

底层 OS	概述	优点	缺点
QNX	源自黑莓公司，黑莓基于 QNX 开发了车载信息娱乐系统、数字座舱系统和驾驶辅助系统平台等系统平台，为开发人员提供灵活的工具选择 QNX 一般用于数字仪表	安全、稳定、可信，全球首款通过 ASIL-D 安全认证的实时汽车 OS 微内核结构，可靠性比宏内核更高 实时性强 易操作性，开发者可快速上手	非开源 开发难度大 生态弱、兼容性差 需商业收费
Linux	Linux 本身是一个内核源，各方会基于其进行开发。协会或联盟致力于将开源 L inux 汽车操作系统推广至汽车领域中，如 AGL、GENIVI 常用于支持更多应用和接口的信息娱乐系统，将向仪表盘、座舱域、自动驾驶等领域延伸	免费开源、定制开发灵活度高 功能较 QNX 更强大 广泛的硬件支持，能在所有主流服务器运行 可移植性强：95% 以上代码为 C 语言所写	生态完善性相对弱 技术支持差 开发周期相对最长
Android	谷歌开发的基于 Linux 内核的系统，属于“类 Linux”系统	开源，适合中低端 OS 开发商 灵活，可根据自身需要对原生 Android 进行定制化改造 庞大手机用户群体，应用生态强大 可移植性强，Android 手机 App 不需要经过大的修改就可以应用在车机上，有利于国内互联网厂商切入汽车领域，快速建立起车载软件生态	安全性、稳定性相对较差，技术维护成本高 过度依赖谷歌

根据各方对基础型 OS 改造的程度不同，车载 OS 又分为定制型、ROM 型和超级 App 三类，具体对比见表 2-16。根据自身实力和需求的不同，车企会选择不同的车载操作系统。当前 ROM 型的使用相对较多，部分产品领先于外资大品牌。总体来看，车载 OS 市场处于百花齐放的状态。

表 2-16　三类车载操作系统对比

对比项	定制型	ROM 型	超级 App
改造程度	内核及以上层级，开发程度最深	应用层、框架层及服务层，不修改内核	只改造应用层，实现车机手机互联，更注重生态
优点	安全、稳定、自主掌握核心数据	保留个性的同时开发难度较低	生态丰富、成本低
缺点	开发难度大、成本高	竞争最激烈	用户数据安全性低
适合对象	龙头车企、互联网大厂	大部分车企	互联网企业或 App 创业公司
代表厂家	特斯拉、大众、谷歌华为鸿蒙 OS、阿里 AliOS	奔驰、宝马、奥迪、比亚迪、长城、蔚来、小鹏、理想等	CarPlay、Carlife、小度车载等

（2） 车载 OS 的市场发展现状

随着智能汽车时代的到来，汽车操作系统市场空间将快速增长。底层 OS 市场总体格局比较稳定，目前呈现出 QNX、Linux、Android 三足鼎立的局面。现阶段，QNX 在车载 OS 市场约占 50% 的份额，在对安全要求极高的车控和自动驾驶 OS 市场占 90% 份额，几乎处于垄断地位。但在新四化浪潮下，生态的重要性逐步提升，像 Linux 和 Android 等拥有更多受众群体和更完善的开发生态的操作系统将面临更大的市场空间，据盖世汽车研究院预计，2025 年 Android 与 Linux 或实现反超。

由于车载 OS 距离消费者最近，部分车企基于缩短开发时间和降低成本的考虑，选择与互联网企业合作定制专属 OS，打造整体生态并接入车联网服务。目前，大部分企业都以 ROM 型方式切入市场，也有少数国产企业积极创新，入局定制型车载 OS 并取得了不错的成绩（表 2-17）。

表 2-17　ROM 型车载 OS 代表玩家

企业		OS	底层 OS	介绍	应用领域	优势
国外	奔驰	MBUX	QNX-Linux	智能人机交互，支持指纹、面部以及语音识别等全新生物识别	车载（IVI）、人机交互	多座互联娱乐系统、AR 实景穿越导航
国外	奔驰	MB OS	—	应用领域更广泛，将使奔驰能够集中控制所有车辆领域及其用户界面	车载（IVI）、自动驾驶、车身与舒适域、行驶与充电域	提供高性能、持久且节能的架构
国外	宝马	iDrive	QNX-Linux	最新一代 iDrive 8 为面向语音交互、基于云端机器学习的智能系统	人机交互、自动驾驶、V2X、车物交互	交互系统的硬件布局和逻辑思维都以驾驶人的思维为导向
国外	奥迪	MMI	QNX-Linux	具有触摸反馈的全触控式交互系统	车载（IVI）、人机交互	软件兼容能力强，增加网络电台功能，全触控式中控屏更易操作
国外	丰田	Honda Connect	Android	AI 智能助理、语音交互、日常生活互联、远程操控、OTA	智能座舱	合作阿里、科大讯飞、东软睿驰等，本土化
国内	百度	小度 OS	Android	提供从底层到云端的完整系统，开放应用层、OTA、TSP 及账号，满足从语音交互到包含视觉的完整自然交互体验	车联网	开放性强，可搭载诸多车载小程序，可迭代
国内	比亚迪	DiLink	Android	开放式车载智能网联系统，全面连接人 - 车 - 生活 - 社会	智能网联	通过软硬件创新，完全独立自主研发

（续）

企业		OS	底层 OS	介绍	应用领域	优势
国内	吉利	GKUI	Android	智能交互、应用生态丰富、与阿里云 / 谷歌云合作的全球云平台	智能座舱	人车交互、全车智控、边缘 AI、开放生态
	小鹏	XmartOS	Android	具备远程控制、AI 智能及 V2X 功能	智能座舱	更通畅的智能交互体验
	蔚来	NIO OS	Android	支持自动辅助驾驶、数字座舱、智能互联等功能	驾驶（ADAS）、数字座舱、智能互联	自动驾驶领域采取全栈自研的道路
	理想	Li OS	Android	2020 年宣布内部自研 OS，集成了整车控制、自动驾驶等功能	自动驾驶、整车控制、智能座舱	计划在第二代自主掌握实时操作系统
	博泰车联网	擎 OS	Android	符合汽车安全需求、支持 QNX 与 Linux 接口，在多种静默、强制、厂家升级、用户自升级模式下使用，确保更新	智能座舱	结合芯片级安全与软件加密
	梧桐车联	TINNOVE	Android	基于安卓开发的第三方车载 OS，功能模块化且相互独立，开发者既可直接使用 Open OS 提供的功能，也可自行开发	座舱、智能驾驶、车身控制	Tinnove 4.0 专为大算力座舱平台研发

目前，ROM 型车载 OS 市场玩家主要有互联网企业、车企及第三方软件商，大部分基于 Android 开发，竞争最为激烈，其中国内的新势力和第三方软件商发展积极。互联网企业代表有百度；车企代表有奔驰、宝马、丰田等；第三方软件商代表企业有博泰车联网、梧桐车联；发展较好的自主品牌车企代表有比亚迪。

案例一：比亚迪 DiLink 系统推行开放兼容的技术方案

DiLink 是比亚迪推出的首个开放式车载智能网联系统，由 Di 平台、DiUI、Di 生态、Di 云、Di 开放五大板块组成，旨在通过构建开放性智能汽车平台，全面连接人 – 车 – 生活 – 社会，截至 2023 年 8 月已迭代至 5.0（表 2–18）。DiLink 兼容海量生态，开放平台相互赋能，全面支持 Android 生态，Android App 可 100% 兼容大屏 Pad 并基于用车定制相关应用。

通过应用程序编程接口（API），比亚迪为车载应用开发者提供了软件接口与整车对接，在车机系统上开发 App。今后还将陆续开放全车 361 个传感器和 66 项控制权限给开发者，让其应用能够获取车辆数据，调用全车传感器数据，并对车辆进行控制。

定制型车载 OS 主要基于 Linux 进行深度定制化开发，在定制型车载 OS 的开发方面以华为的鸿蒙 OS、斑马智行的 Ali OS 等为代表的国产解决方案开始崭露头角，充分彰显了国产企业在车载 OS 方面的自主知识产权意识。

案例二：构建万物互联优势，华为鸿蒙座舱 OS 量产上车

鸿蒙 OS 主打面向全场景、支持多内核、满足多硬件设备需求。鸿蒙座舱操作系统适配汽车多场景，赋能行业敏捷开发，构建繁荣生态，实现万物互联，其结构如图 2–45 所示。

针对智能座舱多外设、多用户、多应用、多并发、快速启动等场景化需求，鸿蒙 OS 增量开发了 12 个车机子系统和一芯多屏、车规高可靠、多业务并发、窗口自适应、基础能力组件 5 大业务增强能力，能大幅减少定制系统开发工作量和成本，提高智能座舱开发效率。

表 2-18 比亚迪 DiLink 系统化发展历程

	DiLink1.0	DiLink2.0	DiLink3.0	DiLink4.0（5G）	DiLink5.0
时间	2018 年 4 月	2019 年 3 月	2020 年 7 月	2021 年 8 月	2023 年 8 月
系统	Android	Android	Android	Android	Android
交互方式	按键 + 旋钮 + 触控 + 语音 + 智能手环（增加旋转中控屏、语音唤醒）	按键 + 旋钮 + 触控 + 语音 + 智能手环（增加全景透明影像等）	UI 设计改变	UI 设计改变	UI 设计改变
车内显示	8 寸全液晶仪表 +8 寸 / 10.1 寸 /12.8 寸 /14.6 寸中控屏（根据车型不同）	8 寸全液晶仪表 +8 寸 / 10.1 寸 /12.8 寸 /14.6 寸中控屏（根据车型不同）	12.3 寸全液晶仪表 + 15.6 寸中控屏	15.6 英寸中控屏	屏幕升级 2.5K 分辨率，升级 778 芯片
中控图					
核心功能	• 整车 0TA 升级 • 语音交互，支持语音唤醒 • 14.6 英寸或 12.8 英寸电动旋转屏 • 智能手环交互	• 车内摄像头监测功能 • 透明全景影像功能	• 全新 UI 设计	• 搭载 5G、 • 全新 UI、语音交互、全场景 K 歌、双频定位导航、手机 NFC 钥匙、智能调整音响	• 桌面布局分为壁纸和地图两款 • 三指控温，左右调节风速，上下调节温度 • 全车可视化调节 • DM-p 车型增加云辇 C 控制开关 • 360° 全车影像升级
搭载车型	e2、秦、秦新能源、秦 Pro、秦 Pro 新能源、宋、宋新能源、宋 Pro、宋 Pro 新能源、宋 MAX、宋 MAX 新能源、唐、唐新能源等	e2、秦、秦新能源、秦 Pro、秦 Pro 新能源、宋、宋新能源、宋 Pro、宋 Pro 新能源、宋 MAX、宋 MAX 新能源、唐、唐新能源等（0TA 升级）	汉 （后续 DiLink2.0 车型可通过 0TA 升级）	汉 EV	唐 EV、唐 DM-p

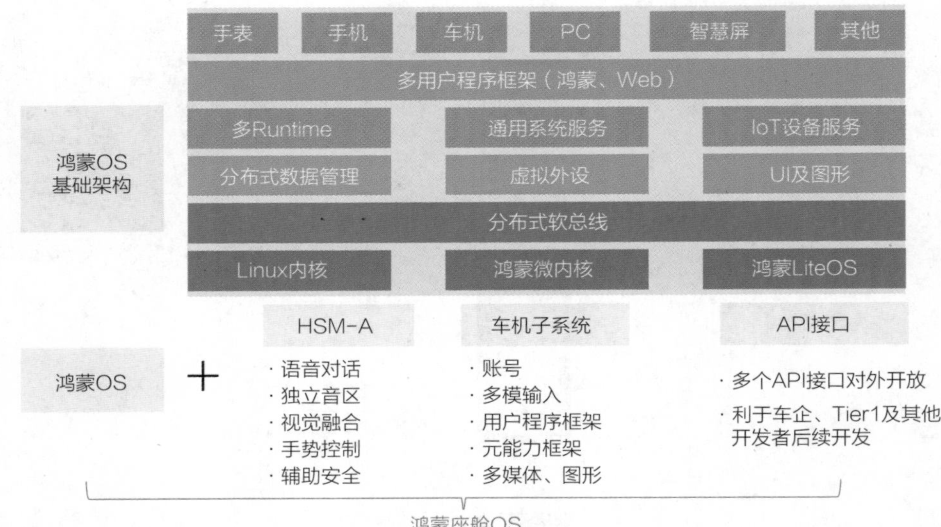

图 2-45　鸿蒙座舱操作系统结构

整体来看，鸿蒙 OS 具备五大特征：

1）同 QNX 类似，具有内核小、启动速度快、实时性保证和安全性高等特点，车用鸿蒙 OS 2.0 时延仅为 10ms。

2）鸿蒙 OS 通过分布式软总线、分布式设备虚拟化、分布式数据管理、分布式任务调度等关键技术，可在多种设备之间实现硬件互助、资源共享，实现车内车外场景的无缝衔接。

3）鸿蒙系统提供了用户程序框架、Ability 框架以及 UI 框架，支持应用开发过程中多终端的业务逻辑和界面逻辑进行复用，能够实现应用的一次开发、多端部署，降低用户开发成本。

4）通过多设备对用户身份进行协同认证，实现分布式安全。

5）鸿蒙 OS 可应用于智能手表、手机、车机、PC、智慧屏等场景，在生态潜力上，对比 Android 差距较小。

华为鸿蒙座舱 OS 基础平台还具备 AI 计算、语音交互、视觉识别、设备互联等特色功能，目前已在多种车型落地量产。

例如极狐阿尔法 S HI 版搭载华为全栈智能汽车解决方案及鸿蒙车机 OS，一个亮点在于座舱可与手机、平板等设备无缝连接，实现车机手机的无缝流转；另一个亮点在于多屏互动和分屏操作以及双指滑动自定义 UI 界面，能够满足用户的个性化需求，同时全场景语音交互功能在交互上也更加拟人化。

第二个代表车型是问界 M7，搭载升级后的鸿蒙 OS 智能座舱系统，为用户提供更流畅、更好玩的座舱体验。从产品亮点来看，第一，问界 M7 在车内部分搭载了 10.25 英寸曲面全液晶仪表盘和 15.6 英寸 2KHDR 中控大屏幕，营造出极强的科技感。第二，鸿蒙 OS 智能座舱继承了华为终端卓越的流畅体验，赋予了问界 M7 便捷的多设备互联能力。第三，PetalMaps 导航常用常新，还能在不同的设备间无缝流转，一键同步位置信息。第四，语音助手小艺拥有智能四音区精准识别，可视即可说，听得懂多种常用场景，使用体验良好。

值得一提的是问界 M7 的一项创新功能——“超级桌面”，它可以让车主在车机上无缝连接并使用手机上的所有应用（图 2–46）。这意味着，车主可以在车机屏幕上直接使用手机上安装的所有应用，如微信、大众点评等，就像在车机本地安装的一样。超级桌面的优势还在于可以实现手机生态与车机生态的融合共享。同时手机与车机的硬件相互调用，可实现更多新体验与新功能。例如，当手机正在播放 QQ 音乐时，上车后可通过超级桌面打开 QQ 音乐继续享受音乐。在社交场景下，还可以打开手机即时消息类应用，通过车载视频通话，随时随地与朋友分享车内外的风景。通过无缝连接手机应用，为驾驶人提供更加便捷、舒适和安全的驾驶体验。

图 2–46 问界 M7 的“超级桌面”

目前，华为的鸿蒙OS被业内视为体验最好的车机系统之一，其在车机流畅度、屏幕清晰度、界面友好度等方面得到了广泛认可。鸿蒙OS已应用于许多汽车品牌，如北汽极狐、长安阿维塔、长城坦克、上汽大通、广汽埃安、奇瑞捷途等。公开数据显示，阿维塔11作为首款全系搭载华为HI全栈智能汽车解决方案的车型，在2023年2月，即交付的第二个完整月便取得了超4000辆的销量成绩；2023年10月，问界新M7更是创下了上市一个月总订单量突破6万辆的好成绩。

2023年10月，全球汽车业巨头奔驰宣布与华为达成了一项历史性的合作协议，将在其未来的汽车产品中使用华为的鸿蒙车机系统。此外，华为的技术实力也得到了宾利、兰博基尼、雷诺等众多知名汽车品牌的认可，他们纷纷与华为签署了专利授权协议。这意味着在未来，全球每年生产的7000万辆汽车中，将有1500万辆会使用到华为的技术。这一数字无疑是对华为技术实力的高度肯定，预示着华为在汽车行业的发展前景十分广阔，也预示着以华为为代表的国产企业正在不断崛起，不断将优秀的国产方案从国内市场推广到国际舞台。

3. 中间件——AUTOSAR

中间件为上层软件和底层软件、硬件提供统一接口，在软硬件解耦中发挥关键作用。从IT架构所处位置看，中间件位于应用与操作系统、数据库之间。中间件向下适配不同的OS内核，向上提供统一的标准接口，负责各类应用软件模块之间的通信以及对底层系统资源的调度（图2–47）。

通过中间件，应用程序可以在不同的服务之间调用和共享资源。同时，中间件可大大降低应用层软件的开发难度，为上层屏蔽底层的复杂性，让开发人员能在不同平台上实现、迭代、移植上层功能、算法，从而实现应用软件与OS内核的“软软解耦”，以及应用软件与硬件的“软硬解耦”。

在SDV时代，新一代架构的核心目标是要实现解耦，使软件能更好地复用。车企之间技术的差异性、先进性在很大程度上取决于整体框架，中间件则很大程度上决定了SDV的软件框架，从而决定了车企之间的技术差异性和先进性，是车企软件开发的重要一环。

目前，AUTOSAR 是应用最为广泛的中间件方案。相比传统软件架构，AUTOSAR 在上层软件和底层硬件平台之间嵌入标准的中间层，实现了软硬件的解耦。具体来看，AUTOSAR 对软件接口、交换格式、方法论做了标准化。因此 OEM、供应商、工具提供商等可以协同开发，简化软件系统的集成，软件模块可以复用和高效率地衍生，提高研发效率的同时降低了整体软件的研发成本。

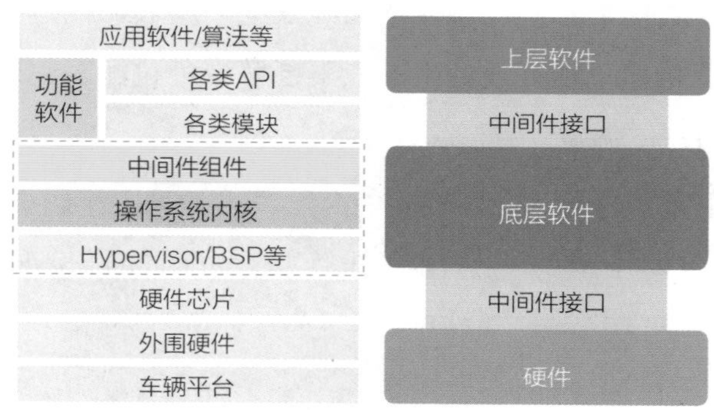

图 2-47 中间件结构

对整车厂而言，可以在供应商之间建立分布式开发，通过增加设计灵活性来竞争创新功能，简化软件和系统集成，降低总体软件开发成本。软件供应商可以启用更有效的变体处理，跨 OEM 复用软件模块，从而提高应用程序开发效率、发明新的商业模式。工具供应商可以与开发流程交互，将工具嵌入整个工具环境。而市场新入者则可以通过标准化接口启用新的业务模型，轻松了解汽车软件的开发。

但 AUTOSAR 架构也存在着一些短板需要攻克，比如规范更新升级缓慢、软件价格昂贵、各厂商对 AUTOSAR 规范理解不一致以及 AUTOSAR 软件的复用性挑战。目前，国内的一些软件公司也在尝试与整车厂合作研发中间件，中间件有望成为本土汽车软件的突破点。

综上所述，在智能座舱的底层系统中，随着汽车电子电气架构的持续演进，座舱 SoC 和智驾 SoC 之间的界限越来越模糊，“舱驾融合”“行泊融合”将成为 SoC 的重要发展趋势。而在底层软件（系统软件）层面，中间件发挥着连接作用，内核在底层系统中更是发挥着不可或缺的重要作用，因此车企纷纷入局车载操作系统市场，在中间件和内核层面加速合作与自研的步伐。

四、车载 OS 趋势展望

1. 车载 OS 分层双解耦是必然

从软件本身架构来看，汽车操作系统与上下层双解耦是必然趋势。上层解耦可帮助车企构建更加开放的生态，下层解耦可适配多种硬件，也将驱动产业协同整合与自主创新。

（1） 上层解耦

上层解耦即操作系统与应用软件解耦，中间件将扮演解耦关键角色（图 2–48）。

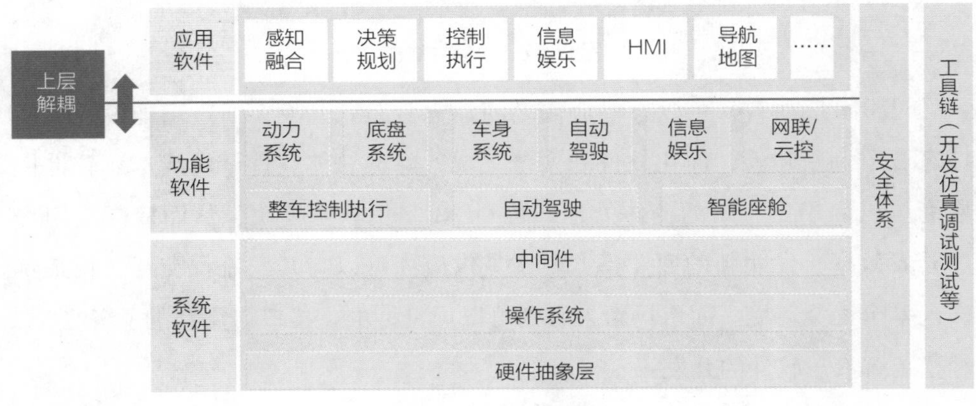

图 2–48　上层解耦

中间件是操作系统与应用软件解耦的关键使能工具，通过中间件实现与上层应用的充分解耦，使操作系统可以更加开放地接入应用生态。应用生态的整合将持续激发行业和用户对人车关系的想象力，同时也通过接入、授权等新模式为车企带来新的利润增长点。

从中间件来看，目前整车厂完全自研的难度较大，与软件商合作开发是相对可行的落地方案。同时由于采用海外厂家的中间件存在诸多局限性，国内的中间件厂商有望迎来机会。

除了上述提到的关于 AUTOSAR 的短板，当前它还无法满足智能网联的需求。比如，AUTOSAR 只负责车内通信，不能支持从车端到云端的通信，因而也就无法支持车云协同、车路协同等场景，另外在智能座舱应用中还有一个很关键的问题需要探究，即能否兼容车辆网联化中需要用到的数据平台、通信平台和地图平台。

目前国产的代表企业如东软睿驰，正积极布局中间件领域，推出汽车基础软件平台 NeuSAR，具备系统软件全栈研发能力。该方案适用于协助 OEM 完成从传统分布式架构朝向域架构、中央计算架构转变的过渡期的软件开发工作。基于域控制器和新 E/E 架构的软件开发提供丰富的基础软件、中间件和开发工具，为下一代智能汽车实现更多个性化、智能化的应用提供底层软件支撑。目前已迭代至 NeuSAR 4.0 版本。

普华基础软件是中国电科集团发展基础软件的重要平台，专注国产操作系统的研发与产业化 15 年。普华基础软件于 2009 年加入国际 AUTOSAR 组织，是首个中国基础软件领域 AUTOSAR 高级合作伙伴，参与国际标准制定。面对汽车电动化、智能化、网联化的技术发展趋势，普华基础软件率先推出了汽车开放系统架构整车软件解决方案，将不同操作系统、底层硬件、协议软件等进行接口和架构的标准化，实现面向服务的软件架构，全面覆盖智能网联汽车感知、决策、控制系统的软件开发，支撑中国智能网联汽车产业的快速发展。在车用操作系统之上，普华基础软件还可以基于标准接口去支持生态，支持不同种类的中间件、功能软件和应用软件。同时，打造完整的支持车用操作系统的工具链，通过开放的硬件驱动接口支持不同种类的芯片。

（2） 下层解耦

下层解耦即操作系统与硬件解耦，从技术和供应链安全角度都是基本要求，与硬件协同发展促进产业自主创新（图 2–49）。

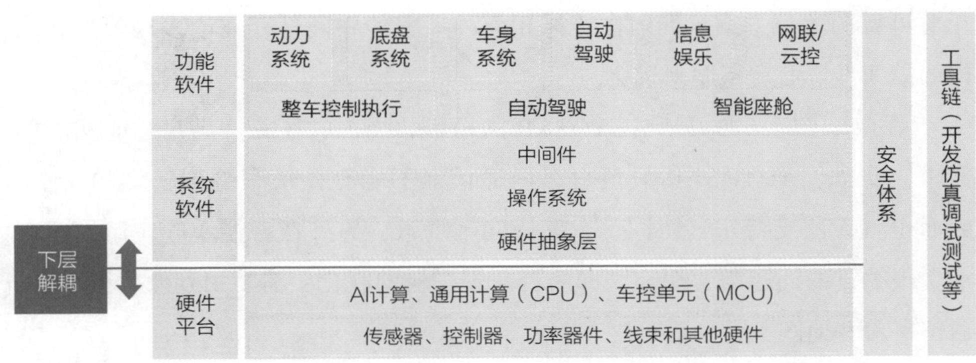

图 2-49　下层解耦

软硬件解耦使一个操作系统可以和同构 / 异构的底层芯片兼容，不仅在技术角度上可以使汽车物理开发和数字开发并行不悖，而且可有效保证操作系统的供应稳定性，确保整车厂更加灵活自如地切换底层硬件供应商。

操作系统产业发展到一定阶段，需要和芯片等核心硬件形成全栈协同的发展局面，不仅可以为汽车产品性能和体验的提升带来“1+1 ＞ 2”的效果，也为汽车全栈架构的自主可控构筑更为坚实的力量。

2. 车企自研操作系统脚步加快

车载 OS 可帮助车企分析与挖掘车辆信息与相关数据的闭环价值，同时可提高用户黏性。随着汽车 OTA 的技术与功能逐渐完善，搭载 OTA 功能的汽车数量将持续增长，车载 OS 供应商在为用户提供操作系统服务时，可以通过 OTA 中的用车数据加深对用户需求的理解。因此，本土车企与造车新势力都在积极布局车载 OS，通过自主研发的方式实现对用户端的运营价值。

中国本土车企布局 OS 市场未来将以自主开发、布局上层 UI 以及采用第三方 OS 为主，其中具备资金与技术壁垒较高的车企更有望形成从整车到操作系统以及用户数据的完整生态闭环（表 2-19）。

表 2-19　车企布局操作系统的三种模式

模式	OEM 厂	车载软件布局
模式一：成立软件子公司	沃尔沃	2022 年最后一天公布，已经将 Zenseact 全数股份收购，成为沃尔沃全资的子公司；2021 年 3 月，沃尔沃与亿咖通科技共同宣布成立合资公司，联合开发适用全球市场的新一代车载智能操作系统

（续）

模式	OEM 厂	车载软件布局
模式一：成立软件子公司	丰田	2023 年 9 月，丰田对其软件子公司 Woven by Toyota 进行了全面改革，任命 Kumabe Hajime 为新的首席执行官，并加强了与日本电装的合作，为 2025 年推出 Arene 操作系统做准备
	上汽	2020 年 5 月，成立零束软件分公司，聚焦软件架构和域控制器开发，该新公司主要从数字化创意工厂、电子架构团队、ICV 基础软件团队、数据架构与网络安全团队四方面开展业务；2023 年 4 月，投资软件技术产品及服务供应商艾拉比
	长安	2019 年 12 月，成立长安汽车软件科技公司；截至 2022 年 7 月，长安汽车软件科技公司已研发工业软件约 200 套，专利超过 200 个，通过软件对车身、闭合件、底盘和整车强度与耐久分析和优化，可达成 10 年 26 万 km 的产品可靠性目标
	一汽	2020 年 4 月，成立一汽（南京）科技开发有限公司，致力自动驾驶、智能交互、大数据的软件开发。2020 年 12 月，成立旗偲科技有限公司，加码人工智能及智能网联等领域
	吉利	2016 年，成立亿咖通科技，其发布的 GKUI 吉客智能生态系统用户规模已突破 200 万；2023 年 10 月，与中科创达成立技术公司上海星创未来智能技术有限公司，经营范围含人工智能应用软件开发、信息系统集成服务、软件销售等
模式二：成立软件研发部门	大众	2019 年 6 月，大众宣布成立 Car. Software 车载软件开发部门，负责大众汽车集团所有品牌和产品序列的汽车和云平台软件开发的核心工作。2021 年，Car. Software 正式更名为 CARIAD。2022 年 4 月，CARIAD 中国子公司正式成立
	奥迪	2019 年，成立了软件研发部门以开发奥迪操作系统和云服务等软件产品。2023 年该部门与华为合作，以提供更高效、更智能的出行解决方案
模式三：与其他软件商合作	长城	2023 年 10 月，与科大讯飞合作，开发了大模型赋能汽车产业或者是颠覆车企运营模式的新赛道。两者将在 AI 大模型、企业服务、知识中台、数字化应用等方面展开深度合作。长城汽车知识大脑将是汽车产业首个知识大模型
	广汽	2019 年 11 月，与东软睿驰联合成立广汽研究院 - 东软睿驰 SDV 联合创新中心，围绕 SDV 发展趋势展开全面深入合作；2020 年 3 月，与中科创达成立智能汽车软件技术联合创新中心，共同研发智能网联汽车平台，增强自主操作系统的应用；2020 年 12 月，与科大讯飞成立合资公司星河智联，基于人工智能、大数据、软件工程等核心能力，为国内外汽车企业提供智能化数字座舱整体解决方案
	宝马	2018 年 10 月，与 CRITICAL Software 组建合资公司 Critical Tech Works，主要研发和运营各个领域的高端软件解决方案，涵盖车载娱乐信息解决方案和数字服务、自动驾驶运输系统、数字销售和数字售后平台、产品数据管理的高端集成解决方案等

3. 未来车载操作系统将由座舱 OS 向整车 OS 演进

随着整车 E/E 架构向中央集中式演进，未来在中央计算平台上将运行统一的操作系统，横跨智能座舱、自动驾驶、整车控制等各个领域。汽车将逐步从分布智能进入整车智能阶段。从车载 OS 自身功能的演化来看，车载 OS 将经历四个发展阶段，即车机 OS、智能座舱 OS、自动驾驶 OS、整车 OS。

车机 OS 阶段，主要是传统的车身控制操作系统实现对发动机、制动系统、空调、照明等车身部件的功能控制。现阶段，产业更加聚焦智能座舱 OS 和自动驾驶 OS，而且这二者本身的边界也在变得模糊。整车 OS 不限于智能座舱和自动驾驶，而是聚焦整车功能的实现，整车 OS 正在研发中。

其中以奔驰 MB.OS 为代表的操作系统方案正逐步发力整车 OS 方向。奔驰的车载操作系统经历了车机 COMAND 系统—中控 MBUX 系统—整车 MB.OS 三个发展阶段。2023 年，奔驰集团首席执行官康林松正式公布旗下车载操作系统 MB.OS 的战略规划，并计划于 2025 年与新的 MMA（Mercedes Modular Architecture）整车物理平台架构平台一起推出。

奔驰公开信息显示，MB.OS 是一套实现软件和硬件解耦的芯片到云的系统架构。

与现有的 MBUX（Mercedes-Benz User Experience）只针对信息娱乐的智能人机交互系统不同的是，MB.OS 属于整车操作系统，它将全面打通包括信息娱乐、智能驾驶辅助及自动驾驶、车身与舒适、行驶与充电等在内的多项车辆功能，从而给客户提供个性化的卓越体验。

在信息娱乐功能上，奔驰将导航列为重点，基于定位的兴趣地图和探索让车辆周边拓展更多可玩的应用。具体来看，奔驰与 Google 联手为车主打造下一代数字化体验，通过导入基于 Google Maps 平台所打造的自有品牌导航，能够使用 Google 领先的地图图资产品，包括即时和预测的路况资讯、自动变换导航路线等。在内容方面，奔驰将基于不同国家和地区提供不同内容的适应本地化的内容生态。例如，在北美、欧洲等地，奔驰将提供谷歌导航，在中国则将嵌入高德地图，而基于高德地图的信息，奔驰不久也将可以实现智能变道及导航辅助驾驶功能。

此外，奔驰还将通过与领先的视频、游戏和工作效率应用程序合作，进一步延展信息娱乐功能。MB.OS 作业系统将通过 Antstream 平台开启车载机台游戏新维度；车载视讯会议解决方案将通过增添备受欢迎的 Webex 和 Zoom 服务得到扩展。MB.OS 作业系统的前身，即第三代 MBUX 多媒体系统，已从 2023 年开始搭载于新一代 E-Class 上。全新 MBUX 的安卓应用程式界面将能支援下载第三开发的 App 应用程式，提供比镜像投射应用更出色的用户体验。

在智能驾驶方面，全新 MMA 平台不仅将配备丰富的感测器，还将拥有全新维度的运算能力。感测器系统将按照有高强度需求的城市环境而设计，尤其是行人和密集又复杂的交通状况。在符合当地法规的前提下，奔驰客户将能够享受更为舒适的驾驶体验，包括可以在保持道路注意力的同时双手离开方向盘。

同时，奔驰正聚焦 Level 3 有条件自动驾驶系统，以实现最快 130km/h 的行驶速度为终极目标。为实现上述目标，奔驰与 NVIDIA 展开合作，构建完全可编程和可升级的自动驾驶系统。除了各种雷达感测器和摄影镜头，该系统的“眼睛”也称感知系统，是来自奔驰合作伙伴 Luminar 的光学雷达感测器 LiDAR。Luminar 的下一代 IRIS 光学雷达感测器甚至可识别红外光谱中反射率低的小型物体，各个感知模式系统的额外冗余，将确保系统符合奔驰安全标准。

值得一提的是奔驰 MB.OS 灵活的系统升级。为提升服务的便捷性，奔驰将个性化服务和升级整合在三个易用的功能组合之中：

1）MB.CONNECT——管理导航、娱乐和通信等车辆功能。

2）MB.CHARGE——让电动汽车客户优先使用奔驰大功率充电网络。

3）MB.DRIVE——扩展 ADAS 的功能。从 2025 年起，车主可以通过 Mercedes Me Store 在车辆生命周期内升级某些功能。

在 2024 年 CES 上，奔驰发布了全新的 MB.OS 车机系统，这套系统拥有独特的人工智能虚拟助理、各种音频和游戏合作伙伴应用程序以及用于更复杂图形的三维游戏引擎。据悉，全新系统将首先搭载于全新一代奔驰 CLA。

总体而言，作为一个打通全车功能的操作系统，奔驰 MB.OS 可以称之为目前首个明确了开发计划与上市时间的整车操作系统。但究竟其能否真正成为市场上首家量产落地的代表企业仍有待时间的检验，但可以确定的是在操作系统层面，整车厂们正不遗余力地推进汽车向整车智能迈进。

03

第三章

智能座舱市场格局

智能座舱系统不仅提供了车辆操控、驾驶辅助和信息娱乐等功能，还为用户带来了便捷、智能和个性化的驾乘体验。与此同时，智能座舱的市场格局也在不断演变和发展。在竞争激烈的市场中，汽车制造商、供应商、软件开发商和第三方应用开发者等各方势力持续发挥技术优势、努力争夺市场份额。本节将深入探讨智能座舱的市场格局，了解产业链的发展和各个参与者的角色地位。

第一节 智能座舱：下一个千亿级风口

2023 年，我国汽车产销双双突破 3000 万辆，产销分别同比增长 11.6% 和 12%，创历史新高，连续 15 年保持全球领先。作为汽车市场的主力军，乘用车在 2023 年的产销分别完成 2612.4 万辆和 2606.3 万辆，同比分别增长 9.6% 和 10.6%。在国内强大的消费市场促进下，我国乘用车已经连续九年超过 2000 万辆。其中新能源汽车产销量分别达 958.7 万辆和 949.5 万辆，同比分别增长 35.8% 和 37.9%，市场占有率达到 31.6% 左右，高于上年同期 5.9 个百分点。据盖世汽车研究院预测，2024 年中国乘用车销量预计将达到 2647 万辆，其中新能源乘用车销量将达到 1115 万辆。

伴随着新能源汽车的快速发展，智能座舱作为一项核心配置，在终端市场的渗透率也在快速提升。据盖世汽车研究院统计数据显示，2023 年，国内智能座舱（8 英寸以上中控屏 + 语音交互 + 车联网 + OTA）整体渗透率已接近 60%，而 2022 年智能座舱的前装搭载率还不足 40%。其中 10 万 ~20 万元区间 2023 年渗透率提升至 60.1%，中低端车型智能座舱配置率明显上升，未来随着成本的下探，将进一步推动智能座舱的发展（图 3–1）。

其中 50 万元以上车辆的智能座舱渗透率已超过 85%，40 万 ~50 万元车辆的智能座舱渗透率达到 71.2%，30 万 ~40 万元车辆的渗透率达 75.5%，10 万 ~20 万元区间车辆在 2023 年的渗透率提升至 60.1%，中低端车型智能座舱配置率明显上升，未来随着成本的下探，将进一步推动智能座舱的发展。

从具体功能来看，目前座舱内的中控屏、语音交互、车联网的渗透率均超过 75%。展开来看，中控屏、语音交互、车联网、全液晶仪表、OTA 在

2023 年的渗透率分别达到 92.6%、78.8%、77.6%、67.6%、63.0%。随着座舱功能的愈发丰富，座舱域控、HUD、DMS 的渗透率也在不断提升，在 2023 年分别达到 17.1%、10.4%、11.2%（图 3–2）。

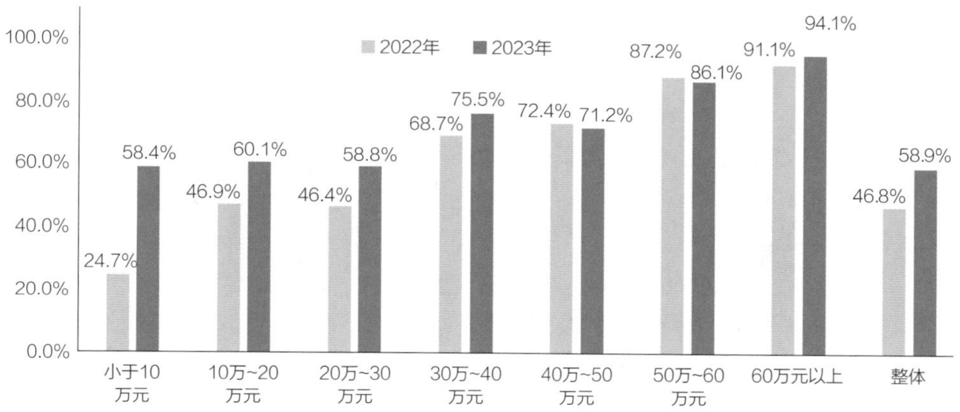

图 3–1 不同价格区间智能座舱渗透率情况

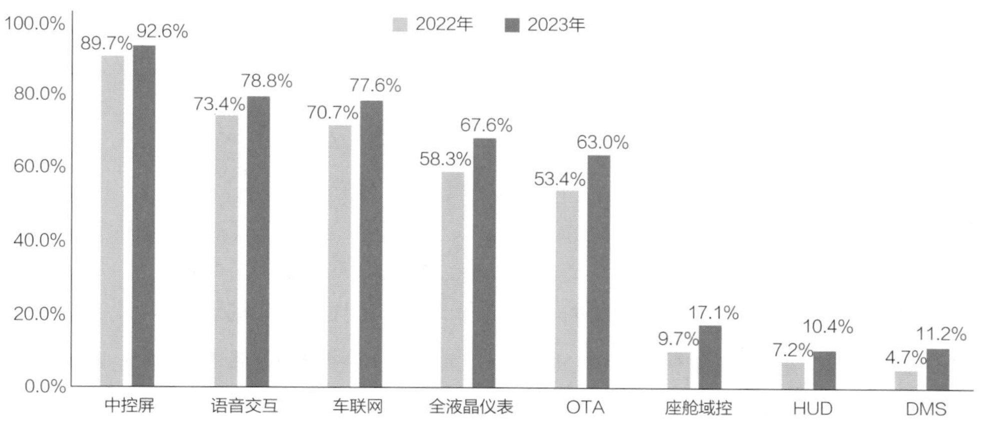

图 3–2 智能座舱核心产品功能渗透率（标配）

据盖世汽车研究院预测，到 2030 年，国内智能座舱整体市场规模或将突破 2000 亿元人民币规模。而从全球市场来看，相关机构测算，2030 年智能座舱市场规模将达到 681 亿美元。据此推算，中国智能座舱市场规模将占据全球超 40% 的份额，其重要程度可见一斑，如图 3–3 所示。

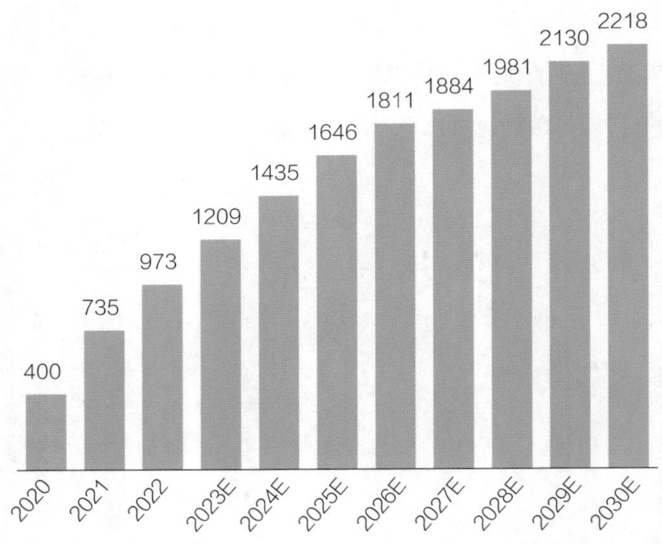

图 3-3　2020—2030 年国内智能座舱市场规模预测（亿元）

第二节　智能座舱产业链发展现状

智能座舱产业链可分为上游、中游、下游三个环节（图 3-4）。上游主要由硬件原材料与底层软件供应商组成，中游是关键核心部件的系统集成商，通过与上游的硬软件整合，集成到下游的整车厂形成完整的智能座舱系统。

一、上游——基础硬件及软件供应商

上游环节可分为硬件和软件部分，硬件部分主要包括功率半导体、显示面板、PCB 以及芯片等。软件部分包括底层操作系统，基于操作系统能够衍生出中间软件和应用程序等。

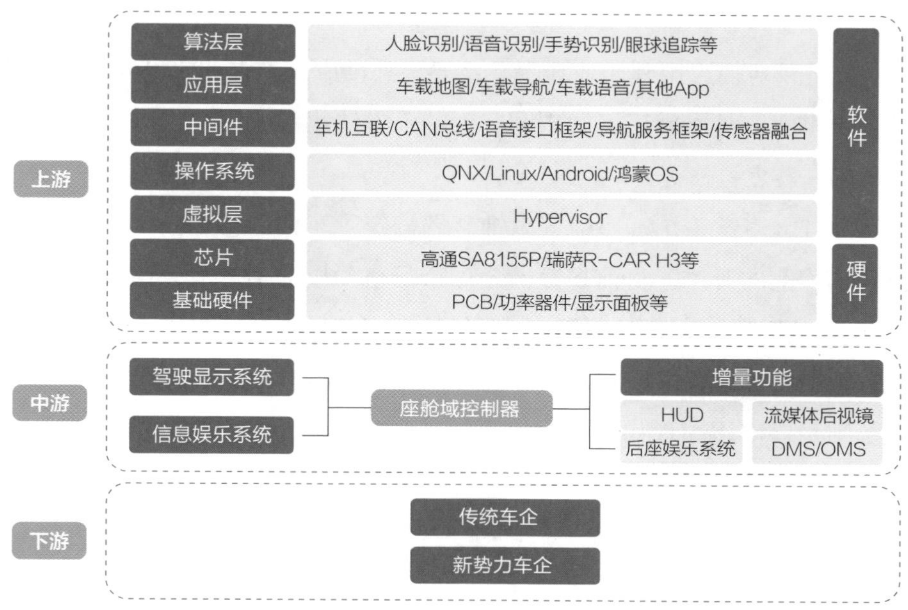

图 3-4 智能座舱产业链组成

具体来看，座舱芯片作为支撑功能运行的底座，在座舱域中的具体要求是实现“智能化、网联化”两大关键指标。SoC 即系统级芯片，是域控制器核心计算部件。通常集成 CPU（中央处理器）、GPU（图形处理器）、NPU（神经网络单元）等多个处理单元，能够支持高性能计算、图形计算、AI 计算、音频处理等多项功能，具备强大的计算性能，也是座舱域控制器实现多硬件融合控制的关键核心，实现“一芯多屏”。目前高通凭算力及先发优势占据龙头地位，国内以华为、芯驰科技、芯擎科技为代表的芯片厂商正在积极布局座舱 SoC 领域。

在基础硬件方面，PCB 是电子元器件的重要支撑体，汽车 PCB 主要由美资、日资等企业主导，国内大陆提供商主要为沪电股份；功率半导体被广泛用于电动汽车多个系统，如逆变器、车载充电系统、电控系统、热管理系统等，其中逆变器用功率半导体占比最高。功率半导体分立器件和模块市场供应商主要为英飞凌、安森美、意法半导体、三菱、东芝、瑞萨电子等传统汽车电子厂商。国内提供商包括闻泰科技、华虹半导体、捷捷微电、扬杰科技等。

中控屏供应商以国外企业为主，主要国外供应商有大陆、电装、伟世通、博世、佛吉亚、日本精机、马瑞利、矢崎、安波福等，国内供应商有德赛西威、华阳、友衷科技等。

氛围灯、声学系统、座椅等内饰装置构筑了车内立体场景，赋予了用户在消费体验上的升维。目前扬声器全球市场格局以欧美开放系与日韩封闭系两大整车厂阵营进行划分，国内厂商仍处于起步阶段。欧美系是以福特、大众、通用集团等为代表，主要有普瑞姆、艾思科集团、丰达电机等国外厂商；日韩系则是以丰田和现代汽车为代表的日韩整车厂，以丰达电机、先锋电子厂商为主；目前，比亚迪、蔚来、理想等多个整车厂已经开始采用国内厂商的扬声器进行装配。

座椅市场集中度较高，主要被外资品牌垄断。从全球市场来看，座椅 90% 以上的市场份额被安道拓（江森 Adient）、李尔（Lear）、丰田纺织、佛吉亚（Faurecia）等前 10 大座椅生产商所占据。目前国内自主汽车品牌大多采用合资厂的座椅配套，长城、比亚迪、奇瑞和吉利汽车基本选择了部分自主、部分合资的模式。国内厂商如天成自控、继峰股份等也在逐渐崛起（表 3–1）。

表 3–1　基础硬件代表厂商

基础硬件	PCB	功率半导体	中控屏	扬声器	座椅
国外供应商	美资、日资等主导	英飞凌、安森美、意法半导体、三菱、东芝、瑞萨电子等	大陆、电装、伟世通、博世、佛吉亚、日本精机、马瑞利、矢崎、安波福等	欧美系：普瑞姆、艾思科集团、丰达电机等 日韩系：以丰达电机、先锋电子厂商为主	安道拓（江森 Adient）、李尔（Lear）、丰田纺织、佛吉亚（Faurecia）等
国内供应商	沪电股份等	闻泰科技、华虹半导体、捷捷微电、扬杰科技等	德赛西威、华阳、友衷科技等	比亚迪、蔚来、理想等多个整车厂已经开始采用国内厂商的扬声器进行装配	天成自控、继峰股份等

车载操作系统是管理和控制智能汽车硬件与软件资源的底层系统。目前，主流的三大操作系统分别是黑莓公司的 QNX、Linux 以及 Google 公司基于 Linux 内核开发的 Android。为填补国内基础操作系统的空白，阿里、华为等国内企业积极研发车载操作系统，率先开发基于 Linux 的定制型操作系统，在此基础上推出独立自研的车载 OS 内核，有望打破基础操作系统领域长期被国外垄断的局面（表 3–2）。

表 3–2 操作系统代表厂商

基础软件	车载操作系统	应用软件
主流方案	QNX，Linux，Android	高德地图、凯立德等车载地图
创新方案	ALiOS，鸿蒙 OS	互联网科技公司的持续入局

应用层包含应用程序种类繁多，主要包括车载地图、车载导航、车载语音等，由众多互联网公司及相应的细分行业厂商提供。应用程序层位于软件层次结构的最顶层，负责系统功能和业务裸机的实现。其中前装车载导航地图主要由四维图新（市场占比居首）、高德地图、凯立德提供。

二、中游——系统集成商

中游主要是指系统集成供应商 。

传统 Tier 1 具备强大的集成能力与系统定制化的能力。以智能座舱域控制器等整合的软硬件产品为基础，拓展其他业务模式（例如软件解决方案）。但是传统 Tier 1 缺少底层芯片、操作系统与上层应用生态的开发能力。

伴随智能座舱产业链的不断发展，产业链中出现了 Tier 0.5 的概念。Tier 0.5 不像 Tier 1 更多为整车厂提供座舱单品，而是以应用场景为出发点，开发面向服务的座舱解决方案，具备更强的平台属性。

作为汽车产业链上的一种特殊合作模式，Tier 0.5 的特点在于能够更早地参与到车企的前期研发与共创，对于车企需求的理解更深刻；能够更好地整合资源，提供产品解决方案。在这种模式下，整车企业只需管理和对接 Tier 0.5 级供应商，有利于整车厂商提升开发效率和造车效率，同时也有利于整车厂商精简供应链和降低管理成本。

另外出现了一种更为极致的模式，即无限趋近 Tier 0。具体表现为——从产品定义、技术研发、生产制造（品控代工）、品牌打造以及渠道销售全链覆盖，典型案例如华为。

三、下游——整车厂

1. 传统车企

传统车企品牌历史久，拥有成熟的汽车研发生产、供应链体系。而且，传统车企资金充足、具备集团内供应商资源优势，可以建设自研能力。但其软件开发能力不足，相关人才能力和生态环境也仍在建设中。

传统车企代表如大众、吉利、上汽、比亚迪、长城等相继推出多款搭载智能座舱产品的车型，通过逐步打造配置智能座舱的电动汽车和推出搭载了智能座舱相关零部件的传统燃油汽车，向智能化转型。

2. 新势力车企

新造车玩家依托互联网基础，积极开发用户交互界面，同时新势力车企更强调用户体验设计、侧重自研，还能与供应商联合开发定制化需求，并且其品牌定位、特征定义明确。以特斯拉、理想、小鹏、蔚来等为代表，其产品配备了部分或全部的智能座舱部件，并在提升消费者体验方面推出了很多新功能。

接下来，整车厂将以软件和操作系统技术为核心建立生态壁垒，因此在涉及用户体验的部分，包括应用程序 SDK 和操作系统定制化，整车厂也将持续加大布局力度。同时，随着座舱的技术边界不断拓展，例如全息投影、3D 显示等新技术的应用将为座舱交互提供更好的体验，因此整车厂也将联合跨界玩家为汽车智能化发展注入更多创新元素，推动新技术跨界融合，打造专属的车载生态。

第三节 智能座舱市场主要企业及其特征

智能化趋势的涌现，不仅重新定义了汽车和出行体验，也带来了整个汽车产业链的巨变。如上文所述，智能座舱产业链上的主要参与者包括传统 Tier 2、Tier 1、互联网软件及科技公司、Tier 0.5 以及整车厂，各类型企业在产业链上各司其职又彼此合作（图 3–5）。

可以发现，不同于传统汽车产业链，智能座舱的产业结构正趋向于跨界、融合、集成的网状竞争格局，产业边界不断拓宽且渐趋模糊，呈现出日益明显的生态化趋势。

一、多样化的供应商企业

智能座舱产业涉及的供应商覆盖产业上游和中游，包括软件提供商、硬件供应商以及集成化方案提供商，呈现出百花齐放的态势。按照资产性质划分，可以分为外资零部件和自主零部件两类。

外资零部件企业凭借其先进的技术和品牌优势，占据了相当一部分市场份额。尤其是在与国际车厂的合作上，其市场基盘稳健。同时在全球市场资源协同与大规模生产制造上优势明显，且有大量的人才储备和雄厚的资金实力。部分外资还在持续加大在中国的产业投资，通过合资、合作，加速智能座舱技术的本土化进程。

自主零部件企业对于本土市场需求的理解更透彻，敢于投资、敢于创新，且具备更加灵活快速的市场应对能力，同时成本优势明显。传统自主零部件企业更加注重与本土汽车厂商的合作，通过深度定制和优化服务，满足客户的个性化需求，并通过不断的技术积累和产品创新，逐步提升其在智能座舱领域的竞争力。

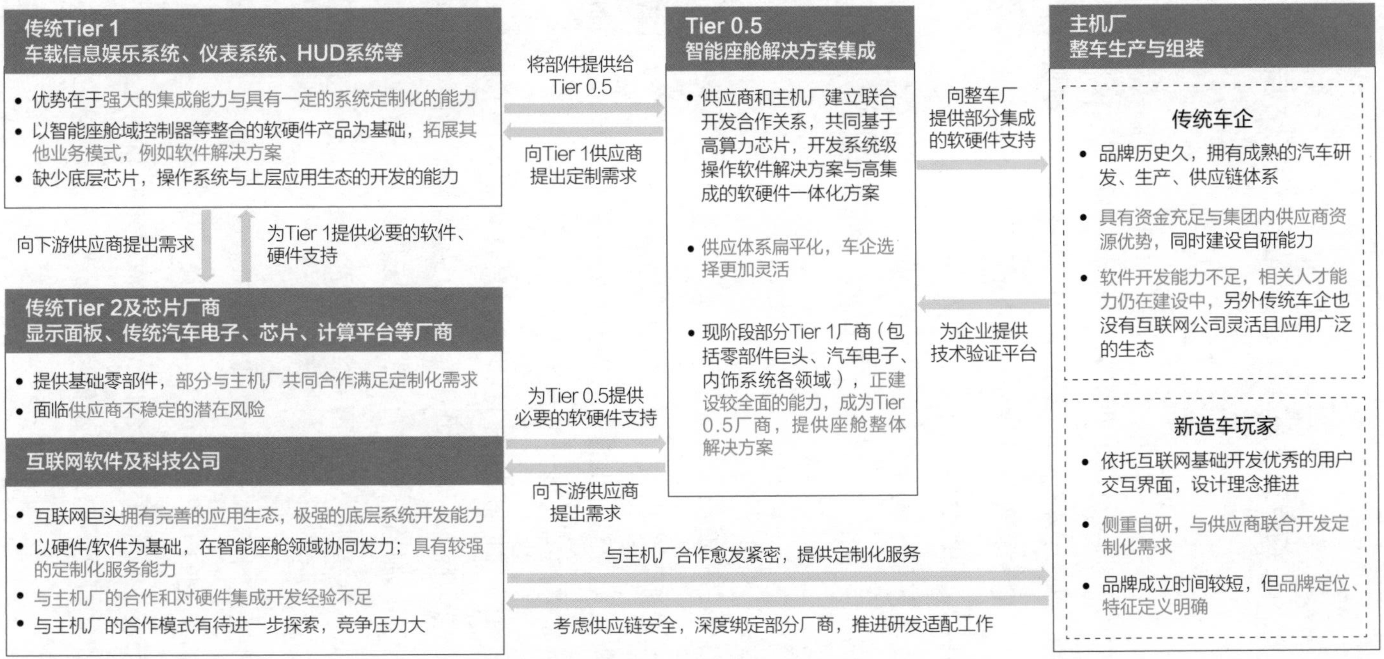

传统Tier 1
车载信息娱乐系统、仪表系统、HUD系统等

- 优势在于强大的集成能力与具有一定的系统定制化的能力
- 以智能座舱域控制器等整合的软硬件产品为基础，拓展其他业务模式，例如软件解决方案
- 缺少底层芯片，操作系统与上层应用生态的开发的能力

向下游供应商提出需求

为Tier 1提供必要的软件、硬件支持

传统Tier 2及芯片厂商
显示面板、传统汽车电子、芯片、计算平台等厂商

- 提供基础零部件，部分与主机厂共同合作满足定制化需求
- 面临供应商不稳定的潜在风险

互联网软件及科技公司

- 互联网巨头拥有完善的应用生态，极强的底层系统开发能力
- 以硬件/软件为基础，在智能座舱领域协同发力；具有较强的定制化服务能力
- 与主机厂的合作和对硬件集成开发经验不足
- 与主机厂的合作模式有待进一步探索，竞争压力大

将部件提供给Tier 0.5

向Tier 1供应商提出定制需求

为Tier 0.5提供必要的软硬件支持

向下游供应商提出需求

Tier 0.5
智能座舱解决方案集成

- 供应商和主机厂建立联合开发合作关系，共同基于高算力芯片，开发系统级操作软件解决方案与高集成的软硬件一体化方案
- 供应体系扁平化，车企选择更加灵活
- 现阶段部分Tier 1厂商（包括零部件巨头、汽车电子、内饰系统各领域），正建设较全面的能力，成为Tier 0.5厂商，提供座舱整体解决方案

向整车厂提供部分集成的软硬件支持

为企业提供技术验证平台

主机厂
整车生产与组装

传统车企

- 品牌历史久，拥有成熟的汽车研发、生产、供应链体系
- 具有资金充足与集团内供应商资源优势，同时建设自研能力
- 软件开发能力不足，相关人才能力仍在建设中，另外传统车企也没有互联网公司灵活且应用广泛的生态

新造车玩家

- 依托互联网基础开发优秀的用户交互界面，设计理念推进
- 侧重自研，与供应商联合开发定制化需求
- 品牌成立时间较短，但品牌定位、特征定义明确

与主机厂合作愈发紧密，提供定制化服务

考虑供应链安全，深度绑定部分厂商，推进研发适配工作

图 3-5　智能座舱产业主要参与者分工

无论是外资零部件企业还是传统自主零部件企业，都需要在技术创新、商业模式创新和服务模式创新等方面持续努力，以适应快速变化的市场环境。面对智能化、网联化的发展趋势，智能座舱产业的供应链也将更加紧密和高效。从整体市场格局来看，智能座舱零部件供应商呈现出“化零为整”和“国产替代”两大特征。

1.“化零为整”，供应商积极贡献智能座舱整体解决方案

为了满足市场需求并提供更多的价值和竞争优势，供应商们不再仅仅提供座舱智能化发展所需的零部件，转而将目光聚焦在智能座舱整体解决方案。

座舱整体解决方案将不同的座舱技术、功能和系统整合到统一的平台上，能够提供更完整、一体化的产品和服务，从而为客户提供更多的附加值。供应商之间还可通过合作共享资源和技术，实现优势互补，推动整个产业的发展和成熟。目前市场上的代表玩家有采埃孚、博世、大陆集团、电装、索尼等，国内代表企业有德赛西威、华阳、中科创达、均胜电子、东软集团等。

德赛西威是国内少数有能力量产座舱域控制器的 Tier1 供应商之一。2022 年 1 月，德赛西威与高通基于骁龙第四代平台合作打造第四代智能座舱，支持多屏联动、音效处理、AR 显示等技术。

德赛西威的智能座舱主要产品包括车载信息娱乐系统、显示模组及系统、液晶仪表、域控制器等，提供了系统解决方案。作为德赛西威的第一大业务，智能座舱业务发展迅速。2023 年上半年，其智能座舱业务营收 62.51 亿元，同比增长 18.57%。2021 年上半年、2022 年上半年智能座舱业务分别实现营收 33.38 亿元、52.44 亿元。2021 年上半年至 2023 年上半年，智能座舱业务复合增长率达到 36.85%。根据披露，智能座舱业务中，德赛西威的信息娱乐系统、显示系统和液晶仪表业务均保持快速成长，且第三代高性能智能座舱产品已实现规模化量产，新获得多家主流客户的项目定点。

中科创达作为智能座舱软件解决方案龙头企业，2016 年先后收购了专注汽车信息娱乐系统研发的独立设计公司爱普新思（Appsys）、汽车用户界面软件技术及服务供应商 Rightware 以及全球领先的视觉技术公司 MMSloutions；

通过与 Rightware 整合操作系统和用户界面优势，推出了基于 Kanzi（UI 设计及开发工具）和 Kanzi Connect 的一体化智能驾驶舱解决方案。中科创达连接智能产业链两端客户，一端是产业链中的所有合作伙伴，包括芯片厂商、OS 厂商、互联网厂商、AI 和云厂商等；另一端连接手机厂商、车厂、Tier1、物联网厂商等。

2023 年上半年，中科创达来自智能汽车板块收入 10.56 亿，同比增长 42.16%，依然保持高速增长态势，营收占比提升到 42.5%。中科创达智能汽车业务包括智能座舱、智能驾驶、自驾域控平台、整车 OS 和中央计算平台等智能汽车全生命周期的产品及解决方案。智能座舱产品包含智能座舱整体解决方案和专业 HMI 设计服务（KanziOne）、汽车信息娱乐系统、智能仪表、音频产品、智能语音助手（VPA）、全场景视觉（FaceID、DMS、OMS）、环向视觉（AVM、RVC）和前后向视觉（SmartDVR、Dashcam 、InfoADAS）等全场景视觉应用、电子后视镜（CMS）、车用芯片客户支持方案、车辆总线解决方案等。

2022 年初，中科创达发布全新智能座舱解决方案，基于高通 SA8295 实现一芯多屏座舱域控方案，并在高算力和多摄像头支持能力下，实现了低速辅助驾驶与座舱域的融合，更好地支持 360° 环视和智能泊车功能。

2023 年 5 月 18 日，中科创达举行 Thunder World 2023 发布会，发布“魔方”（即 Rubik）大模型（图 3–6），包括 Rubik Device、Rubik Enterprise、Rubik Studio 以及 Rubik Genius Canvas 等系列产品。其中 Rubik Genius Canvas 通过与汽车 HMI 设计软件及 3D 引擎 Kanzi 合作，可为汽车设计师提供从概念创作、3D 元素设计、交互与视觉、特效及场景制作、应用开发集成等方面的智能辅助。在 Rubik Genius Canvas 辅助下，概念创作周期可缩短 70%，从原来的 3~4 周缩短至 1 周左右；3D 元素设计周期可缩短 85%，从原来的 4~6 周缩短至 3 天左右。

2023 年 11 月 29 日，中科创达联合多家整车厂、合作伙伴在上海临港共同发布滴水 OS 整车操作系统，开启舱驾一体新领域的探索（图 3–7）。

图 3-6　中科创达“魔方”大模型

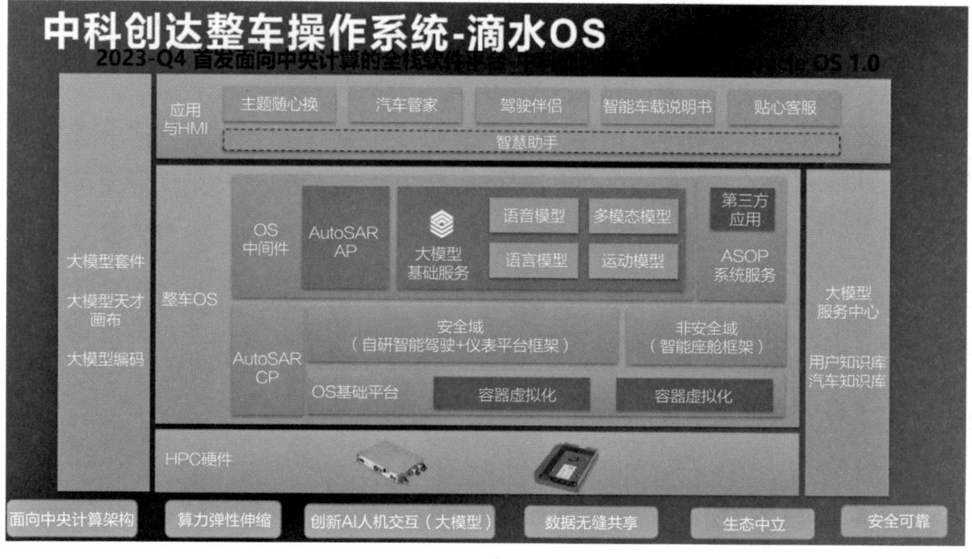

图 3-7　中科创达滴水 OS

随着智能座舱成为整车的重要组成部分，整车厂更希望掌控座舱全产业链（软件 + 硬件 + 服务），最大程度上进行优势整合、及时更新方案、降低采购成本。一定程度而言，整车厂与具备精细化产品、个性化定义能力（底层逻辑设计、技术、数据积累）突出、一体化协同开发的 Tier2 或 Tier N 公司在车型开发阶段进行直接对接的可能性大大增加。

2. “国产替代”，供应体系向国内企业偏移

国内自主整车厂商和新势力车企通过在智能座舱领域的配置升级和功能进化，不断提高车型的市场竞争力，实现了自主品牌的持续向上发展。同时，布局智能座舱的自主零部件供应商也迎来了国产替代的机遇——智能座舱是人机界面的体现，具有高度定制化、内容本地化的需求，本土企业更了解国内客户的需求，能快速响应 OEM 的要求，提供更具竞争力的产品和解决方案。

在《分类指南（2023 年）》中，面向汽车智能座舱的功能分类中，一级功能分类包括安全类、交互类、部件类、服务类和互联类等五类功能（详情见第一章第一节）。而结合相关研报的调研显示，座舱域控正在加速上车，同时涉及安全类、交互类和部件类功能的赛道正开启第二成长曲线，呈现出高渗透率和明显的升级趋势。

在此背景下，本土厂商不断发力，国产替代空间广阔。首先在汽车电子电气架构由分布式向集中式升级的趋势下，对芯片的算力要求越来越高，同时座舱域控正在加速上车。相关数据显示，2022 年车载智能芯片（座舱芯片）配置率达到 9.35%；座舱域控制器搭载量交付 172.65 万台，前装搭载率达 8.66%，其中 30 万 ~35 万元价格区间的车型搭载率最高，达到 34%。值得关注的是，本土厂商正在持续发力座舱芯片和座舱域控。

从座舱芯片市场来看，2021—2022 年虽然高通仍占据主要市场份额，但市场占有率已从 69.5% 下滑至 66.3%，而随着芯驰科技、芯擎科技、杰发科技、华为等国内企业座舱芯片的逐渐上车，未来几年国内座舱芯片的市场份额有望提升。国产方案的代表包括芯驰科技 X9 系列芯片域控方案（已量产）、芯擎科技“龍鹰一号”方案（已量产）、华为麒麟车机模组方案（已量产）等。相关研究表明，芯驰科技 X9 系列是目前量产最快的国产智能座舱芯片产品之一，已经搭载于上汽、奇瑞、长安、广汽、北汽、东风日产等车企的量产车型上。

从座舱域控市场来看，2022 年中国乘用车智能座舱（单芯片）域控制器供应商中，伟世通、东软集团、德赛西威市场份额排名前三，市占率分别为 17.45%、14.10%、13.96%。其中伟世通在 2018 年与奔驰合作推出的 Smart Core 是全球首个量产落地的座舱域控制器；东软集团的座舱域控产品供应吉

利、红旗、奇瑞、宝腾等车企；德赛西威的第三代智能座舱产品获得长安福特、吉利、比亚迪、广汽乘用车、合众汽车等多家主流客户的项目定点，第四代智能座舱系统也已经获得新项目定点。

其次涉及安全类、交互类和部件类等功能的智能座舱产品正处于增速发展阶段，国产替代机遇凸显。从安全类功能来看，HUD、数字钥匙、流媒体后视镜等产品备受关注；从交互类功能来看，灯光交互的国产替代方案持续加速；从部件类功能来看，座椅、音响、空气净化等国产替代空间广阔。

（1）HUD 自主供应商份额持续提升，外资绝对垄断格局已成历史

HUD 的配置率在 2020 年突破 10% 后加速渗透，2023 年国内 HUD 厂商随搭载自主品牌车型快速上量，市场份额提升至 62.5%，相较 2022 年提升 14.9 个百分点。目前，HUD 外资供应商基本为全球供应，以欧美日为主，而国内本土企业则大多与自主品牌深度合作。2023 年 TOP10 供应商中有 7 家均为本土企业，国内 HUD 市场本土企业逐渐进入主导地位（图 3–8）。

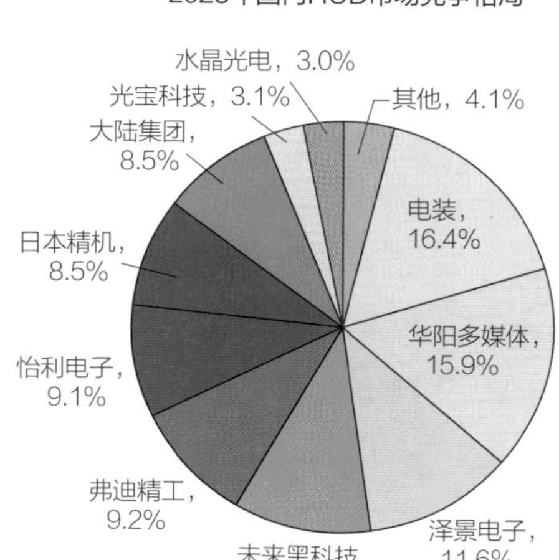

2023 年国内 HUD TOP10 供应商情况

类型	供应商	供应产品	主要合作品牌
外资	电装	C-HUD、W-HUD	大众、本田、丰田、福特、别克、沃尔沃、马自达等
	日本精机	C-HUD、W-HUD	本田、宝马、奔驰、马自达、三菱、赛力斯等
	大陆集团	C-HUD、W-HUD	奥迪、宝马、奔驰、大众、林肯、马自达、斯柯达、雪铁龙
本土	华阳多媒体	W-HUD、AR-HUD	传祺、极氪、奇瑞、启辰、路特斯、哈弗、魏派、日产、坦克、问界等
	泽景电子	C-HUD、W-HUD	极狐、比亚迪、理想、蔚来、奇瑞、吉利、星途等
	未来黑科技	W-HUD	理想、大通
	弗迪精工	W-HUD、AR-HUD	比亚迪、腾势、方程豹
	怡利电子	W-HUD、AR-HUD	吉利、领克、smart、高合、红旗等
	光宝科技	W-HUD	极氪
	水晶光电	AR-HUD	红旗、深蓝

图 3–8　2023 年国内 HUD 市场情况

值得关注的是，2022年AR-HUD中国乘用车前装标配市场总体出货量较低，依赖于具体定点厂商车型的销量，故集中度更高。但在AR-HUD领域，像怡利电子、华阳集团、水晶光电等中国厂商仍占据优势份额（图3-9）。

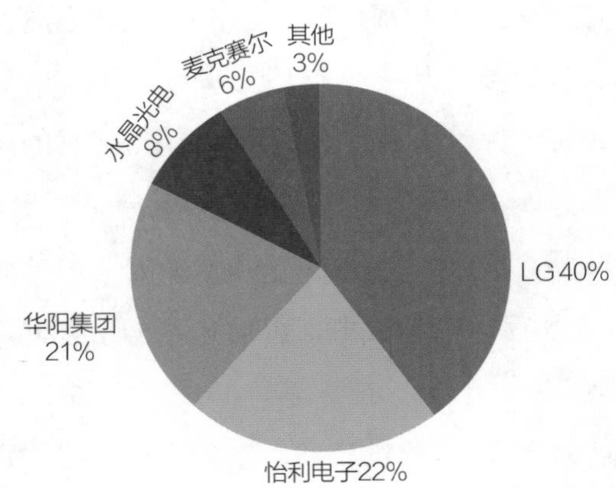

图3-9 2022年国内AR-HUD市场

（2）数字钥匙成新风尚，国内相关系统集成商市占率较高

近年来，遥控钥匙逐渐向便捷化与智能化方向发展，蓝牙、NFC和UWB等数字钥匙占比迅速提高，2022年手机蓝牙钥匙的配置率已达20.5%。2022年中国数字钥匙系统集成商中弗迪科技（配套比亚迪体系）、Pektron（配套特斯拉）和远峰科技（配套广汽、理想等）市占率较高。

在汽车钥匙智能化趋势和规模降本的背景下，相关机构预计2025年中国数字钥匙市场规模有望达到42亿元，2022—2025年复合年均增长率达55%。BLE、NFC、UWB三种方式结合将成为未来数字钥匙的重要趋势。

（3）LED、ADB和多色氛围灯共筑成长，国产替代持续加速

目前车灯呈现出三大升级趋势：

第一，LED车灯颗数增长下的持续升级。2022年，LED车灯在国内的渗透率升至65%，但走量车型的渗透率仍有提升空间，自主品牌或成为渗透率上行的主要驱动力。

第二，行业重要增量是ADB前照灯，已度过最初导入期。

第三，氛围灯响应汽车设计个性化、人性化及智能化趋势，渗透率日益

上升。

整体来看，全球车灯行业长期由海外企业占据主导，但国内车灯企业已经崛起。从国内市场来看，2021年华域视觉和星宇股份已经基本确认头部优势地位，市占率超越斯坦雷、小糸车灯、海拉、法雷奥等合资厂商在中国的市场地位。尤其以星宇股份为代表的优质车灯企业不断向日德系品牌、BBA豪华品牌以及新势力突破，国产替代持续加速。

（4）座椅功能升级，国产替代空间广阔

从智能座椅发展来看，其功能不断升级，加热、通风、按摩和电动调节等功能渗透率不断提高。相关数据显示，2022年中国汽车座椅市场前五名市占率为67%。其中延锋（华域汽车全资子公司）市占率为第一，达28%。总体而言，中国汽车座椅市场行业集中度较高且以外资、合资为主。

（5）白牌音响不断渗透

音响系统是声学系统的主要组成部分，从2022年的整体音响市场来看，OEM为了保证车型竞争力，多采用品牌音响（哈曼、丹拿、B&O、宝华韦健、BOSE、柏林之声、英国之宝等）。但近年来，伴随白牌音响（上声电子、普瑞姆、丰达电机、吉利航盛、车企自研音响等）硬件技术与软件算法的提升，其性价比优势逐步突显，替代空间大，能顺应音响系统中扬声器数量上升的发展趋势，不断抢占品牌音响市场份额，将音响品牌的因素持续弱化。

同时国产自主品牌、新势力崛起，不拘泥于现有供应体系以及竞争加剧导致的研发周期压缩，对供应商响应速度、配合程度、成本控制的要求不断提高。本土供应商有望打破外资优势格局，推进国产替代。

二、紧握核心竞争力的整车厂企业

为把握产业链主导权，整车厂基于自身研发能力、供应链资源等，通过自研、合作的方式进行智能座舱布局。其中传统车企多采用“自研+生态合作”模式，快速加码智能座舱，抓住变革机遇。新势力车企多采用“自研（侧重于软件自研）+与供应商联合开发定制”模式，把握核心竞争力，争夺价值高地。究其原因，主要是新势力车企在软件人才投入、资金投入等方面的自由度相对较高，决策链条更短；而传统车企则更多地利用其在产业链上的伙伴积累来布局智能座舱。

值得注意的是，更有部分车企通过“全栈自研”的方式，将座舱智能化全生命周期链路中的关键研发工作牢牢攥在自己的手上。

1. 传统车企：建设自研能力与生态合作

传统车企拥有成熟的汽车研发生产、供应链体系，资金充足且具备集团内供应商资源优势，正努力建设其自研能力。但由于其软件开发能力不足，目前传统车企在智能座舱技术层面的自研主要集中在座舱芯片、中间件和座舱域控等方面，并且与其说是“自研”，不如说是与生态伙伴的“共创”。

例如 2022 年，吉利控股集团旗下的芯擎科技自研的座舱芯片 SE1000，是一款采用了车规级 7nm 工艺的智能座舱芯片。该芯片集成了 88 亿颗晶体管，具备强大的算力，能够支持多种智能座舱功能，如语音识别、导航、娱乐等。GKUI 是吉利自主研发的智能网联系统，具备强大的硬件性能和贴心的用户体验，能够为驾驶人提供导航、娱乐、语音交互等多种功能。

比亚迪与高通、联发科等芯片巨头联合定制的座舱芯片则对座舱芯片车用级标准提出了全新定义，把更领先制程、更高算力、更多生态能力的 SoC 引入车载领域。同时其全栈自研智能座舱车载操作系统实现了从系统架构设计到软件开发，底层驱动至上层应用的全面自主化。

再例如长安阿维塔与华为共同研发推出的麒麟 990A，作为一款智能座舱芯片，麒麟 990A 具有高算力、低功耗、高效能等优点，并且采用了高集成度、小型化的封装设计，可以更好地适应智能座舱系统的集成需求。

总之，涉及语音交互、座椅、音响系统和场景引擎等方面，传统车企更倾向于依赖第三方供应商，多由旗下供应商（部分隶属于整车厂）或消费电子企业提供解决方案，以提升整体制造效率。

2. 新势力车企：侧重自研，联合供应商开发定制化需求

相较于传统车企，新势力车企设计理念更先进，在合作模式上也更为灵

活。因此新势力车企更侧重于自研或与供应商联合开发，来满足定制化需求。

整体来看，目前新势力车企在车机系统、中间件、座舱域控等方面主要依靠自研；在语音交互方面采用“合作 + 自研”的模式；音响系统层面则是“代工 / 品牌扬声器 + 自研算法”的形式，而涉及座椅等部件则倾向于与第三方合作，以提升工程效率。

例如，理想汽车自研的 Li OS，该系统采用了开放式架构，支持第三方应用和服务的接入，为用户提供了丰富的智能出行体验。理想汽车 Li OS 具备多种功能和特点，包括智能导航、语音交互、车载娱乐、自动驾驶等。在语音交互方面，“理想同学”还搭载了思必驰的语音识别、语义理解底层技术，由理想与思必驰联合研发了全双工对话、可见即可说、全车车控等技术。

NIO OS 是蔚来汽车自研的智能操作系统，集成了蔚来汽车在智能驾驶、智能座舱、能源、云端及硬件等领域的最新技术和研发成果。同时其自主研发的智能座舱域控制器，主要用于蔚来汽车的车载智能系统。与传统的分布式架构不同，该座舱域控制器采用了高性能计算和集中式架构，将多个子系统集成到一个控制器中，从而实现了更高效的车载智能系统管理和更快速的信息处理。

小鹏汽车自研的 Xmart OS，为小鹏汽车所有车型提供基础智能座舱功能，通过与硬件、软件及内容团队的紧密合作，共同为用户带来智能化的出行体验（图 3–10）。Xmart OS 包括 Xmart OS 2.0 和 Xmart OS 3.0 两个版本，其中 Xmart OS 2.0 搭载于小鹏 P5 和 G3i 车型上，而 Xmart OS 3.0 则搭载于 P7、G3 2021 款上。

值得注意的是，智能座舱的“自研”并非只是体现在内饰的豪华性或是硬件的智能性方面，而是需要通过独立感知层的形成，使车辆具备与人进行“感知”“理解”“呈现”“交互”的能力，从而实现真正的智能化，让车更懂人、更有温度。而“自研”十分看重车企自身的资本积累和产品迭代速度，同时还可能造成供应链搭建不稳定的难题。因此，自研多出现在行业早期阶段，随着智能座舱产业链发展日趋成熟，分工也将会日趋细致。

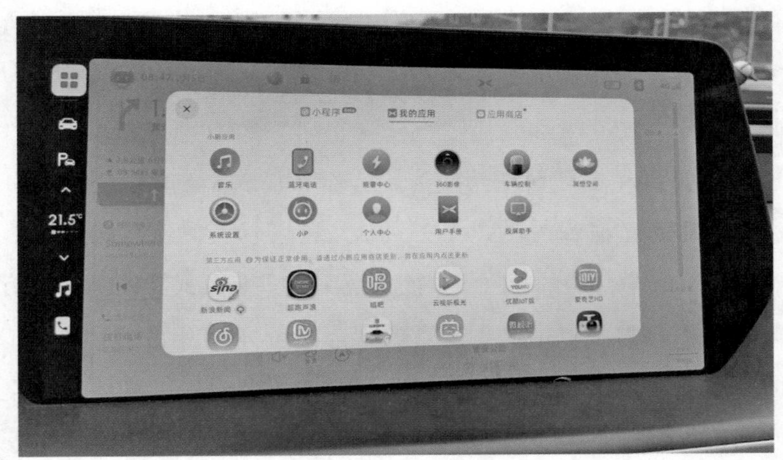

图 3-10　小鹏汽车车机界面

3. 整车厂着手“全栈自研”

“全栈（Full Stack）”是一位软件工程师早年提出的概念，意为作为一名软件工程师，不能只会写代码，还要会开发应用程序，甚至是成为一名无所不能的多面手。“全栈自研”概念的崛起也不难理解。近年来，车企“灵魂论”不绝于耳，重要技术受制于人，将会是一件极其可怕的事情。因此，“技术主权”越发受到车企的重视，同时在智能化时代，是否具备“全栈自研”的能力，也逐渐成为消费者衡量一家整车厂实力的重要标志。

其中座舱自研成为整车厂“全栈自研”的发力点之一。目前国内外的车企在智能座舱的自研上，呈现出多元化和个性化的特点。不同的车企根据自身的技术能力、市场定位和用户群体，选择不同的技术路线和功能重点，打造出各具特色的智能座舱产品。

2023 年 9 月，在“NIO IN 2023 蔚来创新科技日”上，蔚来首次全景式呈现了由 12 大技术栈构成的蔚来技术全栈，并发布了激光雷达主控芯片“杨戬”、整车全域操作系统天枢 SkyOS、全景互联 NIO Link、智能座舱“应用商店”以及 NIO Phone 等多款创新产品及解决方案。从自研芯片到整车 OS、智能座舱“应用商店”，再到手机，蔚来几乎覆盖了全流程的研发工作。

一方面，“全栈自研”确实能很好地呈现一家企业的整体研发实力，某种程度上对用户需求的满足也更具针对性。但另一方面，“全栈自研”技术较复杂，难度也较大，同时成本投入较高，十分考验整车厂的综合管理能力和资源分配能力。基于此，部分整车厂也在考虑两全之策。

例如零跑汽车自2015年成立之初，便提出在核心零部件进行“全域自研”。涵盖整车架构、电子电气架构、电池、电驱、智能座舱、智能驾驶等核心零部件。2023年7月，零跑汽车发布了全域自研的四叶草中央集成式电子电气架构，宣布进入中央集成式电子电气架构时代。

关于“全域自研”，零跑汽车创始人、董事长、首席执行官朱江明表示，公司坚持核心零部件的全域自研，整车产品70%的驾驶零部件自己研发。同时朱江明给出了诸多积极的评价，“只有自研才能多平台共享共用，减少研发的投入，增加每一款零部件生产的数量来降低成本”“70%的自研率也意味着，1万元的产品，如果外购有10%毛利空间差价的话，我们就比别人多7000元的成本竞争力”。

朱江明表示，随着零跑销售规模逐步扩大，未来规模效益越来越会显现出来。

另一个典型案例是小鹏汽车，小鹏汽车将全栈自研的精力集中在自动驾驶、智能座舱等智能化软件领域，使得其在自动驾驶行业的声量位居前列，智能座舱方面也表现不俗。小鹏汽车在旗舰车型小鹏G9上搭载的“5D音乐座舱”，颠覆传统3D音效、触觉和嗅觉的组合，增加了视觉以及动感上的新体验，“5D音乐座舱”主要围绕车内乘客的娱乐体验以及舒适享受，可调节的空调风口以及座椅位置、伴随场景切换的香氛以及出色音响的视听体验，精准把握当代年轻消费者的需求。

小鹏汽车方面认为，全栈自研能力为车企提供高效率，缩短20%的开发时间，减少60%的座舱开发成本，减少50%的智能驾驶成本。

总体来看，“全栈自研”需要企业有创新DNA、并坚持长期持续大规模投入，目前只有极个别整车厂能够做到。当前乃至后面一段时间，整车厂的核心价值创造仍在于针对目标消费者人群，“定义满足消费者需求的核心功能”，整合 Tier1 伙伴的能力优势。因此，接下来产业链上下游的供应商和整车厂形成“新型整零关系”，在不同的领域，发挥各自的长板优势，将最擅长的产品打磨到极致，在保证品质的同时，降低成本、缩短战线。

三、各有千秋的生态服务提供商

在智能汽车领域，除了整车厂和传统意义上的零部件供应商，一批生态服务提供商也在争相入局，基于既有的思维、技术、产品、业务等方面的优势，分享汽车行业红利。

1．“BAT”

百度推出的关于车机与手机映射的解决方案——Carlife 是国内第一款跨平台的车联网解决方案，借此布局车联网领域，并且采用百度地图与特斯拉、蔚来、小鹏、理想等车企共建生态合作方案。目前吉利已经全面搭载融合小度车载交互系统的 GKUI19 系统；奇瑞的所有车型都将搭载小度 OS。

阿里巴巴与上汽达成战略合作，共同出资 10 亿元成立了斑马网络。荣威 RX5 是斑马网络推出的第一款搭载了斑马系统的车型，该系统基于 YunOS 打造，成为阿里巴巴研发的操作系统在智能座舱领域的首次整体性落地。随后，阿里巴巴宣布升级操作系统战略：最初为智能手机打造的移动系统 YunOS 也升级为全新品牌 AliOS，成为一套面向汽车、IoT 终端、IoT 芯片和工业领域研发物联网的操作系统。2022 年 8 月，重庆小康工业集团股份有限公司和阿里巴巴集团正式签署战略合作协议，双方将开展全面合作，共同推进汽车产业的数字化、智能化、网联化的应用合作和产业化合作。

腾讯则是通过正式成立腾讯车联部门，打造了一套腾讯汽车智能系统（Tencent Auto Intelligence，TAI），定位车企的数字化助手，希望与车企一起做车载生态系统。从“人 – 车 – 店 – 厂”关系、车与环境关系、出行服务化三个层次出发，腾讯致力于成为产业数字化升级实施者。同时，腾讯车联 TAI 升级到 2.0 阶段，推出了“生态车联网解决方案”；2020 年，腾讯发布了智能座舱解决方案 TAI 3.0 版本，2021 年发布了智能座舱解决方案 TAI 4.0，为用户提供“主动式场景化服务”。

2.“华小魅”

随着座舱智能化的持续演进，车圈也正在形成一个全新的格局——“华小魅”三大消费级电子产品企业的竞争格局正在形成。

华为凭借其零部件供应商模式、HI 模式、鸿蒙智行模式与车企进行不同深度合作。具体来看，华为聚焦“平台 + 生态”的发展战略，基于 HarmonyOS 打造“IoT”的全场景智慧出行体验。HarmonyOS 智能座舱提供涵盖娱乐、游戏、亲子等多种车载场景，有超过 180 个应用合作伙伴。例如，问界 M7 智能座舱可实现的功能包括语音控制、万物互联、HUD 抬头显示和车内 DMS 功能等。其软硬件都来自华为，能够更好地保障系统流畅性，实现手机车机无缝流转。

2021 年，小米创始人雷军正式宣布小米集团造车。2023 年，小米汽车技术发布会的举行让行业共同见证了未来小米澎湃生态的无限可能。小米主打自给自足的模式，深度自研、创建汽车品牌、自建工厂。小米的澎湃生态，打造了“人 – 车 – 家”的生态闭环，在软件与硬件上都实现了很好的融合。无论是澎湃生态的原生设备还是可接入第三方的 carIoT ，都给车辆带来了很好的适配。

2023 年，魅族开始跨界入局，推出“无界智行开放平台”，与生态伙伴一起共享“Flyme Auto”的核心能力。车企可以根据自身需求，灵活选择并接入模块化能力，快速提升智能座舱使用体验，为汽车行业的智能化提速。无界智行开放平台给了整车厂一个按需接入、灵活定制的机会。星纪魅族还与全球豪华纯电高性能汽车品牌 Polestar（极星）成立了全新的合资公司，双方共同研发 Polestar OS。Polestar OS 基于 Flyme Auto 打造，将成为一个最佳的实践平台。目前，极星 4 已经率先接入无界智行开放平台。此外，星纪魅族的 Flyme Link 也是一大亮点，能为更多车型提供“车手互联”的能力，做到手机与车机的无缝连接，吉利银河 E8 将成为首台接入 Flyme Link 的车型。在生态产品上，未来魅族的 MYVU AR 智能眼镜、智能指环都将参与到智能座舱当中，为车机带来更多的可能性。

3. 其他厂商

随着座舱娱乐系统的不断升级，用户越来越重视座舱的游戏体验。相关数据显示，2022 年中国汽车座舱娱乐功能的付费率中，游戏与视频并列第一位，有 44% 的用户表示愿意为其支付。同时，由于座舱游戏的用户使用习惯相对稳定，且趋于年轻化，因此座舱游戏的复购率要高于其他终端游戏产品。

2022 年 7 月 29 日，在盖世汽车举办的“车载游戏网络研讨会”上，Epic Games China 演讲嘉宾表示：“伴随车规级芯片算力的飞速提升，网传特斯拉搭载的 AMD Ryzen V1000 算力可达 3.6 TOPS，媲美游戏主机。现在部分车型所搭载的高通 8155，其 NPU 算力在 8 TOPS 左右；高通 8295 的 NPU 算力则会达到 30 TOPS，足够支持 3A 游戏的运行。”

目前，虚幻引擎（Unreal Engine）已经同通用、福特等多家国内外顶尖车企合作。此外，虚幻引擎作为实时 3D 工具，可以打破传统 HMI 的工作流程，让设计师快速迭代设计并整合功能，从而动态地影响项目；可以使用蓝图可视化脚本实现快速创作与迭代、在完整的版本控制支持下进行协作、在个人计算机上即时预览设计并通过直接访问源代码；还可以使用先进的可扩展渲染器，创建出精美的交互式视觉效果；使用粒子系统 Niagara 的 VFX 让设计更加生动，并通过可下载内容让用户立即更改用户界面的外观和功能，实现定制化的体验。从汽车配置器、营销资产到现有项目和流程管线，内容可以在 HMI 系统中轻松复用，实现公司资源的高效利用，并保持品牌设计的一致性。

2023 年 8 月，Unity 中国正式推出 Unity 中国版引擎——团结引擎，并带来专为次世代汽车智能座舱打造的团结引擎车机版，开启了 Unity 中国本土化进程的全新篇章。作为 Unity 专为智能座舱车机系统打造的开发套件，团结引擎车机套件集成了智能座舱众多主流功能，包括 3D 地图、ADAS 功能可视化、3D 车模控制、第三空间模式、一镜到底的场景切换等，可以多维度赋能整车厂打造极具科技感、豪华感和个性化的智能座舱。

目前Unity已经和智能汽车产业链上下游达成了合作，包括梅赛德斯-奔驰、宝马、奥迪、日产在内的国际品牌以及“蔚小理”、零跑等新势力都在使用Unity开发3D HMI系统，同时Unity也能很好地支持Android、QNX与Linux平台的发布。

值得一提的是，团结引擎车机版内置了多种常用车机App的开发模板，将大幅缩短开发流程；车机模拟器则实现了可视化开发，可以实时反馈开发进程中的每一步。团结引擎车机版还致力于打造下一代HMI渲染解决方案，不仅能够为原生App渲染3D内容，还能够让不同项目独立开发并更新，互不干扰，极大地提高运行效率。经过创新优化的团结引擎车机版，不仅可以助力车内操控实现前所未有的可视化，让3D导航界面与车上虚拟个人助理（VPA）更接近科幻电影场景，还能更轻松地打造车辆配置器，让终端4S店的汽车配置DIY所见即所得，打通汽车销售的“最后一公里”。

Unity中国指出，在未来，越来越智能化的汽车将成为移动的第三空间，而智能座舱也将不仅仅是智能驾驶的辅助器，更是将汽车升级为游戏舱、影院、办公室的中枢系统。因此在其构想中，智能座舱的能力远不止于中控大屏，而是车内全景声、智能座椅、空调、氛围灯等都可以与用户进行实时联动。Unity中国也致力于将在其游戏行业积累的能力延伸到汽车领域，与上下游企业协同联动，为消费者带来更好的智能驾乘体验和沉浸式车机游戏体验。

在汽车智能化赛道上，供应商、整车厂与生态服务提供商三种力量已经交汇其中。随着各方资本的不断入局，市场竞争日趋激烈，竞争中的融合也将成为常态。三方力量将发挥各自优势深度协同合作，以客户为中心，聚合产业资源。车企的竞争也将不再是单打独斗的竞争方式，而是逐渐呈现出开放共赢的互联且立体的生态结构。

04

第四章

智能座舱发展挑战

伴随着车辆智能化的高速发展，智能座舱产业不断打开新的成长空间，与此同时其面临的挑战也不容忽视。首先在设计层面，需要解决交互体系的场景化设计以及伴随用户需求多样化而来的功能堆砌难题；其次在技术层面，智能座舱发展面临着系统的稳定性挑战及各种长尾问题；同时伴随智能座舱的快速发展，需要采集大量的车辆数据和驾驶人数据，包括驾驶行为、车辆状态等，因此在数据安全与隐私保护方面也面临着诸多挑战；最后，新的技术变迁也带来了产业变更，势必会对车市传统的商业模式带来诸多冲击，产业链上的各个玩家需要直面内容变现的路径局限。

本章将从智能座舱发展过程中的设计、技术、数据安全、商业模式等层面出发，探索智能座舱发展所面临的层层挑战，并尝试提出应对之策。

第一节 设计挑战

在汽车产业的百年变革背景下，车辆设计也迎来了崭新机遇。不同于传统燃油车时代的设计理念，在“软件定义汽车”的理念指引下，设计师着重从用户需求和用户体验切入，创造更具审美性、功能性、安全性、情感化的车辆。

用户需求在智能座舱设计中的重要体现集中在人机交互和座舱内的功能操作等层面，但目前智能座舱仍存在交互体系和操作界面设计、功能集成等方面的挑战。

一、交互体系设计

智能座舱要想达到理想的人机交互体验，一方面离不开工程师对多模态技术的研发和创新，另一方面需要设计师从情感化的维度优化智能座舱的体验。

设计出符合乘员习惯和需求的智能座舱对从业者而言是个挑战，有效的人机交互设计需要考虑驾驶人的警觉度、专注度和易用性，并提供符合人体工程学的界面布局和操作方式。2023 年 3 月 17 日，在盖世汽车主办的“2023 第三届中国汽车人机交互创新大会”上，盖茨电子的演讲嘉宾表示，目前行业的痛点主要来自于五个方面：

第一，从单一的感官通道来看，仅从视觉或听觉等单一通道来获取信息容易达到负载上限，从而降低信息判断的效率，进而影响驾驶体验或安全。因此需要多模态或多感体验，例如听觉、视觉、触觉等方式来拓宽渠道，以便为驾驶人提供更多的信息判断方式。

第二，当前人机交互的不同模块之间会存在一些边界问题，例如显示屏和人机识别之间的优先级处理、逻辑判定以及流畅性等方面需要进行优化。

第三，目前的识别模块如果仅从单一的识别模块出发，例如摄像头、雷达或其他语音识别模块，会存在高误判率和无意识或被动式的误判。例如在手势识别中，当驾驶人俯身拿物品时，手势识别模块可能会将其手势误判为下一首歌曲或打开右转向灯。为解决这一问题，需要使用多模态的判定，例如视觉判定辅助来修正手势判定结果。

第四，不同的整车厂采用不同的电子电气架构，未来一个家庭可能会拥有多辆车，同一个消费者在驾驶不同平台的车辆时，需要付出较高的学习成本，这种人机交互平台的差异可能会导致使用上的困难。

第五，在当前的人机交互领域，ChatGPT 交互更多依托于车云计算，无法达到人机交互的最终形态。人机交互的终极形态应该是机器的拟人化，即实现智能化，而不是单纯的数据库调用或语义识别。

综上所述，在汽车智能化发展进程中，新技术驱动使得汽车交互体系设计趋向交互技术及工具、用户驾乘的愉悦体验、集成触控面板研究、多感官交互模式及反馈等多方面。其中，无感交互将成为智能座舱人机交互体验的最优解。这种无感交互的挑战，要求交互体系可以智能感知驾乘人员的喜好习惯并进行相应的功能调节，同时能够不断学习及迭代，主动为驾乘人员提供场景化的服务。

具体来看，人机交互是人与车内数字世界之间的信息交换过程，包括感知、理解和表达。感知是通过听觉和视觉获取外部信息的过程。理解是基于自身的知识经验和价值观，对获取的信息进行逻辑判断和产生认知的过程。表达则是通过声音、图形或文字来传递认知和判断的结果。因此，智能座舱的交互体系设计应该涵盖多模感知和多模交互两个层面。

（1）多模感知设计

智能座舱应具备良好的情境感知能力。通过感知车辆的运行状态、驾驶环境和乘客的状态，座舱可以智能地调整座椅、空调、照明等参数，以提供更符合当前情境的使用体验。例如，在夜间驾驶时，座舱可以调暗照明并切换到更加柔和的显示模式，减轻驾驶人的眩光感。

随着多模态技术的发展，目前为客户提供的已经不再是简单的电子机械座舱，而是被赋予了更多人格特性与具象意义的“朋友”角色。结合人机交互技术，让智能座舱产品具备类似人类五维感知的能力。

从用户需求层面来看，人生活在三维世界中，车辆作为一种三维空间能在交互模式上实现完美契合。因此，如果要在车内打造三维空间交互，那么车内的感知能力就需要从二维升级到三维。

第一，感知听觉能力，从单 MIC 发展到分布式和矩阵式 MIC，从原本只能感知声音的有和无，到开始让声音具备方位感、距离感和运动感。在感知设计过程中，要综合考虑各区域乘员指令输出时的方位和具体诉求，同时要兼顾主驾安全。

第二，视觉发展，视觉是大脑加工认知信息最常使用的通道，在感知外界信息中占据着重要的地位，人机工程学的相关实验研究表明，人类约有 80% 的外界信息是通过视觉通道获取的，驾驶人眼动的视觉特征是保障驾驶人安全性的一个重要因素。从驾驶安全角度来看，合理的视觉交互界面有利于驾驶人将主要的视觉活动区域集中在前方的驾驶道路上，减少驾驶人分心。

目前，大部分车机的界面层级很多，功能切换需要操作比较烦琐的步骤，而这都需要依赖于视觉，长时间的操作影响驾驶安全，车机需要让功能切换变得容易操作，可以迅速完成。因此，部分整车厂选择了“去 App 化”的方式，将一些重要的、使用频率高的功能以组件的形式放置在首页，以此来减少层级。然而这种做法并不能从根本上解决问题，用户在开车时会用到许多种功能，将所有功能都放置在首页是不切合实际的，而且这种做法使架构变得更加复杂，用户操作时视觉停留时间也不会有显著变化。

第三，相较于自然语言交流，肢体动作能够更为生动地传递信息。当前的手势交互设计包含有两种方式：一种是专业的设计师根据所处的时代背景和习惯进行自定义手势设计，并通过少量的用户测试进行改进；另一种是用户参与的设计方式，根据不同的手势交互情境制定手势设计的原则，给出多种设计概念，再邀请众多的用户参与评估、筛选和迭代，从而制定出最终的手势方案。

在车载系统手势交互设计中，车载系统往往会通过视觉、触觉或者听觉给予用户反馈信息，使用户明白手势所表示任务的完成情况，反馈的信息应尽可能简洁明了，避免用户的认知负荷过重。

考虑到当前技术限制和用户使用手势时环境的不确定性，手势的设计应该尽量考虑到系统出错或者不能识别的情况，增加撤销、返回等物理按键。或根据用户的行为习惯、日常偏好和驾驶经验等，允许用户自定义手势操作。此外，用户在执行手势时可能会带有一定的回忆和思考时间，因此在用户执行新的手势交互页面时可以增加几个简单的手势引导任务，帮助用户强化记忆，通过具体的操作流程来最小化用户的回忆时间。

总体而言，手势交互设计的难点在于用户使用习惯的差异性、使用过程中的引导性和不同车辆的手势设计一致性问题。

（2）多模交互升级

感知层面更强调在信息输入过程中的多模态交互设计，理解和表达则涉及座舱对用户指令进行反馈。在这两个过程的设计中，尤其要考虑不同用户的个性化和多样化诉求的升级。

首先是理解能力的提升，最初舱内听觉、视觉或触摸收入提供的感知信息量非常小，基于规则逻辑判断就能满足舱内交互需求，不需要加强理解能力，所以算力只有 CPU（逻辑规则推理）和 GPU（图像渲染）。而随着听觉和视觉感知数据的增多，基于规则逻辑和推理就无法再满足需求。因此需要设计出多种高算力组合，不仅有 CPU、GPU，还有 DSP 及各种 AI 算力，让理解能力开始具备深度感知和认知能力，完成更类人的思考。

其次在表达层，听觉表达最初使用的是立体声，表达的声音是具备平面的前后左右方向感，随着全觉表达开始具备上下的方位感和运动感，从而提升用户的沉浸感、体验感和参与感。这在设计层面的要求是，对不同音区的指令要求反馈的优先级和体验的不同表达。例如对主驾、副驾、后座的反馈时间有所区别，另外在沉浸式听觉体验上考虑不同区域的最优音质进行不同排区设计。

在视觉表达方面，随着三维空间多屏交互系统的出现，视觉表达信息应该在车内具备空间显示和信息流转能力，为全车人服务，每个人都应该得到尊重并满足其需求。例如，将多屏交互分为三个域，主驾域、副驾域和后舱域，每个域都提供对应的专属屏幕服务，包括专属的软硬件设计。其设计焦点各异，每个屏幕的主打标签也不同——主驾域会更关注安全，副驾域则会有更丰富的体验，后舱域则具备娱乐和知识学习相关的能力。

从多屏交互设计和背后逻辑进行思考，来看整体硬件设计。硬件设计实际上与屏幕的几个标签相互匹配，首先是 HUD 屏幕，安全是 HUD 设计的一个难点，因为 HUD 会通过图像投影和各种反射来达到显示目的，所以杂散光、畸变、清晰度、亮度和稳定都是设计中的重点考虑因素，HUD 需要在强光、雪地等场景里依然能被看清，尽可能减小畸变和散光，让驾驶人不受畸变或杂散光的影响。

其次在行车过程中，操控方向盘需要具有简洁和安全性，并通过屏幕和盖板设计保证气囊爆破的安全问题。

在主驾中控屏的硬件设计上，由于其位于用户视野的前方，在设计层面要综合考虑造型、高刷、HDR、清晰度、超薄超窄边框等特性。通过屏幕堆叠设计和芯片布置打造极致窄边框，提升屏占比和科技感，提升画质还原能力。

最后值得关注的是除了屏幕内的交互，作为三维立体空间的车舱环境要在设计层面综合考虑调用舱内更多部件的融合交互。未来整车厂将更多考虑屏幕外的交互，与座舱内的硬件去结合的方向，例如看电影时创造 4D 效果，座椅和周围氛围灯的互动。另外，座舱外的交互也会变得更多，要多去尝试和 IoT 方向结合的设计理念。

二、操作界面设计

任何涉及人机互动的场景都存在操作界面，关于操作界面设计，汽车本身的科技属性使得高质感的色彩渲染和图标设计成为车辆高级感的重要体现。但除了高级感，操作界面设计更应该聚焦到“以人为本”的使用习惯。

就最直观的显示系统的操作界面来看，目前车机操作界面与手机操作界面过于雷同，忽略了一个很重要的“使用习惯”因素——手机操作过程中，精力只集中于显示屏，UI 设计能够被清晰地区分，功能区可被折叠。但车机系统的操作界面，视觉停留的时间是有限的，且功能区的层层叠叠容易分散驾驶人的注意力，增加安全风险。

车载界面设计面临着许多挑战，这些挑战需要设计师们不断创新和改进。

（1）如何让车载界面设计更易用

在驾驶过程中，驾驶人需要频繁地操作车载界面，车载 UI 设计必须保证安全性，避免分散驾驶人注意力，而且还要考虑到易用性和用户体验方面。因此，设计师需要在保证安全的前提下，尽可能地简化界面以及交互层级。目前，零层级交互、卡片式设计、扁平化等元素正被大量应用。而随着智能汽车功能和内容的丰富化，未来界面交互设计面临着简洁化、3D 直观化和个性化等多方向的挑战。

（2）多平台的兼容和多样性的用户平衡

车载界面的设计需要满足不同平台和不同车型的需求。这意味着设计师需要深入了解不同平台和车型的特点，并设计出能够兼容多个平台的车载界面。同时驾驶人的年龄、性别、教育程度、文化背景等方面会影响他们对车载 UI 的使用情况和需求。设计师还需对各种用户进行充分调研。目前，各大车企在座舱设计风格上越来越趋同，这并不利于个性化和多样性的用户需求满足，也不利于品牌性格的创建。

（3）不同区域的法规要求和用户习惯

不同区域的交通安全法规不同，车载 UI 的设计必须基于当地的法规。例如，在某些地区规定车载 UI 中不能显示文字信息等。而由于不同地区的文化背景、经济状况和社会制度的不同，用户的使用习惯也有所不同，对于座舱的操作界面设计无疑是重要的挑战。

2023 年 12 月 13 日，在“2023 第五届智能座舱与用户体验大会”上，Screens GmbH 演讲嘉宾就根据其调研报告，对比了中国和欧洲用户的座舱体验的差异化。其中提到“欧洲人一般 18 岁就会离开家庭，一定程度上经济独立，因此年轻人的车普遍比较便宜，便宜的车在 HMI 或智能座舱领域也相对低端。上了年纪的人已经有了岁月和财政方面的积累，也正是由于其年龄的原因，会更倾向于简单、直接、易用，通常的做法是在关键功能上沿用传统物理按键。”

（4） 车载界面设计中的艺术性和功能性平衡

一些车辆系统由汽车制造商自主研发，机械工程师的审美水平与众多用户之间还存在差异。因此，有些界面功能太多，并且很多功能根本用不到，操作起来也不够便捷，同时在界面视觉设计上缺少美感。这需要专业的设计师进行车载界面的定向设计，在考虑到功能性和实用性的同时兼顾美观。

（5） 屏幕和控制面板的尺寸限制

车载界面设计受到车辆控制车载显示屏和控制面板大小的限制，设计师需要在屏幕和控制面板的有限空间内尽可能地完成信息的呈现。

除了通用性设计，随着汽车智能化程度的不断提升，不同的驾驶人有不同的偏好和需求，智能座舱需要具备一定的可定制性和个性化功能。如何在界面设计中平衡通用性和个性化，使驾驶人可以根据自己的喜好进行定制，是一个需要解决的问题。

（6） 不同的材质选择

除了 UI 设计，还应该注意交互界面的材质选择和触觉感受。材质的不同将给用户带来不同的感知体验——纺织的温暖、木质的典雅、皮质的奢华……车辆的设计需要充分考虑材料的选择、颜色和纹理，以确保内部空间的美观性和实用性。同时智能表面也在不断地改变着驾乘体验，也需要工程师和设计师共同思考面向产品定位和目标消费群的选择。

另外在材质的选择方面，还要充分考虑原材料的环保性和可持续性，保证资源利用价值最大化。

综上，交互体系设计需要在多感官的维度考虑驾驶人的认知负荷和操作习惯，以符合用户情感体验的拟人化体验。操作界面设计需要平衡信息展示和操作控制的功能，使驾驶人能够轻松理解和使用。此外，还应避免信息过载和复杂度过高，从而提供便捷和高效的操作方式。

克服上述挑战需要注重人机交互研究、用户反馈和设计创新。通过建立符合驾驶人认知特点的交互逻辑和界面布局，简化操作流程和提供个性化的功能配置，提升驾驶人的操作便捷性和功能易用性。

第二节 技术挑战

面对汽车智能化汹涌而至的大潮，汽车座舱的功能、交互方式、操作方便性发生了显著变化，由以机械按钮为主、功能简单的电子座舱向注重多维交互、多屏联动的智能座舱转变。而智能座舱的发展离不开整车电子电气架构的变革，即从分布式向集中式，进而实现软硬解耦及多屏间高效互动。与此同时，对智能座舱行业和相关企业也提出了更高的要求与技术挑战。

从行业整体来看，当前车载娱乐系统、数字液晶仪表、抬头显示（HUD）、流媒体后视镜、后排显示屏等电子设备成为越来越多整车厂智能座舱方案的基本配置。这些电子设备均具备控制器，各个控制器单独控制自身显示界面输出。由于需要满足的各项功能越来越多，车载电子设备的数量随之不断增加，控制器数量也在不断增加。这对车辆的算力和智能架构提出了更高要求。

从整车厂方面来看，随着整车操作系统融合发展的步伐加快，整车厂面临着诸多课题。

从供应商方面来看，智能汽车的“大屏化”“多屏化”的趋势对其屏幕制作工艺和显示技术也提出了新的要求。

一、更高算力需求

智能座舱是一个高度复杂的系统，为了保证驾驶安全和系统的可靠性，智能座舱的各个技术模块都需要经过严格的测试和验证，以确保其在各种环境和情况下的稳定运行。整体而言，系统的稳定运行主要取决于硬件质量及软件开发，智能座舱的硬件设备（如传感器、处理器和芯片、通信模块等）需要具备高质量和长时间稳定工作的特质；软件系统需要经过严谨的设计开发，确保适应各种复杂场景。

在智能电动汽车发展热潮的推动下，算力正在替代马力，成为衡量汽车产品力的新标准。作为承载算力的主体，芯片的重要性随之被提升到了前所未有的高度。同时从软件层面来看，软件接口和通信协议的标准化需要行业保持重视，以推动汽车智能化的进一步发展。

1．硬件层面：高算力芯片发展与跨域融合

纵观智能座舱过去几年的演进，从硬件层面的大屏化和多屏化，到人机交互方式的多模态化，舱内功能应用的复杂化等都离不开芯片的支持，尤其是高性能的座舱芯片。

智能座舱芯片的数据承载能力、处理速度以及图像渲染能力不仅直接决定了座舱内屏显数量、质量以及应用丰富度，还将会影响整个座舱系统的运行流畅度。

简而言之，座舱芯片的性能直接决定着智能座舱功能和用户体验的上限。主流智能座舱芯片概况见表 4–1。

以极氪品牌为例，2022 年 7 月在极氪进化日上，其免费为极氪 001 升级了高通 8155 芯片，从硬件上解决了用户反映的车机卡顿问题。据了解，极氪 001 车机座舱系统之前一直在使用高通 820A 芯片，相较于 8155 要落后不少，而极氪 001 的用户此前对于车机系统的吐槽也多半源于高通 820A 计算平台算

表 4-1 主流智能座舱芯片概况

企业	型号	发布年份	制程 /nm	CPU 算力 / DMIPS	GPU 算力 / GFLOPS	NPU/ TOPS	配套情况（部分）
瑞萨电子	R-Car H3	2015	16	40K	288	无	丰田、雷克萨斯、大众帕萨特、哈弗 H6、爱驰 U6
NXP	i.MX8	2013	28	26K	128	无	福特锐界
英特尔	A3950	2016	14	42K	187	无	Model3/Y、宝马、奇瑞星途
AMD	Ryzen	—	12	—	—	—	特斯拉
高通	骁龙 602A	2014	28	—	—	无	奥迪、大众、丰田、理想、蔚来、比亚迪等
	骁龙 820A	2016	12	—	—	无	奥迪 A4L、理想 ONE、小鹏 P7 等
	骁龙 8155	2019	7	105K	1142	4	小鹏、岚图、蔚来、零跑、理想、威马、上汽、广汽等
	骁龙 8295	2021	5	超 200K	近 3T	30	极越 01、极氪 001FR、银河 E8、全新奔驰长轴距 E 级
三星	Auto V9	2019	8	111K	1205	有	奥迪、大众、丰田、理想、蔚来、比亚迪等
	Auto V920	2023	5	—	—	23.1	现代汽车
联发科	MT2712	2018	28	23K	133	—	大众、现代、奥迪和吉利
	MT8666	2019	12	56.8K	113	—	宝骏云朵、长安欧尚
华为	麒麟 990A	2021	7	—	—	3.5	阿维塔 11、问界 M5、北汽魔方、极狐阿尔法 S 华为 HI 版
	麒麟 9610A	2023	（猜测）14	200K	—	—	瑞风 RF8
芯擎科技	龍鹰一号	2021	7	100K	900	8	领克 08、领克 06EM-P
芯驰科技	X9U	2021	16	100K	300	1.2	上汽、奇瑞、长安等
	X9SP	2023	—	100K	220	8	—
瑞芯微	RK3588M	2021	8	100K	—	6	已量产
杰发科技	AC8015	2021	—	17K	30	—	出货量已突破百万颗
	AC8025	2022	28	60K+	120	1.2	—

资料来源：各企业公开报道；盖世汽车整理。

力不足而导致的体验不佳。据极氪 001 车主透露，在芯片升级之后，车机系统的使用流畅度的确有了质的飞跃。

极氪的案例再次证明了“木桶效应”的真谛——在车机系统中，硬件就是决定“能装多少水”的那块最短的板，芯片性能更是重中之重。目前，市场上已量产的智能座舱芯片中，CPU 和 GPU 算力较高，分别超过了 200 KDMIPS 及 3TFLOPS，AI 算力则提升到了 30 TOPS 之多，例如高通的第四代骁龙汽车数字座舱平台 8295。而早期座舱芯片的 CPU 算力多在 20~50KDMIPS 之间，GPU 算力普遍低于 500GFLOPS，并且几乎不具备 AI 算力。

不难预见，随着智能座舱功能进一步丰富和应用场景更趋多元化，对芯片的性能要求将越来越严格。值得关注的是，如果说智能座舱芯片上半场竞争的是域内功能集成，那么下半场跨域融合将是不容回避的话题。

当前，伴随着整车功能越来越复杂，正不断突破传统电子电气架构极限。一方面，基于传统分布式架构的功能拓展，由于要不断增加 ECU 数量，无论对于成本控制还是设计装配都会带来巨大挑战；另一方面，分布式架构的可拓展性终归是有限的，随着整车功能复杂度大幅提升，必然将超出承受极限。况且分布式架构天然存在着车内信息孤岛、算力浪费、软硬件耦合深等弊端，变革势在必行。

过去一段时间，主流车企及 Tier 1 都在积极推进整车电子电气架构变革，向域集中式甚至更高阶的“中央计算 + 区域控制架构”发展（图 4–1）。

例如小鹏汽车的 X–EEA 3.0 电子电气架构就采用了“中央超算 + 区域控制”的高度集成化架构，目前已搭载于小鹏 G9；蔚来的域集中式架构也已经在蔚来 ET7、ET5、ES7 等车型上搭载，下一代中央集中式架构也正在研发当中；而理想汽车从 LEEA 1.0 到 LEEA 2.0 再到 LEEA 3.0，同样是沿着“分布式—域集成—中央计算平台 + 区域控制”的路线进行架构变革。

在此背景下，智能座舱芯片竞赛也开始从单纯的性能竞争、域内功能集成竞争，进入跨域融合的新竞争阶段。目前，主流芯片厂商都在争相研发面向下一代中央计算架构的高性能 SoC（表 4–2）。

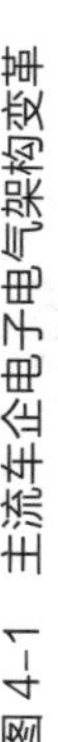

图 4-1　主流车企电子电气架构变革

表 4-2　下一代高性能 SoC

年份	Qualcomm		mobileye	NVIDIA	地平线 Horizon Robotics	黑芝麻智能	HUAWEI
2018			EyeQ4 2.5TOPS/28nm/3W	Parker 1TOPS/16nm/15W			昇腾 310 发布 16TOPS/12nm/8W
2019	第三代发布（7nm） SA8155、SA8195	HW3.0 72TOPS/14nm/72W			J2 发布（已量产） 4TOPS/28nm/2W	A500 发布 5-10TOPS/28nm/3W	昇腾 910 发布 512TOPS/7nm/310W
2020				Xavier 30TOPS/12nm/30W	J3 发布（已量产） 5TOPS/16nm/2.5W	A1000 发布（已量产） 58TOPS/16nm/8W A1000L 发布 16TOPS/16nm/5W	麒麟 710A 发布 -TOPS/14nm/-W
2021	第四代发布（5nm） SA8295		EyeQ5（已量产） 24TOPS/7nm/10W			A1000PRO 发布 106TOPS/16nm/25W	麒麟 990A 发布 3.5TOPS/7nm/-W
2022	Ride SoC SA8650P （4nm）	HW4.0 发布 216TOPS/7nm/-W		Orin 量产 254TOPS/7nm/45W	J5P 128TOPS/7nm/15W	A2000 发布 250TOPS/7nm/-W	昇腾 610 量产 200TOPS/7nm/60W
2023			EyeQ6L 量产 5TOPS/7nm/3W		J6 400+TOPS/7nm/-W	C1200 发布 7nm	
2024	Snapdragon Ride SoC 量产上车 SA8775		EyeQ6H 量产 34TOPS/7nm/-W				
2025			EyeQ Ultra 量产 176TOPS/5nm/-W	Thor 量产上车 2000TOPS/5nm/-W			

座舱芯片　智驾芯片　中央计算芯片

2022 年 9 月，英伟达发布新一代 AI 芯片 Drive Thor，该款芯片瞄准中央计算架构，算力高达 2000TOPS，是 Orin 的 8 倍。根据此前规划，Thor 计划于 2025 年开始投入生产，极氪将会是首批客户。另外，联想也表示将基于 Thor 芯片打造新的自动驾驶域控制器，并计划于 2025 年开始生产。

2023 年初，高通宣布推出 Snapdragon Ride ™ Flex SoC，作为一款全新的系统级芯片，Snapdragon Ride Flex 通过单颗 SoC 也可同时支持数字座舱、ADAS 和 AD 等功能，这款芯片预计于 2024 年开始量产。

而在本土阵营，黑芝麻智能反应较为迅速，在 2023 年 4 月率先发布了其跨域计算芯片平台“武当”系列，以及该系列的首款芯片 C1200。通过集成 CPU、GPU、NPU、DSP、ISP 等多种不同类型的算力，C1200 通过单颗芯片可以覆盖智能驾驶、智能座舱等多个核心功能域的研发需求。

2. 软件层面：统一的架构和接口规范

座舱软件包含操作系统（Android Automotive、QNX、Linux 等）、应用软件（导航、音乐播放、语音识别、电话通信、信息娱乐等）、安全系统、网络通信系统、车辆诊断系统等。

从软件层面而言，行业需要共同致力于健全开放的软件生态格局打造，以推动座舱智能化的纵深发展——首先需要基础软件层提供稳定的操作系统、底层驱动、虚拟化环境。其次需要中间件层具备统一的中间件技术和服务接口 SOA 软件环境、标准化的通信协议及为上层应用做到严格监控和全方位设防，并为应用层提供良好的通信和同步机制。

其中统一的中间件技术和服务接口 SOA 软件环境、标准化的通信协议在智能座舱发展中发挥着至关重要的作用：

1）智能座舱由多个软件和硬件组件组成，这些组件需要进行互联互通。采用统一的中间件技术和标准化通信协议可以实现不同组件之间的互操作性，使之无缝地协同工作。如此一来，不同厂商开发的智能座舱组件也可以更容易地集成到车辆中，从而提高系统的灵活性和可扩展性。

2）智能座舱的开发和维护涉及多个供应商和合作伙伴，如果每个供应商都采用不同的中间件技术和通信协议，将增加开发和维护的复杂度和成本。而采用统一的中间件技术和标准化通信协议可以降低开发和维护的成本，减少不同组件之间的兼容性问题，提高开发效率和系统稳定性。

3）通过共享统一的技术平台和通信标准，各个厂商和开发者可以更加方便地进行技术创新和应用开发。同时，标准化的通信协议也将促进不同厂商间的合作，从而推动产业链的协同发展。

4）在各个组件无缝集成和协同工作的同时，用户的使用体验和功能丰富性也将不断提升。用户可以更加方便地使用不同功能模块，以享受到智能座舱带来的便利和舒适。

但目前来看，我国的智能座舱产业尚未形成完全统一的中间件技术和服务接口 SOA 软件环境、标准化的通信协议，这使得不同的汽车制造商和供应商之间的产品和服务难以相互集成和协作，限制了创新和发展的可能性。汽车制造商还需要针对不同的技术和服务进行研发和测试，增加了研发和测试的成本，进一步阻碍规模化发展。

行业组织也在积极推动智能座舱产业的标准化工作。例如，中国汽车工业协会（CAAM）已经成立了智能网联汽车工作委员会，旨在推动智能网联汽车相关技术和服务接口的标准化。一些车企和供应商也推出了基于 SOA 架构的智能座舱平台，这些平台通常提供统一的中间件技术和服务接口，以支持不同功能模块之间的互操作性和可复用性；还支持多种通信协议，以确保与不同硬件设备和软件系统的兼容性。

鉴于中国汽车基础软件发展的重要性，应国内主要汽车企业的要求，中国汽车工业协会（以下简称中汽协）于 2019 年 12 月决定组建中国汽车基础软件生态委员会（China Automotive Basic Software Ecosystem Committee，AUTOSEMO）。2020 年 7 月 22 日，中汽协在盖世汽车首届软件定义汽车高峰论坛上宣布 AUTOSEMO 正式成立，旨在联合汽车及软件产业内的成员，形成由本土企业主导的共同规划和创建适应新需求的软件架构和接口规范，做强本土基础软件，推动行业开放和协作，促进产业向更智能化的方向发展，致力于为中国汽车行业提供面向下一代汽车的标准化的基础软件架构、方法论和应用程序接口标准。

二、整车操作系统融合

智能座舱作为汽车产业升级的重要方向，已成为整车厂竞争的新高地。整车厂纷纷加大在智能座舱领域的研发投入，通过全栈自研来提升产品智能化水平，并将核心技术掌握在自己手里。与此同时，整车厂持续推动整车操作系统的融合发展，以更好地整合车载资源，提高资源利用率，降低生产成本。然而，这一过程仍面临着重重挑战。

2023 年 9 月 21 日，在“NIO IN 2023 蔚来创新科技日”上，蔚来汽车正式发布整车全域操作系统——天枢 SkyOS，这是汽车行业首个由车企自研并发布的智能电动汽车整车全域操作系统，为整车研发建立全方位、立体的技术体系，使各种设备能够有机地融合在一起，实现高效协同工作。

1. 整车操作系统融合的意义

天枢 SkyOS 构建起技术集群，涵盖车控、智驾、座舱、移动互联等多个领域，成为全面且领先的智能数字技术基座。天枢 SkyOS 一经发布便收获了行业的高度关注和热烈讨论，背后原因与车辆智能化的长期发展密切相关：

1）当前，整车 E/E 架构正在向中央集中式持续演进，汽车将逐步实现从分布智能到整车智能的发展，未来在中央计算平台将运行统一的操作系统，横跨智能座舱、自动驾驶、整车控制等各个领域。操作系统不仅是产品效率的根本保证，也是安全、效率、能力的重要保障。

2）在智能汽车时代，整车操作系统将成为智能汽车的灵魂。从交通系统层来看，汽车不再是单纯的运输工具，而是整个系统的重要组成部分，需要对车辆内的各个子系统进行管理。从各个组成部分到核心部件的运转，再到周边交通环境的监测，再到车辆状况监测，都需要一个从底层建立起的操作系统，做到运行高效、使用安全、乘用舒适、整车节能、管理科学。

3）从整车厂角度而言，想要让智能汽车达到理想的状态，底层设备、感应器、座舱等都要具备底层的数据收集能力和高效的处理能力。要想成为智能汽车行业的领导者，必须积累全栈研发能力，其中操作系统就是最基础且最核心的能力之一。而且拥有这种技术后，整车厂可以直接进行整车的各种优化和创新，包括用户体验、资源利用、性能等。

2. 整车操作系统融合的挑战

整体来看，智能汽车整车操作系统还需要不断完善。天枢 SkyOS 走出了第一步，其最大的价值在于，从底层整合整个汽车体系，进行全面的定义、管理、打通，形成综合能力。目前天枢 SkyOS 尚处于 NT3 研发阶段，还需要经过市场和用户的考验。中国智能汽车整车操作系统的下一步发展还需要重点关注以下几方面的课题。

1）高效：从感应器的数据采集、车内数据传输、车内和云端的数据传输、数据的存储、计算，要做到敏捷部署、面向对象、高效处理，从而为智能汽车的性能提供保证。

2）安全：这是智能汽车最重要的红线，安全是多方面的，最基本的有智能汽车的驾驶安全，同时还包括对用户的隐私安全，再上一层的是经济信息安全、国家安全，更长远的还要包括云端信息的不可更改，对轨迹信息追踪的控制权等。

3）舒适：例如调整座椅的角度，对车内环境温度、湿度、噪声、空气质量的管理，提升用户在乘用智能汽车时的舒适性。

4）节能：能源的节省永远是智能交通的重要主题，以更少的能源实现更远距离的行驶里程、以更少的操作指令调用座舱内的更多功能的响应等，这些都需要整车操作系统实现强大的能源管理能力。

5）智能：智能化一定是智能汽车不断进化的重要组成部分。智能汽车除了车辆自身之外，未来还将具备自动充电、自动泊车、自动运营的能力，甚至未来还将拥有收费和自动清洁、自动维修系统。在用车过程中，不断通过大量数据的积累，通过多态大模型，把大量的数据变为智能化的本能，助力整车和交通系统实现“万物互联”的深层发展。

整车操作系统融合发展虽是大势所趋，但现阶段产业更聚焦于座舱 OS 和自动驾驶 OS，而且两者的界限正在变得模糊，整车厂应在保障座舱 OS 和自动驾驶 OS 良好发展的基础上，持续向整车 OS 进发，从而实现整车功能的智能化发展。

三、车载显示创新

随着用户对交互体验质量要求的提升，智能座舱正在向着大屏化、多屏化方向不断发展。从显示屏发展趋势来看，一些新兴品牌不断增加座舱中的屏幕数量，副驾屏、后座屏等不断满足座舱内更多乘员的娱乐、休闲、办公等多样化的需求。与此同时，中控屏和液晶仪表的尺寸不断增大，而“大屏化”的另一方向是走向“简约化”，例如在大屏的基础上演进出屏幕分区的功能；再如仪表逐渐弱化，HUD 逐渐普及。

在大屏化、多屏化的过程中，显示屏的需求也在不断提升。例如曲面大屏、多联屏等的制作工艺要求，跨屏交互技术需求以及高色域、高分辨率、高亮度及触控丝滑等强感知项。

1. 屏幕上车的制作工艺要求与跨屏交互需要

在“2023 智能座舱车载显示与感知大会”上，中电科风华信息装备股份有限公司（简称中电科风华）的演讲嘉宾表示，据中电科风华预测：未来 1~2 年，整车厂单车平均屏幕搭载数量或将达到 7 个，“液晶仪表 + 中控屏 +HUD”或成标配，三屏模式将开启 3.0 信息交互时代。

“大屏化”“多屏化”使得座舱内设计更趋多样化，内附功能也趋向复杂化，这对生产设备、工艺水平、材料等均提出了较高要求。

（1）车载显示屏面临的工艺难题

第一，车载显示屏尺寸越大，制造过程越复杂，相应地对工艺的稳定性要求越高。车载显示屏需要满足极其苛刻的环境可靠性和极低的故障率要求，还要经受住恶劣环境的考验，因此对车载显示屏的生产加工提出了更高要求，高精度的生产设备以及稳定的工艺可以大大提高显示屏产品的可靠性。

第二，车载显示屏的不规则性相较于手机、计算机、电视等规则屏，对切割、贴合、除泡、邦定、背光组装等核心工艺要求更高，先进的工艺制程设备是完美产品的前提和保证。

第三，随着 OLED 等显示技术应用于车载显示，更柔更薄的产品形态，势必会要求生产工艺提升、生产设备迭代，持续的新工艺研发投入成为车载显示供应商竞争的核心焦点。

第四，考虑到车辆的高安全需要，要高度重视显示屏的稳定性和可靠性问题，以及屏幕眩光的问题。目前相关供应商多采用优质、可靠的材料和抗眩光涂层材料，从本源上解决显示屏产品的稳定性问题，但也有部分领先的供应商们积极尝试图像算法的方式解决屏幕眩光问题。

（2）跨屏交互的技术提升

座舱内多个屏幕间并非孤立存在，信息会在空间多屏幕间流转，包括跨屏同步、跨屏转移、多屏幕多视角等。在跨屏交互过程中，需要解决以下技术挑战。

第一，准确感知用户的需求和行为是实现跨屏交互的基础。然而，由于不同屏幕的显示内容和用户界面之间存在差异，使得跨屏交互过程中面临着如何准确感知用户的意图和需求，以及如何实现不同屏幕之间的无缝切换和协同工作的难题。

第二，智能座舱内多个传感器和屏幕会不断产生大量的数据，如何对这些数据进行有效融合和处理，提取出有价值的信息并进行及时响应成为实现跨屏交互的重要课题。

第三，从智能座舱整体来看，多个系统、屏幕和传感器需要协同工作，如何将这些系统集成在一起，保证其稳定性和可靠性也是需要攻克的难关。

2. 显示技术强化用户感知

在大屏化的发展过程中有两种技术方案来增强用户的座舱互动体验，其一是屏幕高清化；其二是 HUD。

（1）屏幕显示的高清化

在手机屏幕趋于高清化的趋势下，用户对于座舱显示屏幕画质的要求也愈加高，包括分辨率、色彩还原度和对比度等方面在不断提高。

根据面板显示技术的自发光和背光，屏幕显示技术可分为 TFT–LCD、OLED、MiniLED 和 MicroLED。本书第二章第一节已经提到，目前车载显示仍然以 TFT–LCD 为主，OLED 和 MiniLED 正在逐步量产应用，是车企和供应商目前主要的合作研发方向。而随着用户对显示屏幕画质要求的提升，头部企业正在积极布局 MicroLED，MircroLED 作为前瞻性技术储备或将成为下一代主流显示技术。各显示技术对比见表 4–3。

表 4–3　各显示技术对比

性能指标	TFT–LCD	OLED	MiniLED	MicroLED
亮度	低	中	高	高
对比度	5000：1	1000000：1	100000：1	1000000：1
寿命	中	中	长	长
成本	低	高	中	高
功耗	高	中	较高	低
反应时间	ms	μs	ms	ns
技术	成熟	成熟	进入量产阶段	待发展

例如，合众汽车在哪吒 NETA SPCAE 显示解决方案中采用极致分屏方案，将一块大屏幕分四个主要功能区域当四块屏幕使用，实现比多联屏更高的性价比。NetaSpace 主驾是 17.6 寸的定制化大屏，配置隐藏式的 12 寸断码仪表（一体黑的效果，如果不开机便看不出来），副驾区域采用嵌入式的 12.3 寸屏，以及 49 寸的 AR–HUD 投屏。在此过程中，“高质量”“无延迟”的界面呈现成为用户需求的重点，聚焦到显示屏方面表现为对高色域、高对比度、高亮度及触控丝滑等强感知项的需求提升。再聚焦到具体的显示技术方面，则表现为 MicroLED 的加快落地。

MicroLED 显示具有自发光、高发光效率、低功耗、高亮度、寿命长、高对比度等优点。同时相较于 OLED、MiniLED 等技术，MicroLED 更适应 AR

和 VR 技术的发展。未来伴随着 AR 技术与 VR 技术在智能座舱中的落地，MicroLED 将会成为未来主要的液晶仪表显示技术之一。

但就目前而言，MicroLED 仍需解决巨量转移、全彩化等问题，以及由于良率低带来的高成本问题。

（2） AR–HUD 技术路线选择

在汽车智能化发展中，HUD 采用投影显示技术，可将重要的驾驶信息直接投影到驾驶人的视野中，提高了驾驶的安全性和便利性，提供了更加直观和逼真的交互体验。同时随着 AR 技术的蓬勃发展，AR–HUD 可将信息直接显示在驾驶人前方的道路上，与自动驾驶高度融合，因此 AR–HUD 开始规模化量产上车。

根据光机 PGU 类型不同，AR–HUD 分为 TFT–LCD、DLP、LCOS、MEMS LBP 四种技术路线，目前 TFT–LCD 与 DLP 为量产上车的主流。但这两种技术路线也存在一些短板：① TFT–LCD 光效低，产品亮度欠缺，对太阳光倒灌问题处理欠佳；② TFT–LCD 的光线为偏振光，戴着太阳眼镜会看不到显示内容；③其耐温性差，峰值负载是 DLP 的三倍，升温速度是 DLP 的六倍。

而 DLP 本身材质和结构能够解决太阳光倒灌和偏振光问题，成像质量较好。但 DLP 的成本较高，而且芯片供应商较为单一，目前 DMD 芯片仅 TI 一家。

从长远发展来看，未来 LCOS 有望达成性能和价格的平衡。但 LCOS 对比度不高，而且也存在偏振光问题，针对上述问题需要采用激光光源，但激光光源存在着成本高、车规级厂商少的问题。MEMS LBP 倒是可以通过量产实现降本，但激光二极管对温度较敏感，实现车规级还有一段路要走。

针对以上问题，未来多条技术路线的共存将是 AR–HUD 的常态，相关厂商要持续创新更完善的技术解决方案，解决由于呈现区域增大带来的阳光倒灌、功耗、成本等问题。

第三节　数据与信息安全挑战

相较于传统燃油汽车，智能网联汽车通过在车外部署摄像头、毫米波雷达、激光雷达等多个传感器，以及车内驾驶人监测系统、智能座舱App应用等途径，可收集到规模大、覆盖面广的车辆数据。据国家工业信息安全发展研究中心副总工程师兼信息政策所所长黄鹏所述，一辆智能网联汽车每天至少收集10TB的多维数据，包括驾乘人员的面部表情、声音数据、车辆地理位置等。这些数据被实时发送和存储至汽车厂商的数据服务器中，经分析后用于驾驶决策、人机交互和商业决策等方面。

然而，这些数据也存在被窃取和转移的风险。据新华财经报道，相关研究机构报告显示，根据对2010—2023年间汽车网络安全事件的分析，发现其中30%的事件包括潜在的数据泄露影响。2023年5月12日，日本丰田汽车公司承认，由于云平台系统的设置错误，丰田云平台系统的账户性质被设置为“公共”而非“私人”，这导致约215万日本用户的车辆数据蒙受泄露风险。

一、涉及范围

随着智能化水平的快速发展，搭载于车辆上的传感器数量也会越来越多。这些愈发先进的传感器采集到的信息如果能被合理利用，固然有利于提升人们的出行体验，但若对于用户数据无法做好防护，被轻易盗取、破解，也会存在难以预知的隐患。

数据与信息保护作为智能网联汽车的安全底座之一，覆盖终端安全、通信安全、数据安全、应用服务安全等全产业链关键环节以及研发、生产和运营等全生命周期的安全管控系统（图4-2）。

终端设施	网络	平台	服务
电子控制单元ECU	计算机网络	接口	娱乐信息
娱乐信息终端IVI	移动通信网络	协议	远程控制
网联设备T-BOX	汽车总线	架构	导航服务
车载诊断单元OBD		管理	交通信息
Wi-Fi、蓝牙接口		维护	在线更新
手机端App		运营	数据安全
通信基站		功能	个人信息保护
云端服务设备			

图 4-2 智能网联汽车数据与信息安全

1. 终端安全（云端、车端和手机端）

随着车机与手机融合的趋势化，以车控手机 App 为例，车主会利用手机 App 连接车内控制模块，用来实现对车辆开锁寻车、预热、预冷等功能。但安全强度并不乐观，黑客可通过对 APK 流量解密，调用控制接口，操控车辆等。

2. 通信安全（车内网络与远程通信升级）

车内网络通信主要指 CAN 总线等总线通信以及蓝牙等无线通信方式。车内网络处于密闭空间，威胁常来自于乘客使用不安全设备，如黑客可通过被控制的智能终端的蓝牙连接车内网络，影响车辆安全。

远程通信包括移动网 4G/5G、卫星导航等通信方式，如果对时效性要求较高的安全信息一旦传输失败，会对车辆乃至路人造成威胁。

3. 数据安全（个人隐私、个人或公共财产安全）

智能汽车集数据采集、传输、存储集于一身，如果有人利用这些交互数据，便可绘制高精度地图、制作用户商业画像、掌握乘客的一举一动。敏感数据（乘客的位置隐私、用户数据隐私、身份隐私）被泄露风险极高。

4. 应用服务安全（移动 App、Web 和嵌入式软件等）

车载应用服务信息交互系统主要依赖于应用软件生态，如果系统和应用本身被植入木马病毒，那么对车辆的安全性能将造成严重影响。

二、直接挑战

1. 大量的安全漏洞

智能网联汽车的本质是软件定义汽车，据统计，一般新车型每辆车的新增代码数量在上亿条，平均每五万行代码里面有一个高危漏洞，存在着巨大隐患。随着汽车代码数量增加带来安全缺陷增加，漏洞将无可避免。从云端和车端的漏洞来看，无防护、弱防护以及信息泄露成为最常见的漏洞。

中汽数据 CFID 漏洞库截至 2022 年底共收录了 2945 个安全漏洞，而到 2023 年 8 月底已经超过了 3700 个漏洞，共涉及车型 1000 多个，业内“流行”的漏洞重复率达到了 70%。

2. 多样的攻击手段

伴随汽车智能网联程度的提升，汽车正面临着多样攻击手段的挑战——汽车与外界连接和交互途径增多，致使汽车遭外界的侵入途径或攻击手段增加，包含由远及近的云端、管端和车端等。车辆在数据传输过程中存在诸多潜在攻击入口和路径，比如车内 Wi-Fi、蓝牙和移动通信网络、信息娱乐系统等，需防止数据遭到嗅探、篡改和其他攻击。

例如 2023 年 3 月在 Pwn2Own 大会上，法国网络安全公司 Synacktiv 的研究人员用 10min 时间对 Model 3 进行三次黑客攻击。第一次在不到 2min 的时间内黑客便入侵了 Model 3 的网关（gateway）和信息娱乐子系统，并因此赢得 35 万美元和一辆特斯拉 Model 3 新车；第二次 Synacktiv 的团队接管了 Model 3 的互动信息娱乐系统，并将特斯拉的 logo 换成 Synacktiv 的 logo，此次黑客攻击为 Synacktiv 的团队赢得 25 万美元；在第三次攻击中，该团队则通过以太网完全接入汽车，获得了 10 万美元和一辆特斯拉 Model 3。

三、解决方案

（1） 全链路思考

从网络安全攻击链路来看，“进不来、看不懂、拿不走、改不了、存不下、瘫不成、赖不掉和及时补救”是保护资产不被破坏，或被破坏后能及时修复重要的行动路径（图 4–3）。

（2） 主动防护

目前通过主动入侵检测（IDPS）能有效弥补被动防护对动态安全响应不足，可检测车辆动态安全状态并响应，将两者有机融合是达成资产保护和安全合规的有效手段。主动入侵检测防护体系如图 4–4 所示。

（3） 构建纵向深度防御和横向全生命周期安全管理的网络安全体系

单一单点的防护无法实现当前智能网联汽车面临的网络安全挑战，车企需从网络安全的攻击链路和生命周期管理两个维度，构建云管端一体化纵向防御机制和全生命周期安全管理体系，进行系统化防御方案开发。

纵向深度防御的方法可用于减轻网络安全风险，其利用各层网络安全控制来提高车辆的网络安全，如果攻击能够穿透或绕过一个层，另一个层可以帮助遏制攻击并保持对资产的保护。目前常用的防御方法有身份认证、访问控制、授权管理、加密设计、异常监测和分域隔离等。

横向针对汽车全生命周期网络安全管理，除了对概念设计、产品开发（系统、硬件和软件）、产品生产、运行服务和报废等各个阶段进行网络安全策略设计、测试和验证外，同时需加强车辆配置、需求、变更和供应链等管理，来进一步辅助支持汽车生命周期网络安全。

（4） 构建不同数据安全等级及对应机制

在数据安全方面，需针对各类数据设定数据安全等级，同时采用多重手段确保数据资产在“存、管、用、销”等各个环节的安全，做到“事前可管、事中可控、事后可查”。进一步建立数据全生命周期保护管理机制。同时，面对智能网联汽车海量的敏感和隐私数据，目前最常见的是脱敏存储和使用，

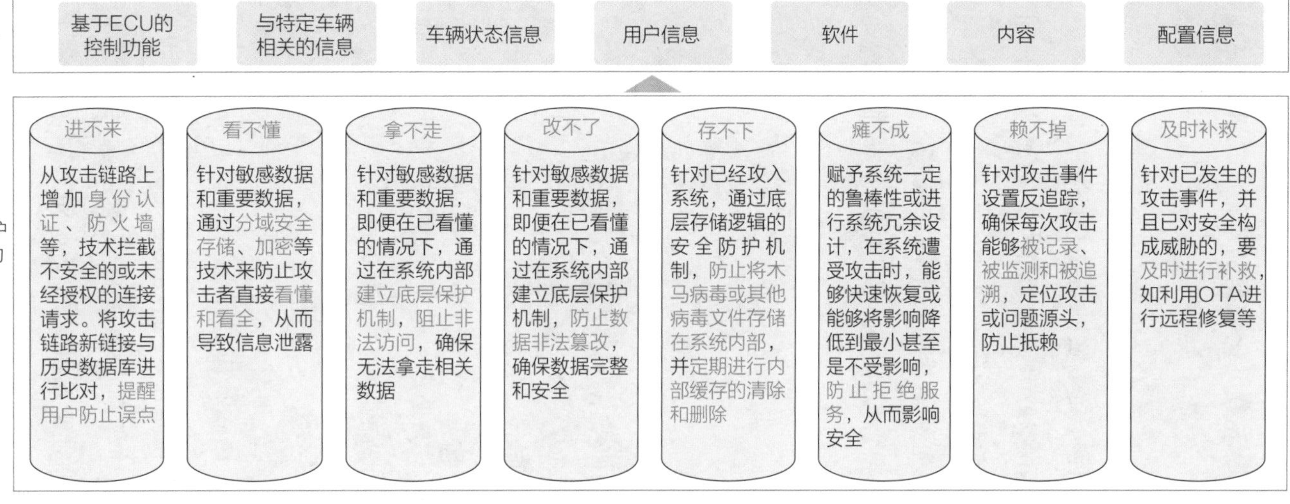

图 4-3　网络安全防护行动路径

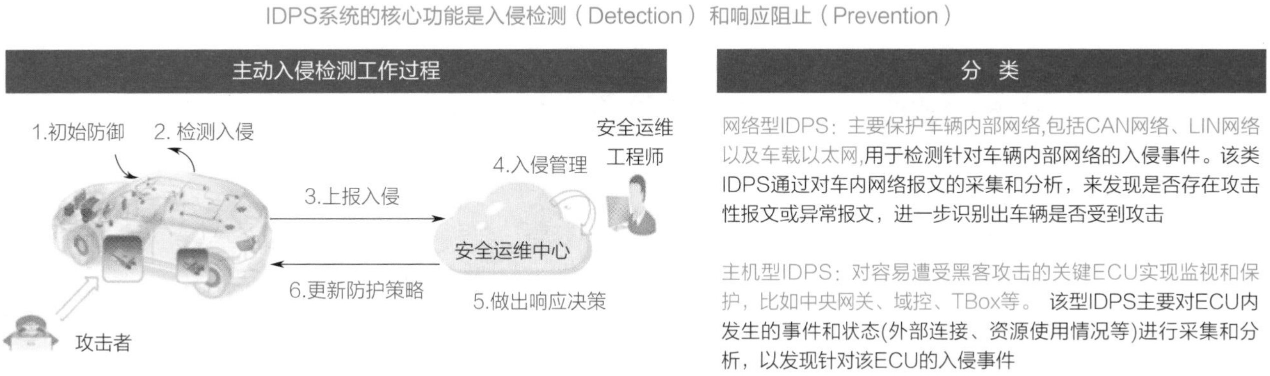

IDPS系统的核心功能是入侵检测（Detection）和响应阻止（Prevention）

主动入侵检测工作过程	分　类
1.初始防御　2. 检测入侵　3.上报入侵　4.入侵管理　5.做出响应决策　6.更新防护策略　安全运维中心　安全运维工程师　攻击者	网络型IDPS：主要保护车辆内部网络,包括CAN网络、LIN网络以及车载以太网,用于检测针对车辆内部网络的入侵事件。该类IDPS通过对车内网络报文的采集和分析，来发现是否存在攻击性报文或异常报文，进一步识别出车辆是否受到攻击 主机型IDPS：对容易遭受黑客攻击的关键ECU实现监视和保护，比如中央网关、域控、TBox等。 该型IDPS主要对ECU内发生的事件和状态(外部连接、资源使用情况等)进行采集和分析，以发现针对该ECU的入侵事件

图 4-4　主动入侵检测防护体系

但这需要牺牲部分数据维度，导致数据信息无法有效被利用，而隐私计算的兴起，能够在保证原始数据不泄露的前提下最大化数据的价值，未来或将在汽车网络安全中得到应用。

（5）网络安全测试

网络安全测试是确保智能网联汽车设计和实施网络安全防护措施的重要防御手段，在开发过程中车企应加强攻击模拟测试和验证，提前修复漏洞和威胁，避免后续网络安全风险，减少召回或远程修复成本。另外，随着智能网联汽车的发展，网络安全、功能安全和预期功能安全往往是密不可分的，三者都专注于系统级功能且彼此的定义和过程相互关联，需进一步加强构建智能网联汽车全场景安全体系。

第四节 商业模式挑战

智能座舱带来的不仅是产品的创新，也是车企造车思维、行业商业模式的创新。如何在新的市场环境下，构建有效的盈利模式，是一个重要的问题。

一、新型商业模式探索

随着汽车智能化发展进入下半场，用户逐渐从驾驶中被解放出来，汽车成为理想的服务空间。用户需求的变化是推动智能座舱发展的深层次原因，除传统的安全需求外，当下用户对车辆产生了更多的社交、休闲和商务等个性化需要，这推动了汽车行业对座舱服务的不断完善。在此背景下，新的商业模式不断涌现，产业玩家纷纷试水软件付费、内容变现和衍生服务。

1. 软件付费

软件付费正成为产业链中最重要的增量价值来源之一。相关数据显示，目前车载软件服务为智能座舱贡献了五成的价值。未来，软件应用的开发将成为车企打造个性化、差异化服务的重要手段。

智能座舱软件付费通常是指在智能汽车中，通过软件升级或付费解锁某些功能来提升车辆性能、舒适度或安全性的一种服务。对消费者而言，智能座舱软件付费是定制车辆功能的有效方式，可根据个人需求和预算来选择不同的软件套餐。软件付费的优势在于让消费者在不更换硬件的情况下，提升车辆的性能和舒适度，例如，增加导航系统功能、提高音响系统品质等。

目前，车企、互联网企业以及第三方应用开发者都在围绕座舱软件应用进行布局，并且积极探索各种商业模式。2024 年 1 月，特斯拉在国内推出了高级车载娱乐服务包（爱奇艺黄金 VIP 会员版）——34.99 元 / 月，包含“高级车载娱乐服务包”和“爱奇艺黄金 VIP 会员”。高级车载娱乐服务包内容涵盖车载导航、可视化实时路况显示、卫星地图、通过车载应用播放网络音乐和视频、车载 KTV 应用、线上游戏、互联网浏览器。smart 的座椅加热功能为 129 元 / 月。国内造车新势力在软件付费方面也有很多尝试，例如蔚来“NIO Pilot 全配包”定价为 3.9 万元，新增领航辅助（NOP）、道路识别、转向灯控制变道等功能；而 HUD 增强平视显示系统、方向盘加热、NOMI Mate 2.0 等都需要付费才能搭载。

2. 内容变现

如今越来越多的用户愿意为优质内容付费，尤其是结合驾车场景的精品定制内容，将会产生更大的消费需求。

内容变现包括车企通过将智能座舱中的各种内容（如娱乐、教育、新闻、广告等）进行商业化利用，实现收入的过程。在智能座舱中，车企可以为用户提供各种优质的内容，如订阅音乐、观看电影、使用应用程序等。这些内容可以通过订阅模式、单次购买、广告收入等形式进行变现。通过将内容变现，车企可以将智能座舱打造成以用户为中心的娱乐和服务平台，同时也能够获得额外的收入来源。

例如腾讯重点发展车载娱乐应用，推出了集成QQ音乐、腾讯新闻、微信读书、喜马拉雅等优质内容的车载视听App——爱趣听，已经在吉利、沃尔沃、长城等品牌的几十款车型上搭载。同时将腾讯系的内容会员体系在汽车端延续，形成一个内容变现的新场景。

3. 衍生服务

除上述两种直接的收费模式外，衍生服务付费也具备可观的盈利空间。各车企在座舱服务方面正展开一些大胆前沿的配置尝试。比如，蔚来ET5推出车载VR眼镜，在汽车停驶时可以给用户提供沉浸式的互动体验，随时通过蔚来全景数字座舱PanoCinema点播影音娱乐内容，极大地加强了乘客影音娱乐的舒适性和沉浸感。理想公布L9的娱乐系统将支持Switch等游戏主机连接投屏，将车内变为“全家人的移动游戏空间”；更多车型推出了杜比全景声，增强座舱内的视听享受。

衍生服务付费的优势在于可以增加汽车制造商的收入来源，通过提供更加智能化、个性化的服务更好地满足用户的需求，从而提高用户的满意度和忠诚度。对车企而言，“直接与用户建立联系”变得更加重要，这将会影响到其渠道、营销和用户关系管理模式，对品牌形象和市场竞争力的提升意义重大。

另外这种衍生服务也正从舱内延伸至舱外，将个人思维意识流与车辆的实时位置流进行融合。例如，看到车外的电影海报，可以了解什么时候放映、放映时间等信息，结合不同场景，形成商业闭环。现在美团、大众点评等公司可以与车企合作，结合线下场景为用户提供更全面的服务，但如何嫁接联系，还需要一个入口，车企在这方面可以进行赋能，提供一个通道连接服务和场景。

二、新型商业模式的挑战

尽管产业各玩家在积极探索新型的商业模式，但从汽车产业整体来看，车企尚未在座舱服务方面获得及时的收益，车载应用创造的价值也还较小，在商业模式的探索上仍面临着一些需要攻克的难题。

1. 付费模式与车辆价值的平衡

车辆的付费模式问题并非单纯的经济问题，它涉及消费者权益、市场公平性和行业长期发展等多个方面。目前，市场针对上述付费模式仍存在争议，部分消费者认为，这种付费模式将会导致车辆价值的降低。

首先，对购买了原厂提供免费软件服务的消费者而言，突然的收费举措会让他们感到不满和失落。此外，随着时间的推移，软件更新和新增功能都需要付费使用，消费者担心这会导致车辆的使用成本不断攀升。

其次，从增值服务角度来看，车辆价值要求增值服务必须达到高度的可靠性和安全性。这要求企业在服务研发和推送过程中，严格把控质量，确保用户在使用过程中不会出现安全隐患。

同时在后续发展过程中，提供有竞争力的价格和优质的服务也是需要解决的问题。在市场竞争激烈的环境下，企业需要精准定位用户需求，提供具有针对性的增值服务。另外，还要确保服务的质量，以优质的服务赢得用户的满意度，增强用户黏性。

2. 内容变现与付费习惯的矛盾

智能座舱需要提供高质量和多样化的内容，以满足用户的需求和兴趣。在内容变现层面，内容的品质和多样性以及用户体验和付费习惯的培养，是企业面临的主要挑战。车企需要与内容提供商合作，确保提供的内容具有吸引力和独特性。

在内容变现层面，制造商还需要明确哪些功能适合收费、如何定价，以及如何确保付费服务的价值，同时又不影响用户体验。

与此同时，智能座舱市场竞争激烈，车企需要根据市场需求和竞争状况进行内容策略调整，以适应不断变化的市场环境。在内容变现过程中，车企还需要考虑版权和许可问题。确保所使用的内容符合法律法规，并与相关版权持有者建立合作关系，以避免侵权问题。

3. 数据获取与安全挑战

座舱的智能化需要依托大量的数据进行训练，从而实现智能程度更高的人机交互反馈效果，数据规模直接影响了智能座舱的用户体验。智能化、个性化、情感化的座舱产品的提供势必要涉及更全面的用户数据收集与分析。因此，在商业化的过程中，还面临着如何保障数据采集安全、数据质量和准确性，以及数据共享权限的挑战。

（1）数据采集安全

汽车依赖其传感器进行数据采集，通过网络获得来自云服务平台或其他设备的交互数据。对于任何一个云服务平台来说，汽车是主要的数据采集工具。因此，从某种程度上说，做好汽车数据采集安全，汽车数据安全就成功了大半。尤其是当数据涉及商业变现等话题时，这种数据采集的安全性更要被提升到足够的高度，在商业化的过程中建议制造商们在以下方面高度重视数据采集的安全性。

第一，要在用户知情同意原则下进行数据采集，能够获得支撑汽车智能化发展和商业化变现所必需的数据；第二，对采集的数据进行分类分级，至少区分车内数据和车外交互数据，并采取相对应的安全保护措施；第三，对外发的车外交互数据进行匿名化、去标识化和脱敏等处理，防止敏感数据泄露；第四，严禁汽车装配超出地理信息测绘精度的部件，杜绝敏感测绘数据的采集；第五，严禁采集相关法律法规禁止采集的数据。

（2）数据质量和准确性

除了为用户提供更加便利、舒适和安全的出行体验外，高质量的数据分析可以更加深入地了解乘客的需求和偏好，及时捕捉座舱中存在的问题并根据数据分析结果提供针对性的改进方案，进行精准的产品优化与升级，从而提高产品的质量和竞争力，提供更加个性化的服务。同时有助于为后续研发提供参考，发掘新的商业机会和商业模式。但整体来看，当前数据质量的把控还存在以下挑战：

1）数据规模庞大：随着智能座舱技术的不断发展，座舱内的传感器和设备数量不断增加，导致产生大量的数据。如何有效地处理和分析这些数据，保证数据的质量和可靠性，是一项巨大的挑战。

2）数据质量参差不齐：由于数据来源多样，数据的质量和格式可能存在差异。有些数据可能存在异常值、缺失值或重复值等问题，这会对数据分析的准确性和可靠性产生影响。

3）数据处理和分析技术的选择：由于智能座舱产生的数据规模庞大、结构复杂，需要采用高效的数据处理和分析技术。如何选择合适的技术和方法，以及如何保证技术的稳定性和可靠性，是一项重要的挑战。

（3） 数据共享权限

智能座舱中的数据会涉及多个合作方，如第三方应用开发者、内容提供商、广告商等。车企需要与各个合作方建立良好的数据共享合作关系，确保数据的合法使用和有效变现。

当前车企存在着明显的孤岛效应，大部分车企并不愿意向外界公开车辆和驾驶数据，甚至合作公司也难以获得相应的数据，这就导致了现有技术无法得到所需的足够的数据积累，这种数据互联互通能力的缺失对智能座舱产业而言是一项巨大的挑战。

此外，智能座舱的数据标准和规范不统一，也导致数据交换和共享存在困难。如何制定统一的数据标准和规范，推动不同车企之间的数据互通和共享也是产业需要解决的问题。

总之，在商业化过程中，智能座舱的数据具备高可靠、高准确、高质量的特征，在数据获取、分析和共享各环节层层努力，以确保后续的数据分析和变现工作。因此，各环节的玩家需要建立合适的数据质量控制措施，以提高数据的准确性和可信度。同时需要产业和政策端从技术、标准、安全等多个方面提供更全面的对策。

三、长期战略的成本与可持续性

智能座舱的开发、部署和运营都需要耗费大量的资金。车企需要进行技术研发、设备采购、系统集成等投资，同时还需要考虑维护和更新的成本。此外，如上文所言，为提供高质量的服务和内容，智能座舱相关企业还需要与内容提供商合作，为内容付费或进行授权，这也增加了成本压力。

另外，智能座舱的投资和开发是个长期的过程，因此在商业模式上还需要考虑如何在产品的整个生命周期内获得可持续的收益，这种可持续是指能否在长期内保持盈利和稳定增长。

车企需要探索在车辆的全生命周期运营过程中有持续为其带来收入的可能性，同时要考虑用户的付费意愿和市场的竞争状况。智能座舱技术不断发展，消费者希望产品能够保持更新和升级。商业模式需要考虑如何为现有用户提供新功能、安全补丁等更新，还要不断探索多元化的变现模式，以降低对单一变现方式的依赖性，从而提高可持续性。

05

第五章 智能座舱的发展趋势

第一节 科技带来的影响

一、智能座舱演变逻辑

随着座舱从传统机械和电子座舱向智能移动空间的不断演进，整车功能和用户体验得到了极大的丰富。如今，整车厂及智能座舱相关的技术提供商在产品研发过程中都在积极践行“以用户为中心，以场景体验为核心驱动”的座舱设计理念，从而打造出真正好用、消费者真正爱用的座舱产品。

1. 以用户为中心

“以用户为中心”的概念是指产品或服务的研发、设计、营销、服务等活动都围绕用户的需求和体验进行，以满足用户的需求和提高用户的体验为目标。在智能座舱领域，以用户为中心的设计理念表现为：

1）深入理解用户需求和习惯，通过用户研究为产品设计提供依据。

2）将用户研究的结果转化为场景化的产品设计。

3）利用人工智能和大数据技术，使座舱自动适应用户需求和习惯。

4）不断收集和分析用户反馈，优化用户体验。

5）构建生态系统，提供全面的用户体验。

作为伴随智能手机发展而长大的一代，“Y 世代”（1980—1995 年出生的人群）和“Z 世代”（1995—2010 年出生的人群）的年轻群体对座舱体验的需求更为显著，正成为智能座舱的主力消费人群。

据盖世汽车研究院《智能座舱产业报告（2023 版）》统计数据显示，接近九成的国内用户在购车时将智能座舱配置纳入考虑，同时超过六成的用户对座舱内的功能有付费意愿。2022 年相关数据显示，25~35 岁的年轻群体偏好显著，智能座舱正成为仅次于安全配置的第二大类用户购车因素，79.1%

的年轻用户将座舱智能化体验视为其购车的参考因素，28.1% 的年轻用户将座舱智能化体验视为其购车的首要参考因素。年轻人优选高互动、体验佳、娱乐性强的配置，对车机芯片、语音识别、车联网、OTA 等功能的偏好更为明显。

从 Y 世代和 Z 世代用户的用车场景来看,Y 世代正步入新的人生阶段——家庭。汽车对于家庭用户而言是相比于单身用户更为刚需的“生活必需品”，面对三口、四口甚至更多成员的家庭，汽车内的座舱空间一方面需要满足不同成员的多样化需求，另一方面，一个可以满足婴幼儿需求、同时配置了婴幼儿监护功能的座舱空间成为购车的重要考虑因素。

而 Z 世代正逐渐崛起成为智能电动汽车的主要购买力，作为“数字原住民”，Z 世代用户的生活和经济水平明显提高，具有高学历、信息化以及需求多元化、差异化等特征，这些用户热衷于新科技，天生具有屏幕社交天赋，并乐于尝鲜新奇的互动体验。例如将出行场景和生活场景连接，车联网与家庭物联网的融合已是大势所趋。宝马就和三星旗下的智慧家庭装置整合服务商 Smart Things 进行了合作，配备 Connected Drive 服务功能的宝马车型可通过连接设备打开和关闭家庭报警系统，以及在家庭紧急情况下接收警报。在华为 HiCar 中，车主可通过汽车中控屏幕控制家里的智能设备，包括灯具、窗帘、门锁及各种家用电器。

消费者的功能需要因场景的不断丰富而不断升级，C 端市场催化座舱加速智能化发展。

2. 以场景为导向

所谓“场景使用需要”，即在具体时空下产生的切实问题解决方案。智能座舱因其应用属性，使得消费者更愿意为“场景”买单。在智能座舱中，“以场景为导向”表现为传统汽车只有基本的代步功能，座舱内的功能主要以驾驶人为中心进行设计；现在，汽车除了代步功能，正延伸出新的应用场景，涉及休闲娱乐、办公、社交等多种场景。

场景应用催生了全新制造环节，满足甚至创造出更多样的消费需求，汽车在原本传统机械式操作的基础上进行智能化改善，使原本平常的制造环节成为智能座舱产业链中重要的一部分，例如智能表面、智能座椅、流媒体后视镜等。

以智能表面和智能座椅为例，来看“以场景为导向”的具体表现：

智能表面是驾驶方式不断演变的新环节与方向，提供可由用户自行设置的灵活界面，操作图标与内饰和谐匹配，满足整车造型诉求和人机界面品牌要求。未来汽车的门饰板、仪表板、方向盘、天窗模块、照明系统等都将成为智能表面，从而打造全场景的沉浸式交互。

汽车座舱不再局限于乘坐，车辆内部可通过座椅的灵活调整、多样化功能的实现，进行不同场景的切换，以满足用户的需求。目前座椅智能化主要有三个发展方面：多场景应用（例如，麦格纳的可重构座椅，用户可通过智能手机应用程序重构座椅，包括车辆共享、长途旅行和自主共享移动）、智能控制（使座椅控制方式由传统的按钮控制方式转变为智能控制方式，如 App、手势控制、生物感知等）、智能监控（如 Brain Technologies 的智能汽车座椅系统可以智能监测健康状况，包括心率、呼吸频率以及体温）。

场景应用的不断丰富正在催生更多的技术创新与工艺制造，创造出多样化的智能座舱体验和消费需要。

3. 以技术为支撑

随着国内宏观经济市场的迅速发展，各种创新科技层出不穷。智能座舱也随着时代的洪流积极前进，诞生出不断适应市场的新技术，以满足不同的消费场景需求。其中，5G 通信技术使座舱空中下载技术（OTA）成为可能，AI 和语言大模型使得语音识别、智能助理的连续对话和分区识别更为真实可感，极大解放了驾驶人在路途中的注意力管控，AR/VR 等技术的成熟使整体座舱向着全息投影的 5D 时代持续前进。

同样值得思考的是，在功能的不断迭代下，相对应的车载电子控制单元（ECU）的数量不断增加，而 ECU 数量的增加给汽车制造商带来了更多挑战——分散的 ECU 容易导致车辆线束布置复杂，车身越来越重，整车成本越发高昂；另外，由于涉及的供应商众多，ECU 的软件开发始终无法同步，后续更新也难以为继，更遑论 OTA 升级。传统分布式的汽车电子电气（E/E）架构所有的功能紧密交互，随着汽车功能的不断增加，其难以管理系统的复杂性和实时性，也无法满足整车数字化转型的需求。因此，“将 ECU 功能集中化”的集中式 E/E 架构变革正在进行，传统 ECU 开始实现软硬件分离。

此外，随着智能汽车的发展，越来越多的软件应用融入智能汽车的发展之中，“软件定义汽车”已是确定趋势。软件和制造业的重要不同点在于其复制成本很低，边际成本基本为零，是规模效益最明显的一种产品。因此，汽车行业的集中度将会进一步提升。

如果说集中式的 E/E 架构是软件定义汽车得以实现的硬件基础，那么 SOA（Service-Oriented Architecture）则是软件定义汽车实现的软件基础。随着车上功能增多、整车厂开发车型周期越来越短，面临的开发需求更复杂，整车厂需要更快速地响应时间以满足市场需求，从技术角度看，汽车软件架构正由“面向信号”的传统架构迈向“面向服务”的 SOA 架构。SOA 架构核心将每个控制器的底层功能以“服务”的形式进行封装，一个服务即是一个独立可执行的软件组件，并对其赋予特定的 IP 地址和标准化接口以便随时调用，最终通过这些底层功能的自由组合实现某项复杂的智能化功能。

总体而言，在座舱功能层出不穷的市场现状之下，智能座舱相关企业需要重新审视其产品与功能的有效性，及时调整技术迭代方向，通过场景将用户需求与智能座舱功能进行精准对接，实现座舱技术与交互场景的紧密结合，相互促进打造产业良性循环。

智能座舱产业发展至今，产业的持续积累带来了技术的迭代创新，技术的更新为场景应用的实现奠定了底层条件，基于场景的使用需要进一步激发了消费者的新功能诉求和技术革新，并促进了产业规模的发展壮大，智能座舱实现了“产业 - 技术 - 场景 - 技术 - 产业”的良性循环，正逐渐形成以“以用户为中心、以场景为导向、以技术为支撑”的发展模式，围绕着这种发展模式，智能座舱逐渐走向成熟。

二、整体前瞻：座舱创新技术应用

随着智能技术的不断应用和进步，汽车座舱的功能、交互方式以及操作便捷性发生了显著的变化。传统以机械按钮为主的电子座舱逐渐被注重多模交互的智能座舱替代，并逐步发展为融合多种创新科技的复杂系统。

智能座舱关键技术主要由四部分组成：第一部分是机械技术，涵盖了可变车身技术和内饰技术；第二部分是电子电器技术，包括芯片技术、显示屏技术、专用电器总成以及传感器技术等；第三部分是软件技术，主要包含操作系统和各种应用软件；第四部分是以 5G 通信、云计算、互联网以及人工智能等为代表的支撑性技术。

技术的创新迭代持续影响着智能座舱的发展方向，主要包含以下三点：

1. 数据驱动的场景化、个性化服务

首先，随着智能座舱软硬件技术的不断创新迭代，车辆的运行状态、驾驶人的行为和操作、乘客的数量和位置等数据得以收集应用。基于海量的数据信息，场景化服务将成为智能座舱发展的一大趋势。高算力芯片和诸多灵敏传感器的发展，帮助智能座舱进行数据采集和统计分析。通过全方位地挖掘分析用户在不同使用场景下的痛点问题和真实需求，智能座舱的交互方式、功能体验持续更新，从而为用户提供“人 – 车 – 生态系统”的完整价值体验，驱动车辆向着“懂用户所想、思用户所忧”的主动智能空间演进，提高用户留存率。

通过数据的积累和分析，智能座舱可以预判驾驶人的需求并提供相应的服务。比如在即将进入隧道时，自动关闭车窗、打开空调内循环，以应对隧道内空气质量差的问题；在即将下雨时，自动打开刮水器和车灯，帮助驾驶人更安全地驾驶。这样的服务让驾驶人的行车体验更加流畅，也使行车更加安全。

其次，“千人千面”和“千车千面”的智能座舱体验在数据支撑下成为可

能。个性化成为智能座舱的另一趋势。通过人工智能技术和数据分析，智能座舱能够根据用户的行为数据、偏好信息以及实时反馈信息，分析用户的特定需求，为不同用户提供量身定制的服务体验。

第一，智能座舱可以基于用户的个人喜好为其提供个性化的娱乐选择。例如，根据用户的偏好，为其播放匹配的歌曲、调整车内的氛围灯光及音响效果等，以提供给用户更加舒适和愉悦的驾乘体验。

第二，智能座舱可以根据用户的操作习惯为其提供便捷的操作界面和服务功能。

第三，智能座舱还能根据驾驶人的生理特征，如疲劳程度、情绪状态等，提供相应的提醒和放松服务，确保驾驶人的安全和舒适。

第四，智能座舱还可以通过与用户的互动来了解其需求并做出相应功能体验的调整。

未来，随着车辆制造技术和材料技术等方面的发展以及相关法规的完善，智能座舱甚至可以让用户自定义车身颜色和形状。

2. 多模态融合带来交互体验的深入

在各种智能交互技术的赋能下，座舱的交互体验将得到进一步的提升，加之各种软件系统的持续升级，智能座舱为用户带来常用常新的交互体验。算力的进一步提升，使得智能座舱开始有能力支持多传感器的接入，有能力实现基于人工智能的视觉、语音、手势等多模态融合的交互功能。

第一，语音交互功能逐渐普及并成为主流交互方式。从整体语音交互市场来看，基础语音功能已成为汽车的标配，而高阶语音功能（多音区识别、语音免唤醒、连续对话、可见即可说）正逐步普及。同时，AI 模组的发展为车载语音交互系统带来了革命性的可能，语音交互在识别理解和对话情感方面得到大幅提升，这将促使汽车在未来中长期内真正出现智能管家产品。

第二，手势识别技术逐渐迈进智能座舱的人机交互领域。通过摄像头等感知设备，智能座舱可以实时识别驾驶人的手势动作，并将其转化为相应的控制命令。例如，用户可以通过简单的手势来实现音量调整、音乐切换、接打电话等，以提升用户驾乘的便捷性和安全性。

第三，视觉追踪技术。通过追踪用户的动眼频次和瞳孔方向，智能座舱可以实时追踪“视觉意图”，并执行相关指令。

第四，嗅觉在交互过程中的应用是智能座舱人性化、舒适化体验的新亮点。智能香氛系统可以根据用户的喜好和需求，释放不同的香气，以营造出更加舒适和放松的驾驶环境。一些高端车型通过香氛系统来提高驾驶人的驾驶体验，例如在疲劳驾驶时，香氛系统会自动释放提神醒脑的香气，以提醒驾驶人注意休息。

各个感官之间在各司其职的同时，更重要的是协同工作。由于对信息输入的交互反馈速度的不同，不同场景任务中，五态感官存在着不同的反应精度。多模技术通过生物识别和动作识别等方式多渠道收集信息，能够识别车内的复杂情况，判断是否需要提供主动交互服务，如需提供，则通过语音、灯光、振动等多模块的联动，实现趋近真人的对话体验。

未来，座舱内的感知系统将呈现出多模融合交互、主动交互的趋势，从而为用户带来场景化、个性化、情感化体验。

3. 跨终端融合提升车辆智能化程度

在互联网技术和5G网络技术的持续发展下，智能座舱将与互联网和智能交通系统紧密结合，创造出深度连接的车辆系统。基于此，物联网（IoT）在汽车智能化发展过程中的重要性日益凸显。

所谓“IoT”，是指通过网络连接物理世界中的各种设备、物品和传感器，实现数据交互和智能化处理。在智能汽车领域，IoT技术的应用意味着汽车可以与周围的环境、其他设备和系统进行通信，实现数据共享、远程控制、智能感知等功能。

首先是车辆与其他智能设备的连接。通过IoT技术，车辆可以与各种智能设备进行连接，如手机、平板电脑、手表等。这种连接提供了方便快捷的功能和服务，如远程控制车辆，实现开关车门、起动发动机、调节温度等操作。

其次是与其他车辆、行人和交通基础设施等的连接。IoT技术可以在提高行车安全的同时升级乘车体验。通过 V2V、V2P、V2I 等可以了解附近车辆意图和行人状态，检测碰撞威胁、协调安全车道合并等。当车距过近或发生危险时，车辆还能够及时发出预警或紧急制动，提高驾驶安全性。同时通过与其他车辆之间的信息共享，车辆能够及时获取周围车辆的行驶状态、车速、位置等信息，从而实现交通流量的智能优化。

而随着智能交通的不断普及，车辆还可以实现与交通基础设施的无缝连接。通过访问实时交通信号灯信息和道路状况数据，车辆可以为用户提供更准确的导航和最佳路径规划。

最后是车辆与云服务的连接，促进车端与云端的数据互动和共享。通过 IoT 技术，车辆故障可以通过信息采集器发送到云端处理直接查看到故障码和故障的部位，在故障诊断时提升故障信息可靠性，大幅度缩减维修时间，降低维修成本。

接下来，车与家庭的连接也将成为智能化出行的重要趋势。“门到门”的出行体验将越发普遍。通过车端，用户可以实现对智慧家居的远程控制，用户在家亦可实现对车辆状态的远程监测，真正搭建起从家门到车门的全场景智慧互联。

第二节　跨界技术在座舱内的应用

一、元宇宙

1. 元宇宙的概念和特点

元宇宙（Metaverse）是指利用虚拟现实（VR）、增强现实（AR）、混合现实（MR）、区块链、人工智能等技术，构建一个与真实世界连接的虚拟空间，以更加沉浸式的交互方式和高度互动性，实现虚拟世界与真实世界的融合。

元宇宙具有以下几个主要特点：

1）虚拟实境：通过 VR、AR 等技术，元宇宙创造了一个可以模拟真实环境或者超越真实环境的虚拟世界。用户可以通过 VR 头显、手柄等设备，身临其境地感受和参与其中。

2）多样交互：元宇宙提供了多样的交互方式，包括手势识别、语音交互、触觉反馈等，用户可以通过自然的方式与虚拟环境进行互动，以增强用户的参与感和沉浸感。

3）跨平台连接：借助互联网和区块链等技术手段，元宇宙实现了跨平台的连接和数据共享，用户可以在不同的设备上访问同一个元宇宙，实现虚拟世界和真实世界的无缝衔接。

4）社交和协作：元宇宙提供了社交和协作功能，不同用户之间可以进行实时的虚拟交流与合作，共同创造和体验元宇宙中的内容和活动，增强互动性和社交性。

5）自由创造：元宇宙赋予用户创造、编程和定制的能力，用户可以在元宇宙中创造自己的虚拟人物和不同的物体、场景等，以实现个性化和差异化的体验。

2. 元宇宙发展对智能座舱的影响

汽车座舱与元宇宙相关技术结合，可以为用户带来具有现实感的沉浸式驾驶体验。智能座舱的持续演进，使之逐步具备元宇宙应用所需的场景和技术要素，为元宇宙应用提供了可能。

（1） 打造沉浸式娱乐体验

元宇宙可以创造出逼真的虚拟环境，实现身临其境的用户体验。例如在智能座舱中，通过拓展数智应用场景，元宇宙可以打造沉浸式观影体验，还可以根据用户的喜好和需求在虚拟世界中定制不同的娱乐场景和内容。

（2） 增强社交式交互体验

基于元宇宙的AR体验，不同用户之间可以进行实时的虚拟空间内的交流与合作，共享体验和信息。例如，借助座舱内的多个屏幕，用户可以同时打开多个窗口，在游戏过程中看到队友的画面，与其他玩家共同探索游戏的世界，提升游戏的沉浸感和社交性；构建数实结合座舱，通过智能座椅、氛围灯、香氛、空调、音效等进行联动，打造“5D座舱”概念。

3. 元宇宙在智能座舱中的应用

自“元宇宙”概念提出以来，国家层面和各地方政府对相关行业给予了大力扶植，“元宇宙”也在许多领域取得了较好成绩。从用户角度来看，元宇宙对体验和参与感的强调与智能座舱发展理念不谋而合，元宇宙跨界进入汽车产业将成为智能化的有益助力。当前，元宇宙相关技术已经在智能座舱上开始落地。

（1） 咪咕打造中国特色元宇宙新生态

在“2023中国（重庆）汽车元宇宙高峰论坛”上，中国移动咪咕公司车联网与泛终端业务部总经理文聪表示：“在元宇宙时代与汽车领域结合，咪咕搭建了内容生态矩阵、拓展数智应用场景、构建数实结合座舱、提升数值服务体验。从有限的方寸屏幕到无限的数字体验。”

基于内容生态矩阵，咪咕和比亚迪合作了一站式沉浸娱乐空间，在车内全系列覆盖了咪咕生态矩阵应用，并且可以在应用商店中下载咪咕产品进行体验。

为了方便车企进行AR场景拓展，咪咕还与业界的XR设备厂商进行内容合作，提供DP接口直连车机，咪咕打包相关硬件和内容权益，与车企一起为用户提供不一样的体验。同时基于元宇宙的延伸，提升数智服务体验，包括实时陪伴的元宇宙客服，建立虚拟社交游乐园，增加用户社群的互动乐趣和对品牌的忠诚度。

（2） 光庭信息携“车享元宇宙”助力沉浸式VR驾乘体验

光庭信息作为Epic Games在汽车领域的战略授权合作伙伴，在Unreal

Fest Shanghai 2023 虚幻引擎技术开放日（UFSH 2023）带来了基于 Unreal 引擎打造的光庭车享元宇宙。

随着大算力芯片的多元化发展，引入实时交互创新技术，对未来汽车智能座舱“强体验”和“高交互”带来更大的畅想空间。光庭信息整合从座舱到驾驶的全域全栈产品解决方案及技术优势，大力推进智能座舱数字体验的研发与创新，布局车载元宇宙，为未来车载娱乐化、社交化赋能，打造新一代 3D 人机交互驾乘体验。

光庭信息最新的车享元宇宙产品利用真实道路构建数字孪生场景，在虚拟环境中基于实车的高精度定位技术，以及基于车辆移动及用户头部运动的空间位置追踪技术，将真实世界和元宇宙世界进行有机融合，用户可通过穿戴 VR 设备，将驾乘体验转变为游戏体验，在同步用户视觉及其他感官体验的同时，还能有效降低乘客的晕车风险。

在 2023 年奇瑞科技日上，奇瑞展出的四大黑科技之一就是“车享元宇宙”，光庭信息亦深入参与其中。奇瑞根据龙山实验中心道路数据，在元宇宙中打造了“世外桃源”“海底世界”“天空之城”三个场景，通过车享元宇宙让 VR 内容与车辆实际行驶状况实时同步，从而实现沉浸式 VR 驾乘体验（图 5–1）。

a）世外桃源

b）海底世界

c）天空之城

图 5–1　奇瑞“车享元宇宙”

二、生成式 AI

1. 生成式 AI 的概念与基本原理

生成式 AI 是一种利用复杂的算法、模型和规则，从大规模数据集中学习，以创造新的原创内容的人工智能技术。生成性 AI 通常依赖于机器学习模型，特别是深度学习技术，如生成对抗网络 (GANs) 和变分自编码器 (VAEs) 等，这些模型可用于图像生成、文本生成、音频生成等任务。

2022 年末，OpenAI 推出 ChatGPT，这标志着生成式 AI 在文本生成领域取得了显著进展。2023 年被称为生成式 AI 的突破之年，生成式 AI 逐步在文本、图像、代码、音频、视频和 3D 模型等领域展现出强大的能力。当前，生成式 AI 的发展仍处于起步阶段，未来有望创造巨量经济效益，并对各行各业的工作方式产生重大影响。

ChatGPT 作为生成式 AI 的代表之一，其技术原理和特点可供参考。

（1） 基本原理

1）预训练：ChatGPT 使用海量的文本数据进行预训练，通过自监督学习的方式，让模型学习语言的规律、表达方式和语义关系。

2）Transformer 架构：ChatGPT 采用了 Transformer 架构，具备编码器和解码器两个模块，通过多层的自注意力机制和前馈神经网络进行信息的加工和转换。

3）微调：在预训练后，ChatGPT 会经过对话式任务的微调，通过迭代调整模型参数以适应特定的对话任务，提高模型的生成能力和对话质量。

（2） 特点

1）上下文感知：ChatGPT 能够处理长文本上下文，并根据上下文信息生成连贯的回复。这使得 ChatGPT 可以在对话场景中提供连贯、流畅的对话，具备更好的理解和表达能力。

2）可控性：ChatGPT 可以通过特定的用户指令或者系统约束进行控制，使生成的对话符合特定的需求和规则。这种可控性使得 ChatGPT 可以在实际应用中更加灵活和可靠。

3）零样本学习：ChatGPT 具备一定的零样本学习能力，即可以在没有针对特定任务的训练样本的情况下，通过用户提供的输入和指令进行对话生成。这提高了 ChatGPT 的适用性和泛化能力。

4）实时响应：ChatGPT 具备一定的实时响应能力，可以在几百毫秒的时间内生成回复。这使得 ChatGPT 可以在实时对话、客户支持等场景中发挥作用。

5）对多样化数据的适应性：ChatGPT 可以处理多种文本类型和语言风格，并在生成的对话中保持一致性和准确性。这使得 ChatGPT 对于处理不同领域和多样化数据具有一定的适应性。

ChatGPT 是基于 GPT（Generative Pretrained Transformer）发展而来的。GPT 是一种基于深度学习的大语言模型（LLM），从 GPT-1 到最新的 GPT-4 及其各种改进版，包括多个版本。2024 年 5 月，OpenAI 宣布推出新的旗舰生成式 AI 模型 GPT-4o。

生成式人工智能是一个更广泛的概念，涵盖了多种媒体内容的生成。不是所有的大语言模型都是生成式 AI，因为有些可能仅专注于文本处理和理解，而不一定涉及内容的原创生成。

2. 生成式 AI 市场分析

随着深度学习技术的进步和数据可用性的增加，生成式 AI 在多个领域内的应用逐渐增多。生成式 AI 正在快速发展，吸引了大量的投资和研发资源。企业对自动化内容生成、数据分析、客户服务优化等方面的需求推动了这一领域的增长。此外，随着技术的成熟和应用场景的拓展，生成式 AI 开始影响到创意产业、媒体、广告、教育等多个行业。

工业和信息化部赛迪研究院发布的数据显示，2023 年，中国生成式人工智能的企业采用率已达 15%，市场规模约为 14.4 万亿元。有专家预测，2035 年生成式人工智能有望为全球贡献近 90 万亿元的经济价值，其中中国将突破 30 万亿元。

现阶段，包括谷歌、亚马逊、阿里、腾讯、百度等国内外科技巨头都在纷纷布局生成式 AI 类的大模型产品，围绕不同的应用场景进行开发。

3. 生成式 AI 对智能座舱的影响

生成式 AI 将推动汽车行业智能化。生成式 AI 底层的技术能力（AI 大模型、人类反馈强化学习）可赋能汽车行业，结合不同的落地场景，助力汽车行业的智能化发展。

在“2023第五届智能座舱与用户体验大会”上，合众新能源汽车股份有限公司演讲嘉宾坦言，大模型技术表现出通才、专业、自然三个特点。从C端来看，大模型将带来个性化、工具类、主动智能和情感陪伴；从B端来看，将主要实现降本增效，在文本、图片、视频、编程、报表等方面带来助力。

生成式AI技术将率先应用于座舱内部，带来座舱内部人机交互的变革，主要体现在车载语音助手。过去，座舱内的语音交互需要固定顺序的词汇激活系统做出对应指令，而生成式AI可以主动识别用户语言，包括唤醒词在语音指令不同的位置，并根据用户偏好进行反应，大幅增强用户交互体验。当前，大模型上车仍处于萌芽期，在应用上主打功能移植、以宣传为主、与车的结合较少。探索期的重点方向将是语音功能在车场景和智驾的深度应用。

在成长期，生成式AI技术将发挥“车大脑”的功能，进行座舱功能的主动执行，并且是“最适合用户”的。大模型将针对用户诉求进行个性化精准推送，可以根据用户的偏好和习惯自动调整界面布局和交互方式。

4. 生成式AI在智能座舱中的实际应用

（1）百度推出“文心一言”

2023年3月16日，百度率先推出了大语言模型——“文心一言”。“文心一言”模型在知识增强大模型ERNIE和文心对话大模型PLATO基础上不断迭代而来，具备文学创作、商业文案创作、数理推算、中文理解、多模态生成（文本、图片、音频、视频）五大场景能力。

同时，百度构建了全栈式AI技术布局，包括芯片–框架–模型–应用四个层面，可以实现端到端的优化，大幅提升效率（图5–2）。

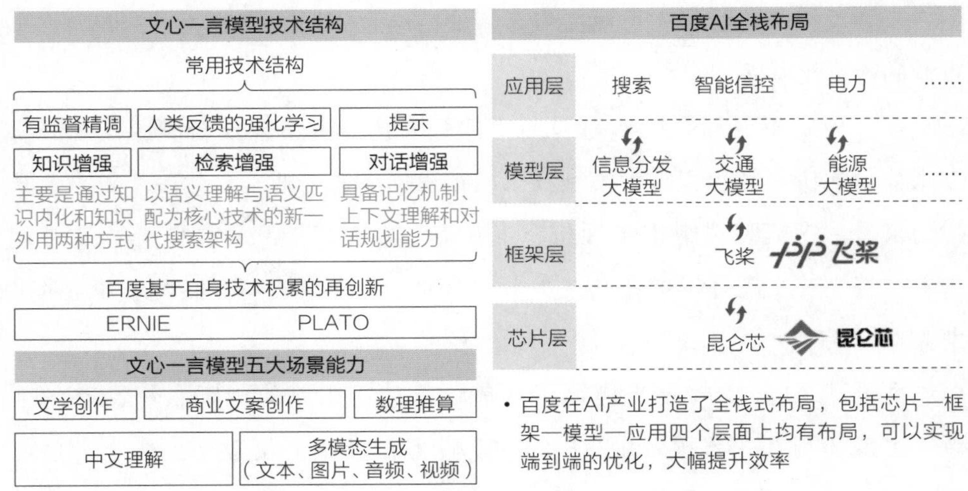

图 5-2　百度全栈式 AI 布局

在生成式 AI 技术上车方面，集度汽车（2023 年 8 月更名为“极越汽车机器人”）是全球类大模型技术的首次上车；同时，当前已有多家车企已成为百度“文心一言”生态圈的合作伙伴，主要聚焦在语音交互层面的开发。

2023 年 2 月 14 日，集度科技宣布，将融合百度文心一言的全面能力，打造全球首个针对智能汽车场景的大模型人工智能交互体验，支持汽车实现自然交流的再进阶。2023 年 2 月 17 日，红旗汽车宣布接入百度文心一言成为首批生态合作伙伴，将集成文心一言的技术能力，打造联合解决方案，通过技术共享、培训赋能、联合营销等方式，在 AIGC 内容共创领域发力，并赋能红旗元宇宙。2023 年 2 月 20 日，吉利汽车宣布成为文心一言首批生态合作伙伴中的一员。二者的重点合作领域集中在人工智能交流对话领域，这方面的成果也将率先用在吉利汽车最新品牌——银河旗下车型的智能座舱上。

（2） 大众汽车探索生成式 AI 在汽车领域的应用

在 2024 年 CES 上，大众汽车与人工智能企业 Cerence 宣布，双方将合作为大众车主提供独一无二的智能汽车级 ChatGPT。大众汽车将利用 Cerence 的新型生成式人工智能 Cerence Chat Pro，使驾驶人和乘客能够与车载语音助手进行有趣的对话，利用包括 ChatGPT 在内的多种人工智能模型，为几乎所有可以想象到的问题提供准确、相关的回复。

同时大众汽车在 2024 CES 展上展示了其首批支持 ChatGPT 的汽车，该功能预计于 2024 年第二季度初在北美和欧洲推出。这款新的聊天机器人将与最新的信息娱乐系统一起提供，该信息娱乐系统可用于基于 MEB 的车型，如 ID.7、ID.4、ID.5 和 ID.3，以及基于新 MQB EVO 平台的产品线，包括全新途观、当前一代帕萨特和高尔夫。

通过这种集成，IDA 语音助手可以用于控制信息娱乐、导航和空调或回答一般知识问题。大众汽车相关负责人称，集成了人工智能的车内语音助手可以理解自然语义，当乘客说“我觉得冷”时，语音助手就会提高空调温度；当乘客说“我想吃黄油鸡”时，车载导航就会显示附近的印度餐厅等。同时大众汽车方面还表示，无需创建新账户、安装新应用程序或激活 Chat-GPT，只需要发出“HelloIDA”语音指令或按下方向盘上的按钮即可激活（图 5-3）。

图 5-3　ChatGPT 与 IDA 语音助手无缝集成

此外，ChatGPT 不会访问任何车辆数据，问题和答案会被即时删除，以确保最高级别的数据保护。

三、通用人工智能

1. 通用人工智能的概念和特点

通用人工智能（Artificial General Intelligence，AGI）是指一种能够具备智能行为的人工智能系统，其在多个领域拥有与人类水平相当或超过人类水平的表现。通用人工智能是人工智能研究的初心和终极目标，旨在打造具有自主的感知、认知、决策、学习、执行和社会协作能力，符合人类情感、伦理与道德观念的通用智能体。

AI Agent（智能体）是一种能够感知环境、进行决策和执行动作的智能实体，其超越了传统 AI 界限，被认为是通往通用人工智能的必经之路。不同于传统的人工智能，AI Agent 具备通过独立思考、调用工具完成给定目标的能力。一个基于大模型的 AI Agent 系统可以拆分为感知观测单元（Sensor）、记忆检索单元（Memory）、推理规划单元（Planner）和行动执行单元（Actuator）四个组件部分（图 5-4）。

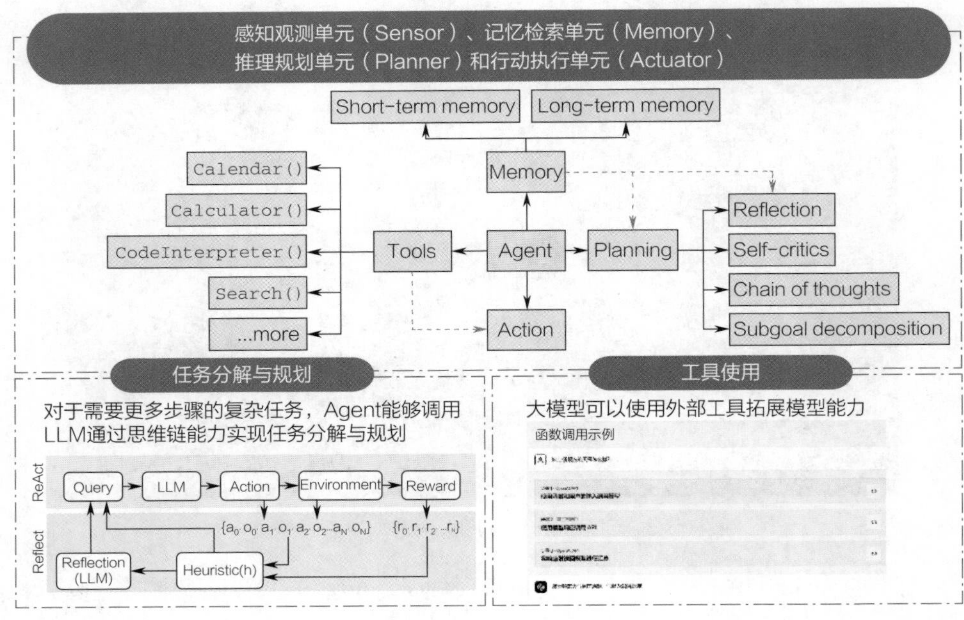

图 5-4　AI Agent 系统结构

（1）通用人工智能的特点

1）自主灵活性：通用人工智能具备自主决策能力，可以根据情境和目标做出相应的决策和行动；通用智能体具备处理不同领域任务的能力，可以适应各种不同的情境和问题，包括在复杂动态的物理和社会环境中没有预先定义的任务。

2）学习能力：通用人工智能具备从经验中学习和改进的能力，其可以不断提升自己的表现和适应性。通用智能体应该是自主的，即它应该能够像人类一样自己产生并完成任务。

3）推理和问题解决能力：通用人工智能可以进行推理和问题解决，能够从给定的信息中获得结论或找出最佳解决方案，同时具备一定程度的创造性，可以生成新的想法、解决问题和创造新的知识。

4）长期自我改进：通用人工智能可以通过自我学习和迭代改进不断提升自己的性能和能力。通用智能体应该具有一个价值系统，因为它的目标是由价值定义的。智能系统是由具有价值系统的认知架构所驱动的。

（2）通用人工智能和生成式 AI 的差异

对比通用人工智能和大语言模型等生成式 AI 应用，能够发现二者尚存在本质差异。北京通用人工智能研究院院长朱松纯曾表示："大型语言模型还不符合通用人工智能的要求。"

1）大型语言模型在处理任务方面的能力有限，它们只能处理文本领域的任务，无法与物理和社会环境进行互动。这意味着像 ChatGPT 这样的模型不能真正"理解"语言的含义，因为它们没有身体来体验物理空间。人对世界的"知"是建立在"行"的基础上的，这也是通用智能体能否真正进入物理场景和人类社会的关键所在。只有将人工智能体放置于真实的物理世界和人类社会中，它们才能切实了解并习得真实世界中事物之间的物理关系和不同智能体之间的社会关系，从而做到"知行合一"。

2）大型语言模型不是自主的，它们需要人类来具体定义好每一个任务，就像一只"巨鹦鹉"。

3）虽然生成式AI已经在不同的文本数据语料库上进行了大规模训练，包括隐含人类价值观的文本，但它并不具备理解人类价值或与人类价值保持一致的能力，即缺乏所谓的道德指南针。

通用人工智能的目标是打造一种能够拥有和人类相似智能水平的人工智能系统，能够在各个领域发挥作用，并与人类进行高效的合作和交互。

然而，目前通用人工智能仍然是一个理论目标，尚未完全实现。

2. 通用人工智能对智能座舱的影响

通用人工智能在汽车智能座舱中的智能化推荐和预测、反馈等方面起着重要作用。以下是通用人工智能对智能座舱的关键作用：

1）更精准的个性化设置与内容推荐：基于深度学习与机器学习的算法，通用人工智能可以通过分析大量的用户数据和驾驶行为，了解每个驾驶人的偏好和习惯。基于这些信息，智能座舱可以根据每个驾驶人乃至乘员的喜好和需求，更精准地定制个性化的设置和界面以及车内设计。通用人工智能还可以基于对驾驶人的兴趣和需求的了解和分析，以及与其他驾驶人的相似性比较，主动为驾驶人提供智能化的推荐服务和出行设计。另外，通用人工智能还能够产生内容，而且是有智慧的内容。模型能够从驾驶终端采取高质量的数据，对模型进行更新，然后再去从终端提升数据的量和质。

2）灵活的任务处理：在通用人工智能时代，只要输入提示词和多模态的数据，它就可以生成多模态的数据，更重要的是它可以用自然语言去生成对任务的描述，自然语言可以以非常灵活的方式去覆盖大量的长尾问题和开放性的任务，甚至是一些主观描述。

3）预测和智能反馈：通用人工智能可以利用大量的数据分析和机器学习技术，对驾驶人的行为和驾驶习惯进行预测。例如，车辆可以根据驾驶人的出行时间和地点，提前预判他们可能需要的服务和信息，如加油站、停车场等。此外，通用人工智能还可以提供实时的驾驶反馈，如安全驾驶建议、疲劳驾驶提示等，有助于提高驾驶的安全性和效率。

2023年3月，在“中国电动汽车百人会论坛2023”上，商汤科技联合创始人王晓刚坦言:“在智能座舱里面，通用人工智能使我们AGI模型具备空间环境的理解、用户状态的感知、多模态的指令，还有多轮对话、内容生成等一系列的能力。其可以去赋能，作为我们情绪的感知智能助手，完成基于情感的对话、创意、内容的生成，以及个性的交互等，使场景从上车、行车、停车、离车拓展到娱乐、办公、购物、休息。”

四、科技创造新机遇

诸多创新技术和跨界技术的应用，将促进智能座舱的发展，打造更优质的用户体验，并为汽车制造商、技术供应商等企业带来更多商机和发展空间。

汽车产业正处于快速变革的时期，智能座舱作为汽车智能化发展的重要落点之一，相关企业和机构需要持续关注科技发展和跨界创新。智能座舱不断融合人工智能、物联网、大数据分析在内的新技术，功能持续迭代，生态合作的边界进一步扩大，将为智能座舱注入更多创新元素，也为用户提供更加丰富和多样化的体验。

拥抱新技术、抓住新机遇，才能满足用户越发多样性的出行需求，应对市场激烈的竞争，推动汽车产业向智能化、绿色化和可持续发展方向持续迈进。

第三节　智能座舱产业生态趋势

智能座舱作为一个复杂的系统性工程，其发展会涉及多个领域交叉融合，包括汽车工程、计算机科学、机器人技术、传感器技术、通信技术等，这在一定程度上对原有汽车产业链产生了冲击，使得产业竞争格局渐趋跨界、融合和集成。

为了推动智能座舱产业的发展，需要加强各领域企业的技术创新和研发,开展深度的跨界融合，推动协同创新、合作共赢等方式，以实现汽车智能化和可持续发展的目标。此外，产业链的复杂性和动态性也需要不断提高和适应，以应对市场竞争和产业变革的挑战。

目前，汽车智能座舱的产业结构正从传统的汽车制造业向综合科技和服务提供商转变。传统座舱的供应格局更接近垂直关系，Tier1 整合各个部件为 OEM 提供打包方案，相关软件通常嵌套在 ECU 上，后续无法再进行升级；智能座舱产业发展则涉及各类软硬件的集成和解决方案的提供，供应格局更趋扁平化。

一、行业分工边界日趋模糊

作为一项具有重要意义的创新性汽车应用，智能座舱通过将人工智能、车联网、信息技术等前沿技术有机融合，为驾乘者带来了全方位的驾乘体验升级。由于智能座舱所涉及的技术领域非常广泛，使得传统汽车产业链边界不断被打破，上下游的供应关系也逐渐从的“链状”模式向“网状”模式转变（图 5-5）。在这种模式下，整车厂、Tier 1、芯片厂、互联网软件及科技公司等各个环节的企业之间形成了相较于之前更为密切的合作关系，共同推动着智能汽车的发展。

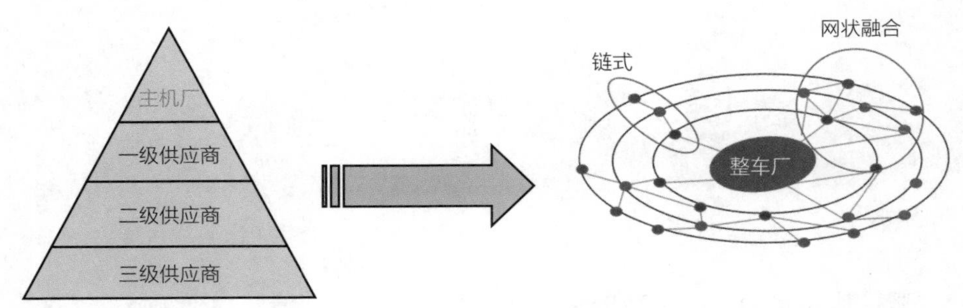

图 5-5 从链式结构到网状融合

在传统链式体系下，从 Tier 2 到 Tier 1 再到整车厂层层分工，整车厂更多负责整体系统的集成。但产业生态的变革，整车厂与供应商之间的合作模式逐渐从传统的线性合作转变为协同合作，整车厂不再只依赖于供应商提供的产品和服务，而是与供应商建立紧密的新型合作关系，共同研发、设计和生产。

与此同时，智能座舱技术的崛起还使得传统的汽车供应链中，Tier 1 与整车厂的深度绑定关系逐渐减弱，整车厂开始与多个供应商合作，这些供应商不仅包括传统的硬件供应商，如座椅、音响、显示屏等，也包括新兴的软件和服务提供商，如人工智能算法、大数据服务、互联网服务等，整车厂从供应链的金字塔顶端转移到产业大生态的中心位置。

二、整车厂持续强化智能座舱布局

1. 打造座舱亮点，提升产品竞争力

当前智能电动车的市场竞争愈加激烈，特斯拉、蔚来等新势力与奔驰、宝马等传统豪华车企相继推出新车型，一方面强化自身优势，另一方面在内饰设计上优化升级，集成 5G、V2X 等技术，打造个性化服务与沉浸式体验。

例如 2022 年，特斯拉的新版 Model S 在做座舱中新增诸多亮点：①“异形”设计的 Yoke 方向盘；采用一体化设计与新的水平中控屏；取消转向柱及变速杆；在中央扶手位置后置小屏幕；装配全新音响系统，22 个扬声器。②内饰更加简约，舍去空调和散热孔，利用通风空调设计隐藏通风口座舱。③芯片硬件强大，运算性能大幅提升。

蔚来 ET7 则具备以下特点：①以 NOMI 为核心布置，采用悬浮式中控大屏；1.9m^2 双层隔热玻璃穹顶，隔绝 99.9% 紫外线；②前后排隐藏式智能出风口，智能空气净化与香氛系统；7.1.4 沉浸声音响系统，23 个扬声器。③车载移动互联与通信能力强，集成 5G/V2X/ 蓝牙 5.2/Wi-Fi6/UWB 等，提供高带宽低延时的互联体验。

整体而言，在座舱的空间属性逐渐得到认可，并将进一步强化的背景下，车企更加注重塑造座舱舒适性、沉浸式体验的软硬件升级。前排主要通过屏幕升级提升安全性与娱乐性，后排借助座椅配置改善乘坐的体验感，同时新

技术的应用，例如 VR 设备、后舱屏等充分打造“生活娱乐空间”，整体座舱围绕用户的视听体验，融合提供更多的功能体验与内容服务。

2. 自研或合作的策略分化构建差异化生态体系

在消费者对车辆座舱的功能需求日益多样化的背景下，车企开始深入布局座舱技术，主要包含三种不同的合作模式。

（1）内部自研

该合作模式的代表企业有蔚来、小鹏、理想等头部新势力车企，目前都在进行中间件以及座舱域控相关的研发，并基于开源系统进行车机 OS 定制开发。这种模式将带来以下几方面的优势：

1）定制化设计：整车厂可以根据自身品牌和车型的特点，定制化设计智能座舱的核心技术，以满足不同车型和用户的需求，提高产品的差异化和竞争力。

2）成本控制：通过自主研发，整车厂可以避免高昂的外部采购费用，更好地控制成本，包括研发成本、生产成本、维护成本等，同时还可以更好地适应市场需求，提高产品的性价比。

3）优化用户体验：整车厂自研智能座舱核心技术可以更好地了解用户需求，优化用户体验，从而有针对性地研发和优化智能座舱的核心技术，提高用户满意度。

4）增强品牌竞争力：通过自主研发和创新，整车厂可以打造出独特的智能座舱体验，提高产品的附加值和市场竞争力，同时也可以为品牌的长远发展提供强有力的支持。

除此之外，针对智能座舱核心技术的自研还可以帮助整车厂更好地积累技术经验和知识，推进智能座舱研发和生产，甚至还为其他相关技术的研发提供支持和帮助。

但这种模式也存在着技术难度高、投资成本大、开发周期长等痛点。

（2）设立子公司开展相关的布局

该合作模式的代表企业有吉利成立的亿咖通、长城汽车成立的诺博科技。

其优势在于产业链控制能力强，具备后续软件升级迭代的主动权，但是投入资金和资源也相应较多。这种产业链的控制能力具体体现在以下方面：

1）资源整合：设立子公司可以更好地整合资源，包括技术、资金、人力等。整车厂可以通过设立子公司，将更多的资源投入智能座舱核心技术的研发中，提高研发效率和成果。

2）技术独立性：整车厂通过设立子公司自研智能座舱核心技术，可以保持技术的独立性和自主性。这有助于避免外部技术制约和供应链风险，同时也可以更好地满足自身的产品需求和市场定位。

3）灵活运营：子公司相对独立于整车厂，具有更加灵活的运营机制和决策流程。这有助于快速响应市场需求，调整产品策略和技术方向，提高市场竞争力。

4）吸引外部投资：整车厂通过设立子公司自研智能座舱核心技术，可以吸引更多的外部投资和支持。这有助于缓解研发资金压力，同时也可以引入更多的合作伙伴和资源，加速技术研发和市场推广。

5）品牌协同效应：整车厂通过设立子公司自研智能座舱核心技术，可以与主品牌产生协同效应。这有助于提升主品牌的形象和竞争力，同时也可以拓展新的市场和用户群体。

（3）生态合作

该合作模式的代表企业有上汽与阿里、北汽与华为，在车机系统上主要基于互联网公司已有系统进行深度的功能开发。技术层面以互联网公司为主进行研发，在场景上借助互联网生态伙伴的资源，能够快速应用，车辆数据由整车厂掌控，车内用户交互数据一定程度上进行共享。这种合作模式的优势在于数据打通程度较高，可快速构建生态场景和体系，但是对互联网巨头的依赖程度较高，积累较慢；另一个代表案例就是以传统外资品牌为代表，车机系统基于开源系统定制开发，与供应商共同研发技术，场景由整车厂主导开发、数据由整车厂掌控。如此一来，整车厂对底层数据及操作系统有一定掌控，但与此同时对外部供应商的能力依赖较大，如车载语音等进展较慢。

3. 整车厂将持续加大座舱软件布局

智能座舱作为汽车软件应用的重要领域，如操作系统、信息娱乐等，其软件价值与附加体验价值将持续提升。相关数据显示，2020 年全球汽车软件市场规模 350 亿美元，至 2030 年有望达到 840 亿美元，2020—2030 年行业复合增速 9.1%。为保持自身竞争力，整车厂将持续加大在座舱软件层面的布局力度。

未来整车厂将以软件和操作系统技术为核心建立生态壁垒。因此，在涉及用户体验的部分，包括应用程序 SDK 和操作系统定制化，整车厂也将持续加大布局力度。其中整车厂在应用程序 SDK 方面主要涉及车载语音和车载导航，会在算法层面进行自研或者一定程度的定制化开发；操作系统定制化只涉及 UI 界面、框架更改，不涉及底层。

三、系统集成供应商加速入局

在“软件定义汽车”大趋势下，汽车行业商业模式面临变革，从“卖硬件集成”的“一次性交付”向着“卖软件服务和数据流量”的“多次、持续性收费”模式转变，最终实现收益的长尾效应。智能座舱作为车端重要的用户数据收集、流量变现端口，受到整车厂和供应链厂商的高度重视。目前在智能座舱内，除整车厂外，软件布局的主要参与者还包括互联网科技公司、传统 Tier 1 以及专业的软件公司。

1. 座舱软件的重要意义

1）软件是实现智能座舱多样化功能的核心。智能座舱涉及多种功能，如信息娱乐、多模交互等，这些功能都需要通过软件来实现。通过软件的优化和升级，可以不断提升这些功能的性能和效果，满足用户的需求。

2）软件是提高用户座舱体验的关键。智能座舱的界面设计、操作流程、语音交互等都涉及软件的应用。通过优秀的软件设计，可以提供更加友好、便捷的用户体验，满足不同的用户需求，提升用户黏性是品牌具象化体现，同时座舱软件的应用是用户大数据最重要的来源与落地。

3）软件是实现智能座舱技术创新迭代的集中增长点。座舱软件涵盖了信息通信技术、电子技术、认知科学、虚拟现实、人机交互、人工智能等多领域。它包含了如舱内硬件电子化、座舱域控集成化、座舱整体环境宜人化等综合技术，兼具高新技术和交叉技术双重特征，是技术创新的爆发区。

4）软件还将影响到整车厂的运营模式、商业模式的逻辑和产业链的组织形式。对整车厂而言，“直联用户”变得更为重要，进而可能影响其渠道、营销和用户关系管理模式；对商业模式来说，可持续的按需商业模式和企业端收入有望增长；对产业链来说，现有的以整车厂为核心的“纵向一体化”结构被打破。

软件在智能座舱领域中扮演着至关重要的角色，“软件定义汽车”趋势显现。这种趋势要求汽车内部的座舱系统具备高度的软件集成能力和可扩展性，以便实现各种功能，如驾驶安全、车载娱乐、车内通信等。

2. 软件供应商地位得以凸显

软件定义汽车意味着汽车的功能和性能越来越依赖于软件和算法。因此，软件供应商在汽车产业链中的地位变得越来越重要。他们不仅需要提供高质量的软件和算法，还需要与汽车制造商、硬件供应商等紧密合作，以确保软件的集成和优化。展开来看，软件供应商在智能座舱中的具体作用涵盖以下方面：

1）软件供应商负责开发和集成座舱软件。他们与整车厂合作，参与软件需求分析、软件设计和实现过程。凭借其对座舱系统需求的了解，相关供应商可以根据特定的车型、功能和用户体验进行软件设计与开发；同时还将负责座舱软件与其他车载系统的集成，确保各系统间的协调运行。

2）软件供应商通常会提供成熟的软件平台和框架，帮助开发团队快速构建座舱软件。这些平台和框架提供了一系列的工具、库和组件，用于开发座舱功能，如人机交互界面、多媒体应用、车辆信息管理等。通过使用这些平台和框架，开发人员可以更加高效地进行座舱软件开发，并实现对通用组件和模块的重用，提高开发效率和质量。

3）软件供应商将负责提供软件更新和维护支持。随着技术的不断进步和市场需求的变化，座舱软件需要持续更新升级。通过提供更新的软件版本，供应商在为用户带来新功能、新体验的同时，还可以修复软件中的漏洞和问题，确保座舱软件的稳定性和安全性。他们还会提供技术支持和故障排查，帮助车厂和用户解决座舱软件相关的问题。

4）软件供应商致力于提供安全性和隐私保护的座舱软件。他们通过实施严格的软件开发和测试流程，确保软件的安全性，以防止潜在的攻击和漏洞。此外，通过隐私数据保护，确保座舱软件在收集、传输和存储个人信息时符合相关的法律法规和隐私政策。

5）软件供应商高度重视用户体验优化。通过研究用户行为和需求，设计直观、易用、个性化的人机交互界面，同时持续改善座舱软件的响应速度、稳定性和功能性，以提供更愉悦和智能化的用户体验。软件供应商还会重点关注座舱软件的可定制性，以满足不同用户的偏好和需求。

总之，智能座舱软件供应商在软件开发、集成、更新和维护等方面发挥着关键作用。通过提供技术和解决方案，促进智能座舱的创新和发展，为车辆用户提供先进的功能和个性化体验。

长期来看，软件定义汽车使得产业的集中度不断提升，细分赛道的发展成突破点。其中平台化开发的规模效应和迭代速度的反应能力将成为产业竞争的核心能力。针对复杂化的用车场景，未来产业链上的供应商将不再是仅提供座舱单品，而是结合整车厂和场景需要开发面向服务的集成化座舱解决方案，参与到整车从车型设计到后续维护的全生命周期等工作。

3. 集成化座舱解决方案提供商加速入局

随着汽车智能化、网联化、电动化的发展，汽车内部的各种功能和服务在不断增加，这需要对各种硬件、软件和传感器等进行集成，以实现更加智能化、舒适化和安全化的驾驶体验。同时，智能座舱涉及多种技术和产品，包括人工智能、物联网、云计算、传感器等，这些技术的发展也为智能座舱解决方案的集成化提供了更多的可能性和机会。同时，整车厂也在不断寻求更加高效、灵活、创新的生产方式和服务模式，以适应市场和消费者的需求。因此，智能座舱解决方案的集成化成为必然的发展趋势。

在这种背景下，智能座舱解决方案的提供商也经历了从传统 Tier 1 到 Tier 0.5 的演变。传统 Tier 1 是指传统的汽车零部件供应商，他们为整车厂提供各种零部件和系统，例如发动机、变速器、制动系统等。而 Tier 0.5 则是介于传统 Tier 1 和整车厂之间的一种新型供应商，他们结合自身提供的不同产品类型，不断切换身份，导致产业边界渐趋模糊而兴起的中间层。

相比传统 Tier 1，Tier 0.5 的主要不同在于其更加注重产品的集成化和解决方案的提供。Tier 0.5 供应商不仅具备了传统 Tier 1 供应商的技术实力和专业知识，还具备了更加灵活和创新的能力，能够将各种硬件、软件和传感器等集成在一起，形成完整的智能座舱解决方案。此外，Tier 0.5 供应商还能够根据整车厂的需求，提供定制化的解决方案，以满足不同品牌和车型的需求。值得关注的是，除了汽车产业链供应商向着 Tier 0.5 不断转型发展，一些互联网科技企业也在加速入局，典型企业如华为。

华为不仅提供智能座舱硬件和软件，还为整车厂提供完整的智能座舱解决方案。面向智能座舱，华为从底层麒麟芯片、鸿蒙操作系统，到车内智慧显示、车载音响，再到上层多元化的软件和生态应用，开展了深入且广泛的布局。其中，华为的人 – 车 – 家全场景智慧互联解决方案 HiCar 的优势在于其强大的互联能力和丰富的应用场景。通过将手机与汽车深度融合，HiCar 提供了更加便捷和智能的驾驶体验。同时，HiCar 的应用场景也更加丰富，涵盖了导航、娱乐、社交等多个方面。

四、新型合作模式显现

软硬件布局在智能座舱的产业布局中各自发挥着重要的作用。软件布局决定了座舱系统的功能和性能，直接影响用户体验；而硬件布局决定了座舱系统的物理形态、性能和可靠性，是实现智能座舱功能的基础。随着座舱智能化的持续发展，软硬件解耦愈发考验整车厂和供应商的“软”实力。诚如上文所说，智能化时代整车厂与供应商的分工边界逐渐模糊，软件本身的界限模糊有更多的协同需求，在此背景下，整车厂开始担任组局者的角色，产业链随之产生了新型的合作模式。

1. 垂直整合模式

在这种模式下，汽车制造商自行研发智能座舱硬件产品与软件技术。这种模式的优点在于能确保产品的整体协调性和一致性，但缺点是可能缺乏外部创新和技术的引入。特斯拉在座舱智能化发展过程中就是典型的垂直整合模式，以及本节第二部分提到的蔚来、小鹏、理想等头部新势力车企通过内部自研对智能座舱的核心技术进行定制化设计；吉利、长城等车企通过设立子公司来整合多方资源以更好地投入座舱技术研发，以形成品牌协同效应等。

2. 多供应商模式

智能座舱技术的崛起使得传统 Tier1 与整车厂的深度绑定关系逐渐减弱，多供应商模式意味着整车厂与更多供应商合作，每个供应商负责座舱系统中的不同部分或功能，最终将它们整合到一起形成完整的座舱系统。这种模式可以充分利用各个供应商的专业技术和资源，实现高效的合作和持续创新。这些供应商不仅包括传统的硬件供应商，还包括新兴的软件和服务提供商（表 5-1）。

表 5-1　多供应商合作案例

类别	企业	发展情况	合作客户
多供应商协同合作	大众问问、Gerence	整车厂选择多供应商合作的供应模式，针对不同车型定制化多场景服务	奥迪、大众、斯柯达
	思必驰、微软		理想
	思必驰、科大讯飞		五菱、小鹏
	百度 / 亿咖通		极氪
	科大讯飞 / 百度		启辰

3. 开放平台模式

在这种模式下，汽车制造商提供一个开放的平台，允许第三方开发者为其智能座舱系统开发应用和功能。这种模式的优点是能够引入更多的创新和应用，但需要确保平台的安全性和稳定性。谷歌的 Android Automotive 就是一种典型的开放平台，允许汽车制造商和开发者为其开发智能座舱应用；再例如，法拉第未来 FF Ecosystem，该平台允许第三方开发者为法拉第未来的汽车开发应用和功能，并提供开放的 API 和软件开发工具。通过开放平台，法拉第未来的座舱系统可以整合更多创新和个性化的功能，提供独特的用户体验；奔驰的 Me Connect 允许第三方开发者在奔驰汽车中进行应用开发，包括导航、娱乐、车辆远程控制等。奔驰通过提供开放的 API 和开发者工具，促进创新和应用的引入。

4. 跨界合作模式

座舱的技术边界不断拓展，如全息投影、3D 显示等新技术的应用将为座舱交互提供更好的体验。因此，车企联合跨界玩家注入创新元素，推动新技术跨界融合打造专属的车载生态。跨界合作模式的优点是能够集合各方的优势资源和技术，但需要建立良好的合作关系和协调机制。

（1）座舱内场景的跨界合作

由于“BATH”（指百度、阿里、腾讯、华为）在互联网应用生态内容和规模上具有垄断性优势，大部分 OEM 在开发自有车机系统时，选择和“BATH”进行合作，以丰富应用生态场景。例如宝马基于自有车联网系统 iDrive，与百度达成车家互联合作；上汽与阿里合资公司斑马智行，并搭载 AliOS，与腾讯合作网络安全；广汽集团主导，腾讯、华为等多个战略伙伴合作研发 ADiGO。

（2）人 – 车 – 家生态一体的跨界合作

除了座舱内场景功能的实现，华为鸿蒙、小米澎湃 OS 和魅族 Flyme Auto 的上车，通过手机和车机的跨界融合，打造人 – 车 – 家的生态闭环，为用户带来了更好的软件流畅性和人机交互体验，实现多场景无缝衔接。相关研报显示，“车手联动”已成争夺蓝海，车企密集布局实现 0–1。华为系凭借鸿蒙生态下 Tier 1 级别的“车手联动”唤醒消费者需求，抢占消费者认知。小米的澎湃生态则在软件与硬件上都实现了很好的融合。在华为的成功模式下，整车厂亦抓紧“车手联动”布局，生态联动已成竞争新空间——2022 年 8 月，吉利收购魅族手机，2023 年 3 月 30 日，魅族正式发布 FlymeAuto 并应用在 9 月推出的领克 08 上，具备“车手联动”能力。2023 年 9 月，蔚来正式发布 NIO Phone，面向蔚来车主贩售，主打“车手联动”。2023 年 11 月，比亚迪官宣联动 OPPO ColorOS，双方未来或将在“车手联动”上进行合作。

随着更多玩家的持续入场，其创新的技术产品和成熟的商业模式将不断赋能智能座舱产业发展，助力座舱智能化向着产业成熟区持续迈进。

五、多样性盈利模式探索

智能座舱带来的不仅是产品的创新，也是车企造车思维、行业商业模式的创新。汽车制造商可以通过卖出高级配置、功能升级和服务订阅等获得收入。技术供应商和软件开发商可以通过销售智能座舱软件和服务、提供数据分析和广告平台来获取收益。此外，可穿戴设备、智能家居和电商等行业的合作也为智能座舱带来了新的商机。

当前，车内丰富的内容生态正成为整车厂潜在的重要收入来源。未来的智能汽车将成为继手机之后最重要的移动数据收集终端，通过收集大量的数据衍生出多类业务模式。

1. OTA 付费升级模式

在智能车载通信技术中，OTA 升级模式已经成为主流选择。汽车智能座舱的 OTA 付费升级模式是指车辆制造商通过无线网络将新的功能和服务提供给车主，车主可以根据自己的需求和喜好选择是否进行付费升级。具体的付费方式分为一次性付费、订阅模式或按照功能使用量付费等。这种模式在近年来越来越受到汽车制造商的青睐，因为它能够使汽车制造商更快速地将软件更新推送给车主，从而提高车辆性能，改善用户体验。同时对车辆制造商而言，OTA 付费升级模式也为其提供了新的盈利模式和持续的客户关系管理机会。

当前智能座舱 OTA 主要指向软硬件的功能升级。例如，宝马向消费者推出了丰俭由人的订阅服务，包括按需订阅服务、互联驾驶服务及互联驾驶组合。不同类型的订阅服务旨在覆盖宝马多样化的车主群体，同时利用订阅化服务辅助强化消费者对宝马运动属性的认识，如按需订阅服务中包括了 BMW 运动模拟声浪（998 元 /6 年）、自适应 M 运动悬架（2998 元 /6 年）。宝马的相关按需订阅服务受到客户青睐成为爆款产品，自 2020 年 1 月开始，订单连月增长。

2. 内容分成

除了 OTA 付费升级模式，随着座舱内容生态的日渐丰富，未来车企可能会参与到内容的分成。例如车企可以利用云车机技术为任意大小的游戏创建微端包，替代游戏整包进行分发，获客成本和付费成本都有明显的降低，支持新分发商业模式拓展。同时，持续提高游戏业务分发、试玩等场景的转化率，拓展游戏新增用户获客渠道，提升平台活跃用户数量和营收能力。

再比如随着智能座舱中娱乐服务的增加，汽车可以与娱乐内容提供商合作，将音乐、电影、游戏等内容带到车内并与乘客共享。汽车制造商可以通过与内容提供商的合作，将收入分成作为合作收益的一部分。这种模式已经在一些汽车品牌中得到应用，例如特斯拉、丰田、沃尔沃等与 Spotify 合作，蔚来与网易云音乐合作，小鹏汽车与虾米音乐合作，为乘客提供高品质的音乐服务。

广告投放分成也是内容分成的一种盈利形式，汽车制造商可以与广告代理公司或广告平台合作，智能座舱可以成为广告平台，将相关广告呈现给驾驶人和乘客。并通过广告投放分成的方式获得收益。车企可利用云车机的原生互动特性，在广告中完美呈现整体互动场景和高品质画面，让用户体验到沉浸式互动广告内容，为广告主降低获客成本，实现高投资回报率；汽车内嵌的个性化广告和推荐系统还可以根据用户的兴趣和行为习惯向乘客展示相关广告内容。但需要注意的是，车机广告的呈现要充分考虑驾驶安全性，不能本末倒置。

3. 数据运营

除硬件、总成成本和品牌溢价外，智能座舱作为数据收集终端的价值凸显。车企拥有海量的数据（驾驶数据、车身数据、环境数据、乘员数据），可以将这些不涉及个人隐私的数据与其他企业共享，以帮助他们进行数据分析和洞察。同时，车企可以通过数据分成的方式从数据合作伙伴处获得收益。在合作过程中，可衍生各类服务，例如 UBI 车险（Usage-based Insurance）、出行服务、售后服务、故障诊断、虚拟驾驶人以及运营平台服务等，这也将为用户提供更好的生态型服务。

以 UBI 车险为例，相关数据显示，新能源车险整体在出险频率、案均赔款上均高于传统燃油车。而这种情况随着一体化压铸等工艺的不断渗透，赔付率很可能将持续走高。在此背景下，险企、车主和车企的利益难以达成一致。UBI 车险成为破局的有效路径。

不同于传统意义上的车险，UBI 是一种基于驾驶人驾驶行为的保险，即通过车联网、智能手机和 OBD 等联网设备将驾驶人的驾驶习惯、驾驶技术、车辆信息和周围环境等数据综合起来，建立人、车、路（环境）多维度模型，对车主进行个性化车险定价。该产品的最大亮点在于，通过大数据分析得出车主驾驶习惯的安全性指数，给车主定制个性化保单。一般来说，驾车风格不算“激进”的车主，可直接节省 20%~40% 的保费，而驾驶习惯最安全的车主将节省 30%~60% 的保费。

早在 2019 年，特斯拉便推出自营的汽车保险产品——Tesla Insurance。该产品基于特斯拉积累的大量数据和分析，提出“保费定价基于个人驾驶记录和通常影响个人保险费率的其他因素”的策略。拆解来看，特斯拉会将驾驶人紧急制动频率、驾驶人急转弯频率、驾驶人跟车过近频率、驾驶人双手同时离开方向盘次数等驾驶人行为指标数据代入算法之中，预估驾驶人未来发生安全事故的概率。由此，特斯拉将得出一个月度安全分数——分值越高、驾驶习惯越安全的人，缴纳的保费越低；反之，分值越低、驾驶习惯越不安全的人，缴纳的保费就越高。

2023 年 5 月，易安财险正式成为比亚迪的全资控股子公司。险企相关人士对此表示，比亚迪布局新能源汽车全产业链，车辆各环节数据非常丰富，十分利于开发 UBI 车险。

因此，无论从技术角度还是从商业维度，头部新能源车企和 UBI 车险，都具备彼此搭配的合理性。

整体而言，随着智能座舱的快速发展，产业生态正朝着一种多元化、合作互利的方向发展。产业结构的转变着重强调了供应链中的互补性与垂直整合，从而实现资源共享和风险分担。玩家角色地位的变化则使得汽车制造商、技术提供商和软件开发商有机会展示自己的创新能力，实现协同发展。软件定义体验推动着智能座舱的个性化和定制化，为用户带来更加贴合需求的乘车体验，从而提高用户黏性。多样化的合作模式使得各方在利益分配上达成共识，共同推动产业的发展。最终，合作的重要性在盈利模式上得到展现，不同玩家通过合作实现资源共享和风险分担，从而实现共同利益的最大化。

未来，汽车智能座舱产业生态将继续壮大，推动智能出行体验的进一步提升。通过创新技术的不断融合，为用户提供更高品质、更智能化的出行体验，共同开创出行领域的新未来。

参考文献

[1] 郁淑聪，孟健，张渤 . 浅谈汽车智能座舱发展现状及未来趋势［J］. 时代汽车，2021（5）：10-11.

[2] 中国汽车工程学会 . 汽车智能座舱分级与综合评价白皮书［R/OL］.（2023-05-17）［2024-02-18］. http：//www.sae-china.org/news/society/202305/5869.html.

[3] 环境保护部 . 乘用车内空气质量评价指南：GB/T 27630—2011［S］. 北京：中国环境科学出版社，2012.

[4] 全国家用电器标准化技术委员会 . 空气净化器：GB/T 18801—2022［S］. 北京：中国标准出版社，2022.

[5] 毕马威 . 聚焦电动化下半场　智能座舱白皮书［R/OL］.（2023-5-5）［2024-02-18］. https：//kpmg.com/cn/zh/home/insights/2023/04/focus-on-the-second-half-of-electrification-smart-cabin-white-paper.html.

[6] 清华大学人工智能国际治理研究院 . 关于 AGI 与 ChatGPT，Stuart Russell 与朱松纯这么看［R/OL］.（2023-02-28）［2024-02-18］.https：//new.qq.com/rain/a/20230228A09BYJ00.

[7] 盖世汽车研究院 . 智能座舱产业报告［R/OL］.（2023-07-12）［2024-02-18］. https：//auto.gasgoo.com/institute/2390.html.

[8] 盖世汽车研究院 . 座舱监测产业报告［R/OL］.（2023-03-17）［2024-02-18］. https：//auto.gasgoo.com/institute/2348.html.

[9] 盖世汽车研究院 . 车载操作系统产业研究［R/OL］.（2022-11-18）［2024-02-18］.https：//auto.gasgoo.com/institute/2323.html.

[10] 盖世汽车研究院 . 车规级芯片产业报告［R/OL］.（2022-05-31）［2024-02-18］. https：//auto.gasgoo.com/institute/2291.html.

[11] 盖世汽车研究院 . 车载声学系统产业报告［R/OL］.（2023-04-01）［2024-02-18］.https：//auto.gasgoo.com/institute/2351.html.

［12］盖世汽车研究院．车载显示技术产业报告［R/OL］.（2023-05-12）［2024-02-18］. https：//auto.gasgoo.com/institute/2361.html.

［13］盖世汽车研究院．车载信息娱乐系统产业报告［R/OL］.（2023-07-07）［2024-02-18］.https：//auto.gasgoo.com/institute/2389.html.

［14］盖世汽车研究院．车载语音交互产业报告［R/OL］.（2023-05-30）［2024-02-18］. https：//auto.gasgoo.com/institute/2366.html.

［15］盖世汽车研究院．电子外后视镜供应链报告［R/OL］.（2023-06-20）［2024-02-18］.https：//auto.gasgoo.com/institute/2377.html.

［16］盖世汽车研究院．智能网联汽车网络安全研究报告［R/OL］.（2022-12-26）［2024-02-18］.https：//auto.gasgoo.com/institute/2328.html.

［17］盖世汽车研究院．汽车产业 ChatGPT 技术应用展望［R/OL］.（2023-04-06）［2024-02-18］.https：//auto.gasgoo.com/institute/2352.html.

［18］盖世汽车研究院．汽车氛围灯产业产业报告［R/OL］.（2023-02-17）［2024-02-18］. https：//auto.gasgoo.com/institute/2340.html.

［19］盖世汽车研究院．汽车液晶仪表产业报告［R/OL］.（2022-11-15）［2024-02-18］.https：//auto.gasgoo.com/institute/2321.html.

［20］盖世汽车研究院．汽车座椅市场规模与发展趋势［R/OL］.（2021-10-11）［2024-02-18］.https：//auto.gasgoo.com/institute/2253.html.

［21］盖世汽车研究院．软件定义汽车产业报告［R/OL］.（2023-11-14）［2024-02-18］. https：//auto.gasgoo.com/institute/2423.html.

［22］盖世汽车研究院．车载 HUD 产业报告［R/OL］.（2023-12-13）［2024-02-18］. https：//auto.gasgoo.com/institute/2430.html.

［23］盖世汽车研究院．AR-HUD 供应链报告［R/OL］.（2023-06-20）［2024-02-18］. https：//auto.gasgoo.com/institute/2376.html.